Axel Petermann

IM ANGESICHT DES BÖSEN

Ungewöhnliche Fallberichte
eines Profilers

Kindler

Ich danke Martin Knobbe
für seine Mitarbeit am Buch.

1. Auflage März 2012
Copyright © 2012 by Rowohlt Verlag GmbH,
Reinbek bei Hamburg
Lektorat Bernd Gottwald
Satz Arno Pro, InDesign,
bei Dörlemann Satz, Lemförde
Druck und Bindung GGP Media GmbH, Pößneck
Printed in Germany
ISBN 978 3 463 40610 7

EINLEITUNG
Ein Blick hinter den Vorhang

Irgendwo in Deutschland in einem historischen Saal. Es ist kurz vor 19 Uhr. Bis zu meiner Lesung dauert es noch fast eine halbe Stunde. Trotzdem sind schon einige Menschen gekommen und haben auf ihren Stühlen Platz genommen. Am Ende werden es fast dreihundert Zuhörer sein, denen ich aus meinem ersten Buch wahre Geschichten über den Tod, menschliche Abgründe, Tragödien und Schuld vortragen werde. Wieder einmal ist es ein sehr gemischtes Publikum: Frauen und Männer, jung und alt, modern und konservativ, allein oder zu zweit. Unterschiedliche Menschen, die eines zu einen scheint: die Faszination des Bösen. Während ich in die Gesichter der Besucher schaue, frage ich mich, ob nicht der eine oder andere Hauptperson in einer meiner Geschichten sein könnte, sei es als Opfer oder als Täter. Der gewaltsame Tod zieht sich durch alle gesellschaftlichen Schichten, Milieus und Kulturkreise. Das Böse ist allgegenwärtig, sicher auch in dieser Runde.

Die Vielfalt des Bösen hat für mich schon immer den Reiz ausgemacht, als Mordermittler und Profiler zu arbeiten: Ich habe ständig mit sehr unterschiedlichen Menschen zu tun, werde mit neuen Sachverhalten konfrontiert, mit bis dahin unbekannten Rätseln. Ich bin überzeugt davon, dass meine Zuhörer ebenfalls diesen Anspruch haben und sich fragen: Was gibt es außerhalb meines Kosmos an weiteren Lebensformen? Wo sind die Grenzen zivilisatorischen Lebens? Wer wagt, sie zu durchbrechen? Wann und warum wandelt sich das Leben in den gewaltsam erzwungenen Tod? Und die Frage über allem: Warum gibt es das Böse überhaupt? Und warum hört es nie auf?

Dass ich die Gesichter meiner Zuhörer beobachte, bleibt nicht unbemerkt. Manch einer beantwortet meinen fragenden Blick mit einem Lächeln, andere scheuen den direkten Kontakt. So als fühlten sie sich ertappt, dass auch sie zumindest an diesem Abend tief in die menschlichen Abgründe eintauchen wollen. Es ist nicht einfach, sich selbst einzugestehen, welch große Anziehungskraft das Böse hat.

Ich beginne zu lesen, und das leise Murmeln im Hintergrund geht in eine gespannte Stille über. Ich weiß, dass sie bis zum Ende der Lesung anhalten und nur ab und an von einem entspannten Aufatmen unterbrochen werden wird, wenn ich Anekdotisches über mich und meine Arbeit berichte. Und ich ahne, welche Fragen mir am Ende der Lesung gestellt werden: «Was fasziniert Sie am Bösen?», «Kann jeder Mensch zum Mörder werden?», «Was macht den Reiz Ihrer Arbeit aus?», «Wie halten Sie diese psychischen Belastungen aus?»

Antworten auf diese Fragen zu finden fällt mir immer noch schwer, auch nach den vielen Jahren, in denen ich dem Bösen und dem Tod oft sehr nahe war. Ich weiß noch nicht einmal, das Böse zufriedenstellend zu definieren. Bedeutet es die Freiheit, Grenzen zu überschreiten und sich wissentlich und bei vollem Bewusstsein gegen das Gute zu entscheiden? Menschen zu malträtieren, vielleicht zu töten und daran manchmal sogar Spaß zu empfinden? Oder ist es dem Menschen immanent? Verkörpert der Mensch nicht selbst das Böse? Ist er der Abgrund, vor dem einem schwindelt, wie es Georg Büchner einmal beschrieb?

Ich kann auch nicht erklären, warum uns das Böse so in seinen Bann zieht. Warum wir uns freiwillig vor Hannibal Lecter gruseln und uns Filme mit Vampiren und Zombies ansehen. Wollen wir von uns selbst erfahren, wie nahe uns das Böse kommen darf? Wie viel Brutalität und Gewalt wir aushalten? Wann wir weggucken müssen? Um am Ende immer wieder aufs Neue Genugtuung darüber zu erfahren, dass doch alles nur Fiktion und nicht Realität ist. Wohl wissend, dass Protagonisten, wie etwa der Kommissar, uns als moralische Saubermacher dabei begleiten und dem Bösen schlussendlich Einhalt gebieten? Aber reicht das für die Faszination? Ist das Böse in Wahrheit nicht sehr oberflächlich und langweilig, da es in seiner zerstörerischen Wirkung nie so kreativ und unerwartbar wie das Leben mit seinen zahlreichen Facetten sein kann? Warum also werden wir des Bösen nie müde?

Ich habe mehr Fragen als Antworten zu bieten und denke schon, dass der Mensch an sich sowohl Anteile des Bösen wie des Guten in sich trägt. Er ist stets dem ewigen Wechselspiel dieser beiden Pole ausgesetzt. So kann derselbe Mensch auf der einen Seite Gutes, auf der anderen Seite Schreckliches tun. Wir kennen beide Seiten aus unserem Alltag. Erschrecken wir uns manchmal nicht vor uns selbst, wenn unser Wort einen Tick zu laut geraten ist, unsere Gedanken schäbig, ja manchmal abgründig sind, unsere Argumente unsachlich und aggressiv? Erkennen wir dann nicht immer wieder, wie unmöglich es ist, ein rein guter Mensch zu sein? Aber heißt das zugleich, dass in jedem von uns ein potenzieller Mörder steckt? Kann eine bestimmte Situation auch uns so stark beeinflussen, dass wir zum tötenden Täter werden?

Die Forschung streitet seit Jahrzehnten darüber, woher das Böse kommt. Liegt es in den Genen, oder wird ein Mensch zum Verbrecher sozialisiert? Ist also die Natur die Ursache des Bösen oder die Gesellschaft, in der ein Mensch aufwächst, seine Erziehung, sein erworbenes Wertesystem? Ist es die genetische Disposition oder die Frage, ob ein Mensch gelernt hat, sich in andere hineinzuversetzen, mitleiden zu können, Empathie zu entwickeln? Die Wahrheit liegt wohl irgendwo dazwischen, obwohl ich der These des «geborenen Mörders» bis heute höchst skeptisch gegenüberstehe. Am Ende entscheiden die Kraft der Situation und die Fähigkeit, mit extremen Gefühlen wie Wut, Hass, Ärger, Enttäuschung, Verzweiflung und Liebe umzugehen. Wie oft habe ich von Mördern gehört, dass sie sich im Augenblick der Tat selbst nicht mehr wiedererkannt haben, dass sie ein gänzlich fremder Mensch gewesen seien.

Ein Konglomerat verschiedener Faktoren befähigt einen Menschen dazu, sich in bedrängenden Situationen zu beherrschen und seinen spontanen Gefühlen eben keinen freien Lauf zu lassen. Sich stattdessen zu entscheiden, etwas anderes zu tun als das, was er vielleicht im ersten Moment gerne tun würde. Diese Fähigkeit bewahrt ihn davor, dem Reiz des Bösen zu erliegen.

All diese Gedanken sind die Grundlage meiner Arbeit. Meine Aufgabe ist es zu verstehen, wie und warum ein Mensch eine Tat begangen hat. Ich nähere mich ihm wie ein Wissenschaftler seinem zu untersuchenden Objekt. Deshalb muss ich mich davor hüten, einen Täter moralisch zu bewerten, egal wie schrecklich seine Tat auch ist. Ich will den Menschen hinter der Tat erkennen, dafür muss ich den Vorhang des Schreckens durchschreiten. Manchmal ist es sogar notwendig, für diesen Menschen ein gewisses Maß an Verständnis aufzubringen. Denn niemand ist per se ein Monster.

Ich vermeide deshalb bewusst bei meiner Arbeit Worte wie «grausam», «brutal» oder «krank». Sie werden sie auch in diesem Buch nicht finden. Sie wären eine Wertung, die mir nicht zusteht. Meine Aufgabe besteht alleine darin herauszufinden, was geschehen ist und welche Motivation der Täter hatte. Diese Aufgabe kann ich nur unvoreingenommen erfüllen, subjektive Einflüsse würden mich beim Ermitteln ablenken. Es ist außerdem das verbriefte Recht eines Beschuldigten, eine objektive Aufklärung der Tat zu beanspruchen.

Ein Täter hat auch das Recht, seine Aussage zu verweigern. Er muss nicht zur Strafaufklärung beitragen, wenn er das nicht will. Ich hoffe natürlich trotzdem immer, dass er sich mit mir unterhält und im Idealfall auch aussagt. Dazu wird er aber nur dann bereit sein, wenn ich eine gute Gesprächsatmosphäre schaffe. Der Täter muss sich und seine Motive verstanden wissen. Das bedeutet nicht, dass ich sein kriminelles Verhalten akzeptiere. Aber ich darf ihm keine Antipathie entgegenbringen und nicht unbeherrscht vorgehen. In diesem Moment müsste ich den Fall abgeben. Mir ist das zum Glück noch nie passiert.

Natürlich gibt es Taten, deren Details bei mir fast Übelkeit auslösen. Natürlich bin auch ich nicht davor gefeit, zeitweise Wut gegenüber dem Täter zu spüren, gerade am Anfang, wenn einem nach und nach die Ausmaße einer Tat langsam bewusst werden. Und natürlich erschien schon manchmal ein Monster vor meinem geistigen Auge, wenn ich lange genug die Ermittlungsakten gelesen hatte. Wenig später aber stand mir dann ein Mann gegenüber, der so normal wirkte wie jeder andere, mit dem ich mich ganz ungezwungen unterhalten konnte. Ich vergesse in solchen Momenten nicht, was dieser Mensch getan hat. Aber ich habe gelernt, meine Abscheu bei der Tat zu belassen und nicht auf den Täter zu projizieren. Ich empfinde deshalb keine Wut auf die Täter, aber auch kein Mitleid für sie. Nur manchmal macht es mich traurig, wenn ich mir ihre Schicksale ansehe und mir bewusst wird, wie grundsätzlich sie am Leben gescheitert sind.

Die Frage, warum sich manche Menschen in bedrängenden Situationen beherrschen können, andere hingegen nicht, ist für mich die entscheidende. Ich suche die Antwort seit Jahren in meiner Arbeit, aber zum Beispiel auch durch das Schreiben dieses Buches. Ich suche sie, indem ich die Spuren einer Tat zu lesen versuche, mich über eine Rekonstruktion des Geschehens dem Motiv des Täters nähere und damit die facettenreiche Natur des Bösen mehr und mehr begreife.

Am Ende einer Lesung werde ich oft gefragt, wie ich den Umgang mit dem Bösen und dem Tod aushalten kann. Ich glaube, es geht nur dadurch, dass ich mich wie ein Zuschauer verhalte. Und das Schicksal des Opfers nicht an mich heranlasse. Natürlich will und muss ich alles über die Tat erfahren. Ich möchte auch verstehen, warum und wie ein Mensch getötet wurde. Ob er von seinem Mörder gezielt ausgesucht wurde oder ein Zufallsopfer war. Auch möchte ich wissen, wer das Opfer ist, wie es gelebt hat, mit wem es befreundet war und welche Aktivitäten es am liebsten unternahm. Dafür arbeite ich mich in die Biographie des Opfers ein, lese Tagebuchaufzeichnungen und Dokumente auf dem Rechner und befrage viele Menschen: Eltern, Partner, Freunde, Arbeitskollegen. Am Ende meiner Recherchen weiß ich so viel über das Opfer wie kaum ein anderer. Ich bin ihm dann sehr nahegekommen und kann deshalb vielleicht die Frage beantworten, wo das Motiv des Täters lag und welches die Gründe für den Mord waren.

Doch damit hört mein Interesse an dem Opfer auch schon auf, spätestens dann, wenn sich doch Gefühle einschleichen. Ich war schon immer sehr sensibel und bin es in gewisser Weise immer noch. Ich habe mir früher sehr viele Gedanken über die Taten, die Leiden der Opfer und die Trauer der Hinterbliebenen gemacht. Nach und nach aber wurde mir die Nähe zum Leid zu viel. Ich wollte nicht mehr hinterfragen, welche

Verzweiflung der Mensch empfand, als er merkte, dass er sterben würde. Ich wollte mir nicht vorstellen, wie sein Leben noch einmal im Zeitraffer vor seinem geistigen Auge abgelaufen war, bevor er seinen Tod akzeptieren musste. Ich wollte mich so wenig wie möglich in das Opfer einfühlen.

Wenn ich diese Sätze schreibe, klingen sie auch für mich sehr hart. Und diese professionelle Einstellung zum Verbrechen und seinen Opfern zu gewinnen ist mir nicht leichtgefallen. Es begann ganz subtil: Ich hörte damit auf, mir die Namen der Toten zu merken, und schrieb sie stattdessen auf meinen Notizblock. Auch wollte ich nicht mehr genau wissen, wo die Opfer gelebt oder gearbeitet hatten, außer es war für die Ermittlung des Täters entscheidend. Ich wollte wieder frei durch meine Stadt laufen können, ohne an jeder Straßenecke an Tod und Verbrechen erinnert zu werden. Ich hätte sonst hier nicht mehr wohnen wollen.

Natürlich funktionierte diese Strategie nur in Teilen. Manche Ereignisse vergisst man sein ganzes Leben nicht, trotz aller Versuche und Wege, sie zu verdrängen: Mein erster Einsatz als Polizist in der Ausbildung war ein Unfall mit viel Blut. Ich kollabierte und wurde mit dem schwerverletzten Opfer zusammen ins Krankenhaus gefahren. Der erste Tote in meinem Polizeidienst war ein Autofahrer, der mit Vollgas gegen einen Brückenpfeiler gerast war und nur noch tot aus dem völlig zerstörten Wagen geborgen werden konnte. Die verstümmelte Leiche wurde in die Pathologie gebracht, um zu klären, ob es ein alkoholbedingter Fahrfehler oder ein Suizid war.

Ich kann mich noch gut an die Leichenhalle erinnern. Hinter einer hohen Mauer und immergrünen Koniferen versteckt, verbarg sich ein Raum, der mit der Sterilität und Sauberkeit heutiger Pathologien nichts gemein hatte. Die Fliesen waren in schmutzigem Beige und nur nachlässig von den Spuren der

Vergänglichkeit gesäubert. Es gab lediglich neun Kühlfächer und drei separate Boxen zum Einfrieren von stark verwesten Leichen, so dass gerade an den Wochenenden weitere Tote ungekühlt und oft nackt auf Metallbahren oder gleich auf dem Fußboden lagen. Ich kann nicht behaupten, dass mich meine Ausbildung auf diese beklemmende Atmosphäre gut vorbereitet hätte.

Und so dauerte es tatsächlich lange, bis ich mich an den Anblick des Todes in all seinen Facetten gewöhnt hatte. Es fiel mir erst leichter, als ich lernte, den Toten am Tatort oder auf dem Obduktionstisch nicht als Menschen zu sehen, sondern als ein kriminalistisches Untersuchungsobjekt, das mir viel über den Täter und dessen Motivation verrät. Auch das klingt kalt und unmenschlich. Es ist aber der einzige Weg, wie man als Ermittler mit dem Tod umgehen kann, ohne selbst daran zugrunde zu gehen. Immerhin habe ich es in einem «normalen» Jahr mit ca. 75 Todesfällen zu tun.

Als ich gelernt hatte, Distanz zwischen mich und ein Opfer zu bringen, wurde meine Arbeit viel interessanter, denn auf einmal sah ich Spuren des Todes, die mir bis dahin verborgen geblieben waren. Ich wollte mehr wissen und hospitierte mehrfach in rechtsmedizinischen Instituten. So wurde ich vertraut mit den Methoden der Leichenöffnung und der Sektion. Ich lernte, Verletzungen zu erkennen und zu interpretieren. Das Gesicht des Todes verlor so ein wenig seinen Schrecken.

Ich werde es wohl aber nie schaffen, den Tod als Selbstverständlichkeit wahrzunehmen. Selbst wenn ich weiterhin versuche, meine Eindrücke sorgsam in gedanklichen Schubladen abzulegen und mich hinter Schutzwällen zu verbergen. Ich sehe an vielen Menschen, die ich bei meiner Arbeit kennenlernte, dass es auch ihnen nicht ganz gelingt. Manche kompensieren ihre Gefühle mit extremen Verhaltensweisen: Die scheinbar harte Staatsanwältin aus dem Bremer Umland zum Beispiel, die während einer Exhumierung aus ihrer Louis-Vuitton-Handtasche ihr Frühstücksbrot auspackte und mit vollen Backen ihren größten Geburtstagswunsch verriet: morgens die Meldung der Kriminalbereitschaft über einen Mord, emsige Ermittlungen am Tage und zum Abend die Festnahme und das Geständnis des Täters. Oder der nekrophile Mitarbeiter der Pathologie, von dem es hieß, dass er den respektvollen Umgang mit dem Tod vollkommen vergessen hatte, sich stattdessen an Leichen verging und darüber hinaus keine Gelegenheit ausließ, bei Obduktionen oder Totenschauen Zoten zu reißen und junge Polizisten mit schaurigen Details zu erschrecken. Oder der Mordermittler, der sich angeblich nur einen kleinen Schluck genehmigte, um den Geschmack des Todes aus Mund und Nase zu verbannen und irgendwie trotzdem zum Alkoholiker wurde. Oder die Kollegen, die die Nähe des Todes und das Leid der Opfer nicht länger ertragen konnten, sich in psychotherapeutische Behandlung begeben mussten, die Dienststelle wechselten oder sich manchmal auch selbst töteten. Der Tod und das Böse haben manchmal eine allumgreifende Macht.

Bis heute sind für mich die schlimmsten Momente die, wenn ich mit den Angehörigen der Opfer zu tun habe. Es hilft dann nicht mehr, für sich selbst Distanz zum Opfer zu schaffen, wenn man auf tiefste und unmittelbare Trauer trifft. Es ist ja oft die Aufgabe des Ermittlers, die Angehörigen vom Todesfall zu informieren. Man ist der Bote der schlimmsten Nachricht, die man einem Menschen überbringen kann. Und oft ist man dabei ganz auf sich alleine gestellt. Nicht nur junge und unerfahrene Beamte trifft diese Belastung ganz besonders.

Deshalb haben bis heute zwei Todesfälle noch nicht ihren

Platz in einer meiner gedanklichen Schubladen gefunden. Als sei es erst gestern gewesen, sind mir die Bilder vom Unfalltod eines gerade einmal 17 Jahre jungen Deutschrussen präsent. Sein Kopf war bei der Erneuerung einer Außentreppe zwischen zwei Mauern eingequetscht worden. Da der Tote erst nach einer schier endlosen Zeit geborgen werden konnte, musste ich in dieser Zeit versuchen, die überforderten und hysterischen Verwandten zu beruhigen. Als schließlich der Tote in die Pathologie überführt worden war und ich von dort gerade nach Hause fahren wollte, erreichte mich der Anruf des Pastors, der die Betreuung der Familie übernommen hatte. Er werde mit der Mutter zu mir in die Rechtsmedizin kommen, damit sie von ihrem Sohn Abschied nehmen könne. Nur so könne sie annehmen, dass er auch tatsächlich tot war. Ich versuchte dem Geistlichen klarzumachen, dass das nicht gehe, der Junge sei zu sehr verletzt. Doch alle Einwände fruchteten nicht. Ich begann in meiner Not, das Blut vom Kopf des Jungen zu waschen und die Wunden mit weißen Binden und Laken abzudecken. Ich war gerade einigermaßen fertig, als die Mutter den Raum betrat.

Auch in dem anderen Fall stammte das Opfer aus einer deutschrussischen Familie. An einem Sonntag hatte sich ein dreijähriges Mädchen beim Spielen mit ihrem Bruder hinter einem Sofa verstecken wollen. Dabei war es mit dem Kopf zwischen Lehne und Dachschräge des Zimmers geraten und hatte sich so versehentlich erhängt. Als ich den Unfallort erreichte, traf ich auf eine verzweifelte Mutter, einen betrunkenen Vater, einen orthodoxen Geistlichen und eine Trauergemeinde von Deutschrussen. Alles Argumentieren, dass ich das Kind zur Untersuchung in die Rechtsmedizin bringen müsse, half nichts. Der Vater weigerte sich standhaft, seine Tochter von einem Bestatter aus dem Raum tragen zu lassen. Er trank ein Glas nach dem anderen und wurde von Minute zu Minute betrunkener. Was sollte ich tun? Den hünenhaften Mann mit mehreren Polizeibeamten zu überwältigen wäre eine Lösung gewesen, doch sicher die schlechteste. So rauchte ich mit ihm einige Zigaretten und trank dazu Wodka; ein Akt der Menschlichkeit, wie es der Geistliche formulierte, auch wenn es nicht vorschriftskonform war. Dann hatte ich eine Idee und schlug dem Vater vor, er solle sein totes Kind selbst zum Leichenwagen tragen. Der Mann willigte ein. Die Mutter wickelte das Kind in ein weißes Laken, und der Betrunkene schritt geradezu majestätisch mit seiner toten Tochter in seinen Armen voran zum Leichenwagen. Gefolgt von der Mutter, dem Priester, der andächtigen Trauergemeinde und mir. Noch heute habe ich die Gesänge in den Ohren, sehe die alten Frauen mit erhobenen Heiligenbildern und den Vater, wie er sein totes Kind in den offenen Sarg legte, ehe er zu seiner weinenden Frau ging. Dieser Film kommt in regelmäßigen Abständen immer wieder in meinen Kopf zurück.

Trotz all dieser belastenden Momente liebe ich meine Arbeit. Ich kann mir kaum einen kreativeren Beruf vorstellen und keinen mit einer so einfachen, aber unglaublichen Herausforderung: Dinge, die zunächst keinen Zusammenhang zeigen, zueinanderzubringen. Aber es ist nicht nur die Vielfalt der unterschiedlichen Aufgaben und das Eintauchen in mannigfache Lebensformen, es sind der Reiz und die Faszination des Bösen, die Frage nach dem «Whodunit» («wer hat's getan?»), das Rätsel über das Warum. Es ist vor allem auch die Gewissheit, die Aufklärung des Verbrechens dem Opfer und seinen Angehörigen schuldig zu sein. Und der Anspruch, die Gesellschaft vor gefährlichen Tätern zu schützen.

Ich möchte Sie auf den nächsten 300 Seiten einladen, mir bei meiner Arbeit über die Schulter zu schauen und mich bei der Suche nach dem Bösen zu begleiten. Und auch Ihnen wird es sicher am Ende schwerfallen, anderen zu erklären, was genau das eigentlich ist und warum es uns so fasziniert, das ganz normale Böse.

OHNE ERBARMEN
━━━━━━━━━━ Ein Verbrechen, wie es im Buche steht

Der Regen prasselt heftig gegen die Windschutzscheibe meines Dienstwagens, als ich die Speicherstadt an der Weser erreiche. Ich schlage den Kragen meines Trenchcoats hoch und haste dem Neubau entgegen. Leben am Fluss heißt die neue Wohnphilosophie in diesem Quartier. Für mich gewinnt der Satz eine völlig neue Bedeutung. Ich bin pitschnass, als ich die ehemalige Lagerhalle erreiche. Seitdem sich der geschäftige Hafenbetrieb in die Schwesterstadt Bremerhaven verlagert hat, wo genügend Platz ist, um die modernen Containerriesen zu löschen und zu beladen, werden die leerstehenden Lager- oder Industrieräume im Bremer Hafen nach und nach zu Wohn- und Lebensraum umfunktioniert. Die Anlage mit den aufwändig renovierten Loftwohnungen, exklusiven Boutiquen, Büroräumen und Anwaltspraxen ist nach neuesten bautechnischen Erfordernissen gestaltet; weiß getünchte Wände, hellgrau gestrichener Betonboden, verglaste Oberlichter und zahlreiche Deckenstrahler sorgen für eine taghelle Atmosphäre. Doch diese Helligkeit steht im krassen Gegensatz zu der etwa einen Meter langen und fast 40 Zentimeter breiten Lache auf dem Beton. Dunkelrot ist sie, das Blut ist bereits eingetrocknet. Als Michelle Reuter hier ermordet wurde, war ich noch im Urlaub in Schweden. Nach meiner Rückkehr war ich sofort ins Büro gefahren. Es war ein Fall, der mich eine lange Zeit beschäftigen würde.

Michelle Reuter war an jenem Abend nach 20 Uhr nach Hause zurückgekehrt, nachdem sie Freundinnen besucht hatte. Sie hatte ihr weißes Cabriolet im Parkhaus abgestellt und war mit Handtasche und zwei großen Umhängetaschen zum Fahrstuhl gegangen. Allem Anschein nach hatte der Täter in dem kleinen Gang vor dem Aufzug auf sie gewartet und sie sofort mit Messerstichen attackiert. Ihre gellenden, Todesangst signalisierenden Hilfeschreie hatten die wenigen Bewohner der Anlage aus ihrer Hitzelethargie gerissen. Trotzdem waren mehrere Minuten vergangen, bis sich einer von ihnen endlich aufraffte, nach dem Grund für das Geschrei zu sehen. Er war zu seinem Entsetzen auf ein wahres «Blutmeer» gestoßen und hatte – so die Annahme der Ermittler – vermutlich den Täter gestört, der daraufhin geflüchtet war.

Die alarmierten Polizeibeamten folgten den Blutspuren und fanden Michelle Reuter in einem kleinen Raum unterhalb einer Treppe, dem sogenannten «Luftschacht». Sie lebte nicht mehr. Trotz vieler Hinweise und engagierter Ermittlungen der Mordkommission konnte das Verbrechen nicht geklärt werden. Wegen der extremen Verletzungen der Toten schlossen die Kollegen ein Beziehungsdelikt nicht aus und hatten bereits zahlreiche Freunde, Nachbarn und flüchtige Bekannte des Opfers überprüft. Es gab keine ernstzunehmende Spur.

Der Täter aber war möglicherweise vor dem Verbrechen von mehreren Bewohnern der Anlage gesehen worden. Eine Zeugin war am Vortag des Mordes gegen 21 Uhr zu einem Fremden in den Fahrstuhl gestiegen und hatte in einem kurzen Gespräch erwähnt, gerade von der Arbeit gekommen zu sein. Einen Tag später war ihr der Fremde erneut aufgefallen. Dieses Mal war es gegen 18 Uhr, als sie das Haus verließ und plötzlich dem Mann aus dem Fahrstuhl gegenüberstand. Sie hatte ihm noch die Haustür aufgehalten, und der Unbekannte hatte das Haus betreten.

In der nächsten Stunde war der Mann noch drei anderen Bewohnern aufgefallen: Einer jungen Frau war er fast bis zu ihrem Auto gefolgt, die beiden anderen Zeugen hatten sich darüber gewundert, wie er scheinbar ohne Ziel im Keller der Anlage herumstreunte, ehe er sie fragte, wo die Müllcontainer stünden. Das war gegen 19.15 Uhr gewesen, eine knappe Stunde bevor Michelle Reuter starb. Auch wenn es nicht erwiesen war, dass es sich bei dem Fremden um den Täter handelte, schienen die Zeugen doch ein und dieselbe Person beschrieben zu haben: ein Mann Ende 20, schlank und klein, helle Haare, Brille, Jeans und weißes T-Shirt. Keine besonderen Merkmale.

Das Verhalten des Täters ist ungewöhnlich, sein Motiv ist zu diesem Zeitpunkt unerklärlich. Ich entschließe mich daher, von der üblichen Methode einer Mordermittlung abzuweichen und stattdessen eine sogenannte Tatort- oder Fallanalyse durchzuführen. Der Begriff aus dem Amerikanischen ist den meisten geläufiger: Profiling. Obwohl ich schon seit über 20 Jahren Erfahrungen als Mordermittler gesammelt habe, beschäftige ich mich mit dem neuen analytischen Ansatz erst seit gut einem Jahr und hatte erst ein paar der zahlreichen Schulungen absolviert. Bis zur Zertifizierung zum Fallanalytiker lag noch ein weiter Weg vor mir.

Ich kann heute gar nicht mehr genau sagen, weshalb mich die Methoden des Profilings so fesselten: Waren es die beeindruckenden Fallstudien aus den USA über Serienmörder wie Ed Gein, Jeffrey Dahmer und Ted Bundy? War es die generelle Faszination des Bösen, die jeder kennt, der gerne Krimis liest oder sieht? Oder war es die Hoffnung, endlich Erklärungen für das Verhalten mancher Täter zu finden, das wir bislang als absurd, bizarr oder schlicht nicht nachvollziehbar bezeichnen mussten? Vermutlich war es eine Mischung aus allem.

Ich wusste jedenfalls, dass ich mich nicht mehr damit zufriedengeben wollte, Täter zu fangen und zu Geständnissen zu bewegen, ohne die echten Gründe herauszufinden, weshalb sie auf diese oder jene Weise getötet hatten. Ich hoffte, mehr über das einzelne Verbrechen und den Täter zu erfahren und damit auch über die unerschöpfliche Vielfalt der menschlichen Psyche. So wurde der Mord an Michelle Reuter meine erste richtige Analyse als angehender Profiler. Damals allerdings noch als Leiter der Mordkommission, das Kommissariat «Operative Fallanalyse» sollte ich erst später gründen.

Ich musste ganz anders vorgehen als bis dahin. Den bekannten Weg zu verlassen war eine ungewohnte Herausforderung. Die Fallanalyse fußt auf drei Säulen: Spuren am Tatort, Spuren an der Leiche und Persönlichkeit des Opfers. Aussagen von Zeugen und Hinweise auf den Täter außerhalb des Tatorts, die in einer üblichen Mordermittlung oft den Kern bilden, interessieren den Fallanalytiker wegen der ihnen innewohnenden Subjektivität kaum. Außer es geht um die Festlegung zeitlicher Abfolgen und um die Charakterisierung des Opfers. Hierzu benötige ich sogar möglichst viele Meinungen, um ein einigermaßen authentisches Bild zu bekommen: Welche Wesensmerkmale hatte der Mensch? Wie vertrauensselig war er, wie verhielt er sich in gefährlichen Situationen? Das Zentrum der Fallanlyse aber ist der Tatort: Die Spuren der Tat können erzählen, welchen Bedürfnissen der Täter nachgegangen ist, wie detailliert er seine Tat geplant hat und was ihn überhaupt motiviert hat, das Verbrechen zu verüben.

Um darauf eine Antwort zu finden, stelle ich mir am Tatort sehr viele Fragen, bei denen es immer um die Bewertung des

Täterverhaltens geht: Wie erfolgte die Kontaktaufnahme zum Opfer? Wie sehr hatte er sich und seine Impulse unter Kontrolle? Wie gewalttätig war sein Verhalten? War es lediglich funktionell, also erforderlich, um den Widerstand des Opfers zu überwinden? Oder war es bedürfnisorientiert? Welche Waffen setzte der Täter ein – die eigenen Hände, Stich- oder Schlagwerkzeuge? Brachte er Waffen zum Tatort mit, oder hat er sie dort zufällig gefunden, was man als «Waffen der Gelegenheit» bezeichnet? Wann hat er das Opfer verletzt: vor oder nach dem Tod? Oder während des Sterbens? Wie tötete der Täter? Würgte oder drosselte er zunächst und stach dann auf das Opfer ein? Oder tötete er in umgekehrter Reihenfolge? Wie war das sexuelle Verhalten? Gab es dies überhaupt? Wenn ja, deutete es auf ungewöhnliche sexuelle Bedürfnisse hin, wie Fetischismus oder Sadismus? Verging sich der Täter an dem Mordopfer? Und was machte er mit der Leiche? Ließ er sie einfach liegen, versteckte er sie, oder brachte er sie an einen anderen Ort? Versuchte der Täter, Spuren wie Fingerabdrücke oder Sperma zu vermeiden, die ihn identifizieren könnten? Trug er also Handschuhe oder benutzte er ein Kondom? Es ist eine Menge von Fragen, die ich beantworten muss, um den Ablauf des Verbrechens möglichst realitätsnah rekonstruieren zu können. Dies bringt mich dann hoffentlich dazu, das Tatmotiv zu verstehen, die Bedürfnisse des Täters zu beschreiben und sein persönliches Profil zu bestimmen.

In dem getrockneten Blut ist das grobe und rautenförmige Profil eines Arbeitsschuhs zu erkennen, wie Stempel sind die Abdrücke der Sohle in regelmäßigen Abständen auf dem Boden zu erkennen, bis sie sich in der Tiefe des Raumes verlieren. Um die Lache sind dicke Blutstropfen verteilt, die strahlenförmig auslaufen. Eine schmale Wischspur führt von hier zu der grauen Stahltür einer Schleuse, dem Zugang zum Fahrstuhl, den Abstellräumen und dem Raum für Fahrräder.

Ich öffne die feuerhemmende Schleusentür und betrete den knapp acht Quadratmeter großen fensterlosen Vorraum. Das fahle Licht von Neonröhren beleuchtet ihn gespenstisch, zwei Stahltüren führen zu weiteren Räumen. Der Raum erinnert mich an ein Verlies.

Auf dem Boden und an den Wänden entdecke ich ebenfalls Blutspuren. Obwohl ich im Büro bereits die Fotos des Tatortes und der Leichenobduktion aufmerksam betrachtet habe, erschreckt mich das Ausmaß dieser stummen Tatzeugen. Einen solchen Ausdruck brutaler Gewalt habe ich noch nie an einem Tatort erlebt.

Um das Verbrechen rekonstruieren und verstehen zu können, muss ich das blutige Spurenbild interpretieren. Eine bedrückende Aufgabe, die hier nach unbeschwerten Urlaubstagen auf mich wartet. Der modrige Verwesungsgeruch des Blutes macht sie nicht gerade attraktiver. Es sind solche Momente, in denen es mir schwerfällt, die professionelle Distanz zur Tat und zum Opfer zu wahren. Ich kann die Vorstellung nicht verdrängen, dass hier vor wenigen Tagen ein junges Leben voller Zukunftserwartungen und mit vermutlich großen Plänen gewaltsam sein Ende gefunden hat. Ich mag mir erst recht nicht vorstellen, welche Todesängste und Qualen die junge Frau erlitten haben muss, bevor sie trotz aller Widerwehr elendig starb.

Ich versuche, so gut wie möglich diesen Gedanken aus meinem Kopf zu verbannen und mich wieder auf meine Aufgabe zu konzentrieren. Der Tatort sieht nun nicht mehr so aus, wie ihn die Kollegen vorgefunden hatten. Viel ist bewegt und verändert worden, die Spurensicherer, Ermittler, Rettungssanitäter oder Träger des Sarges haben ihre eigenen Spuren hinzugefügt. Dennoch bin ich mir sicher, dass ich trotzdem Hinweise auf den Ablauf des Verbrechens ableiten kann, indem ich noch mal alles genau betrachte.

Es gibt eine Szene in der Verfilmung des Thrillers «Roter Drache» von Thomas Harris, die ganz gut zeigt, wie ein Profiler arbeitet. Der junge FBI-Ermittler Will Graham (Edward Norton) betritt den Tatort, an dem der Serienmörder Francis Dolarhyde Tage zuvor das Leben einer ganzen Familie ausgelöscht hatte. Der Zuschauer sieht mit den Augen des Profilers im Schlafzimmer Blutspuren an den Wänden und auf dem Bett. Will Graham lässt diese Spuren auf sich wirken, um dann seine Gedanken über ihre Ursache und die Dynamik am Tatort in ein Diktaphon zu sprechen. So ähnlich sieht auch meine Tätigkeit aus, nur dass ich meine Überlegungen nicht aufs Band spreche, sondern sie in meinen Stenoblock notiere. Ich komme mit der altmodischen Methode immer noch am besten klar.

Dieser fast schon meditative Aufenthalt am Tatort war schon ein fester Bestandteil meiner Ermittlungen, bevor ich mich der Fallanalyse zugewandt habe. Immer wieder war ich zu den Orten der Verbrechen gefahren und hatte die Spuren auf mich wirken lassen, manchmal verharrte ich so mehrere Stunden lang. Häufig waren mir auf diese Weise die Abläufe des Verbrechens bewusst geworden. Wissen, das ich dann in die Vernehmungen mit Tatverdächtigen einbringen konnte. Bei einem Geständnis konnte ich dann auch sehen, inwieweit der Täter das Tatgeschehen in seiner Darstellung verfälschte.

Direkt hinter der Schleusentür erkenne ich den großen Blutsee, der den Zeugen verschreckt hatte. Vereinzelte Spritzer an der Wand zeigen mir, dass durch die schnellen Bewegungen beim Stechen Blut von einem Messer abgeschleudert wurde. Die sehr schwer verletzte Michelle Reuter lag hier offenbar für längere Zeit auf dem Boden. Bevor ihr Blut gerinnen oder trocknen konnte, war sie allerdings über mehrere

Meter durch den Raum gezogen worden, darauf deutet eine Spur hin, die ohne Unterbrechung bis zu einer zweiten Tür führt. Blut gerinnt innerhalb von drei bis sechs Minuten und trocknet nach zehn bis fünfzehn Minuten. Der Täter hat die Frau durch den Raum gezogen, kurz nachdem er auf sie eingestochen hat.

Auch an dieser Tür hat sich auf dem Boden ein etwa einein-halb Quadratmeter großer Blutsee gebildet, aus dem langge-zogene Blutspritzer förmlich herausplatzen und bis zum etwa 50 Zentimeter entfernten Türblatt reichen. Ich lasse dieses Bild lange auf mich wirken, denn es war ein besonderer Moment im Tatablauf: Hier hat der Täter beim Zustechen nicht nur eine oder mehrere Arterien verletzt, sodass das Blut mit hohem Druck aus der Wunde spritzte, hier hat er Michelle Reuter ge-tötet.

Ich sehe mich in dem Raum um und versuche, ein Muster in die zahlreichen Schuhabdrücke mit dem groben Profil zu brin-gen. Der Täter ist scheinbar rastlos in dem Raum hin und her gegangen. Aber warum?

Ich ziehe die Mappe mit den Tatortfotos aus meiner Akten-tasche. Als ich mir die Aufnahmen aus der Schleuse ansehe, habe ich eine Idee: Wollte der Täter den Tatort aufräumen? Hatte er deshalb bereits die beiden Umhängetaschen des Opfers auf der blutigen Schleifspur abgestellt, ehe er von dem aufgeschreckten Mieter gestört wurde? Auf den Fotos kann ich erkennen, dass der Täter auch die Taschen durch-sucht hat: Eine Plastiktüte mit dem Label von «En Vogue» ragt aus der offenen Umhängetasche heraus. In einem Abstand von gut einem Meter liegen ein Schlüsselbund mit einem Fo-toanhänger, ein einzelner Autoschlüssel, eine angebrochene Schachtel Light-Zigaretten, ein silbernes Feuerzeug sowie drei Kunstzeitschriften auf dem Boden. Ich folge der mäanderartig verlaufenden Schleifspur, verlasse die Schleuse und betrete einen kleinen Flur, der zum Fahrstuhl und den Abstellräumen führt.

Ich erkenne an den durchgängigen Schleifspuren, dass der Täter zielstrebig und ohne Stopp sein Opfer über zwanzig Meter bis in den Fahrradkeller gezogen hat, ehe er es vor einer kleinen Schachttür ablegte. Ich muss an ein erlegtes Stück Wild denken, eine Trophäe, die vom Jäger abtransportiert wird, um sie vor den Raubtieren zu schützen. Der Täter hat die tote Frau wie ein Stück Vieh behandelt.

Die Blutspuren an der Wand zeigen mir, dass der Mörder hier die Tote anlehnte, dann ihren Körper anhob und ihn in den dahinterliegenden Schacht zog. Ich blättere in der Fotomappe weiter und sehe eine weitere Besonderheit des Tatortes: In der Schleifspur liegen mehrere blutbefleckte Kunstzeitschriften sowie vier spitz gefaltete Hochglanzpapiere. Die Zeitschriften haben vermutlich während des Transports auf der Leiche gelegen und die Wunden abgedeckt. Beim schnellen Ziehen des Körpers sind sie dann von ihm heruntergefallen. Die Bedeutung der gefalteten Papiere erschließt sich mir allerdings nicht. Während zwei Blätter vollkommen blutdurchtränkt sind, weisen die beiden anderen lediglich blutige Spitzen auf. Hat der Täter die spitzen Enden in die Halswunde der Toten gesteckt und versucht, sie so zu verschließen? Oder wollte er auf diese Weise weitere Messerstiche symbolisieren? Einen dritten ungewöhnlichen Umstand entdecke ich auf den Fotos: Wenige Meter von der Schachttür entfernt liegt das etwa zwanzig Zentimeter lange Ende eines daumendicken medizinischen Pflasters. An ihm kleben zwei streichholzlange schwarze Haare. Es sind vermutlich Haare von Michelle Reuter. Noch ein Rätsel, das sich mir hier stellt: Welche Funktion hatte der Pflasterstreifen? Sollte er einen Knebel fixieren, um die Frau am Schreien zu hindern? Doch dann wäre dem Täter auch dieses Vorhaben gänzlich missglückt.

Die Fotos zeigen mir auch, dass der Platz, an dem Michelle Reuter gefunden wurde, anders aussah als jetzt. Links neben der Tür zum Schacht stand ein Fahrrad, das an die Wand gelehnt war. Die Spurensucher hat es bei der Arbeit gestört, sie haben es weggestellt. Den Täter aber hat es offenbar nicht behindert. Dann öffne ich die nur 120 Zentimeter hohe Tür, die zum «Luftschacht» führt. Auf der Tür sind neben der Klinke noch vier verwischte, blutige Abdrücke von Fingern zu sehen. Ich kann erkennen, dass sie von Handschuhen stammen.

Ich steige über einen knapp 60 Zentimeter hohen Sims und leuchte mit meiner Taschenlampe in den dunklen Raum hinein. Es dauert eine Weile, bis sich meine Augen an das Halbdunkel gewöhnen. Der Raum ist gerade einmal 80 Zentimeter breit und gut vier Meter lang. Ich kann allerdings darin stehen, ohne an die Decke zu stoßen. Vorsichtig taste ich mich nach links vor und komme am Ende des Ganges zu einer Öffnung in der Mauer, die zu einem weiteren Raum um die Ecke führt. Meine Augen fangen zu tränen an, es riecht plötzlich beißend nach Lösungsmittel. Als ich den Boden ableuchte, sehe ich dort zwei Dosen stehen: Ein «Zweikomponenten-Epoxidharzsystem», man verwendet es zum Streichen von Betonböden. Eine der Dosen war umgefallen, ihr Inhalt hatte sich auf den Boden ergossen. Direkt neben dem angetrockneten Kunstharz erkenne ich Blutspuren, auf dem Boden und an den unverputzten Gasbetonsteinen direkt unterhalb des Einstiegs. Hier also lag die Leiche von Michelle Reuter, als sie gefunden wurde.

Der ätzende Gestank ist nicht lange zu ertragen, ich flüchte aus der Enge. Draußen im Fahrradkeller nehme ich wieder die Fotos zur Hand. Ich versuche in Gedanken zu rekonstruieren, wie genau der Täter die Leiche in dem Raum abgelegt hat. Auf den Bildern sind Michelle Reuters Gesicht und ihre Haare blutverschmiert. Die Abrinnspuren am Kopf verlaufen in unterschiedlichen Richtungen und zeigen, dass Michelle Reuter sich noch bewegte, nachdem sie mit den Stichen malträtiert wurde. Oder aber der Täter hat die Position ihres Körpers verändert. Auch ihre rahmenlose Brille ist verbogen und in Richtung der Stirn verrutscht. Das alles zeugt von einer großen Dynamik dieses Verbrechens.

Die Tote liegt auf dem Rücken, die rechte Schulter und der Kopf sind leicht erhöht und an die Wand angelehnt, der rechte Arm ruht auf dem Bauch. Die Beine sind gespreizt, jedoch in den Knien angebeugt, sodass die Füße an den Fersen zusammenstoßen. Die nackten Füße stecken in leichten Mokassins. Neben dem rechten Fuß liegt eine abgerissene Armbanduhr mit zersplittertem Glas.

Michelle Reuter trägt eine cremefarbene und weitgeschnittene Hose, deren Naht im Schritt einige Zentimeter weit aufgerissen ist, sodass ein weißer Slip zu sehen ist. Beide Knöpfe im Bund sind geschlossen, der Reißverschluss ist hochgezogen. Zwischen den Beinen liegt eine weiße Strickjacke mit auf links gezogenen Ärmeln. Das vormals beigefarbene langärmelige T-Shirt ist vollkommen blutdurchtränkt und bis über die Brüste hochgeschoben.

Die nackten Brüste sind blutverschmiert. Dennoch sieht man auf dem Foto mehrere Stiche in der linken Brust und im Oberbauch, auch im rechten Halsbereich klafft ein langer Schnitt. Mit der Lupe betrachte ich mir das Bild genauer: Eine feingliedrige silberne Kette der Toten liegt straffgezogen zwischen den beiden Wundwinkeln. Ist sie zufällig beim Hereinziehen der Leiche dorthin gerutscht? Oder hat sie der Täter bewusst so drapiert?

Auf einem der letzten Fotos entdecke ich, dass im Raum auf

dem Sims der Schachttür ein Schlüssel liegt, mit einem dicken Bart, ein einfacher Schlüssel für Zimmertüren. Er könnte in das Schloss zur Tür des Luftschachts passen. Wollte der Täter den kleinen Raum abschließen, um sich hier an einem wehrlosen Opfer zu vergehen? Als ich mir ein paar Tage später bei den Spurensuchern den Schlüssel ausleihe und zum Tatort zurückfahre, stelle ich fest, dass der Schlüssel tatsächlich passt.

Nun folge ich den blutigen Schuhabdrücken, die vom Luftschacht zum Erdgeschoss führen. Mit gleichmäßigen Schritten ging der Täter am Gepäck von Michelle Reuter vorbei, passierte auf seinem Weg vom Tatort weg verschiedene Einstellplätze für Autos und Abstellräume, ehe er das Nachbarhaus erreichte und dort den Fahrstuhl betrat, wie ein letzter blutiger Teilabdruck der Sohle zeigte. Ich nehme den Fahrstuhl und fahre in den dritten Stock, zu einer unverschlossenen und leeren Wohnung. An der Türklinke hatten die Spurensucher ebenfalls Blut von Michelle Reuter gesichert, das nur der Täter hier hinterlassen haben konnte. Was aber wollte er hier? Hatte er sich in der Wohnung gewaschen oder umgezogen? Ein weiteres Rätsel in diesem ungewöhnlichen Fall.

Fürs Erste habe ich genug gesehen. Es sind nun mehrere Stunden vergangen, seitdem ich pitschnass den Tatort betreten hatte. Der Regen hat mittlerweile aufgehört, der Asphalt aber ist von Pfützen übersät. Ich schlendere zum nahegelegenen Hafenbecken, setze mich auf einen Poller und lasse die Eindrücke auf mich wirken. Ich überlege, ob Michelle Reuter den Täter kannte oder ob es zufällig zu dem tragischen Zusammentreffen gekommen war. Die Verletzungen deuten nicht darauf hin, dass sich die beiden kannten. Schläge ins Gesicht, Würgen oder Drosseln sind typische Gewaltakte einer Beziehungstat. Auch wie sich der Täter nach dem Mord verhalten hat, spricht eher für eine zufällige Auswahl des Opfers. Häufig ist die

Flucht die erste Reaktion eines Beziehungstäters, manchmal inszeniert er auch den Tatort, das heißt, er ordnet Gegenstände oder die Leiche selbst so an, dass sie etwas aussagen sollen, z. B. um von sich als Täter abzulenken oder als eine letzte Botschaft an den einst geliebten Partner. Doch hier ist alles anders: das Schleifen der Toten in den Luftschacht, das Zusammenstellen der Umhängetaschen, die gefalteten Papiere, das medizinische Klebeband mit den Haaren der Toten in der Schleifspur. Wer so handelt, hat den Mord geplant. Die Frage ist nur: Warum? In der Terminologie des FBI spricht man von einem *unspecific motive killing*: ein Mord, dessen Bedeutung allein der Täter kennt und mit dessen Realisierung er sich sehr lange beschäftigt hat.

Dies sind erste Überlegungen, wild gesponnen an einem Hafenbecken unter wolkenverhangenem Himmel. Um daraus eine ernsthafte These zu machen, benötige ich zunächst jedwede Information über das Opfer: Wie waren die familiären, persönlichen und finanziellen Verhältnisse von Michelle Reuter? Wie verbrachte sie ihre Freizeit? Verkehrte sie in Subkulturen? Wann und wo war sie zuletzt gesehen worden – alleine oder in Begleitung? Wie wählte sie ihre Sexualpartner aus? Gab es Kontakte in Internetforen?

Um auf all diese Fragen eine Antwort zu finden, müssen Familienangehörige, Freunde, Bekannte, Arbeitskollegen vernommen werden. Je mehr, desto besser, damit nicht die subjektive Meinung eines Einzelnen das Opferbild prägt. Es geht um ein ganzheitliches Bild der Persönlichkeit. Weiterhin können private Aufzeichnungen des Opfers in Terminkalendern, Tagebüchern, Briefen oder E-Mails zu diesem Bild beitragen. Ihre Auswertung ist enorm zeit- und personalaufwendig, doch sie lohnt sich. Gerade in der Intimität zeigt der Mensch sein wahres Wesen. Es ist meine Aufgabe, möglichst auch die tiefsten Geheimnisse des Opfers zu entdecken. Am Ende weiß ich vielleicht mehr als die Mutter, ein Freund, der Ehemann. Es ist eine sehr verantwortungsvolle Aufgabe.

In den vergangenen Tagen hatten sich meine Kollegen der Mordkommission bereits sehr intensiv mit dem Leben von Michelle Reuter und ihrer Biographie beschäftigt. Sie haben alles in einem separaten Aktenordner mit der Aufschrift « Opferbild Michelle Reuter » abgelegt. Michelle Reuter ist als Tochter eines Kaufmanns und einer französischen Mutter im Ausland aufgewachsen und hat dort verschiedene internationale Schulen besucht. Sie hat recht früh ihre Liebe zur eigenen Kreativität und Kunst entdeckt. Nach dem Schulabschluss studierte sie in verschiedenen europäischen Metropolen Modedesign und Malerei. Vor einem Dreivierteljahr kehrte sie in ihre Heimatstadt Bremen zurück und wohnte vorübergehend bei einer Freundin. Die Gründe dieser Entscheidung werden mir beim Lesen der Unterlagen nicht deutlich, doch vermutlich plante Michelle Reuter einen Neuanfang. In ihrer Vernehmung hat ihre Freundin jedenfalls so etwas für möglich gehalten.

Auf ihrer Suche nach einer repräsentativen Wohnung wurde Michelle Reuter auf das Bauvorhaben am Wasser aufmerksam und verliebte sich sofort in die frühere Hafenidylle. Seit einem knappen Vierteljahr lebte sie als eine der wenigen Mieterinnen in ihrem Loft mit Blick auf das Wasser und richtete sich gleichzeitig eine Galerie mit Werken zeitgenössischer Op-Art-Künstler der 60er Jahre ein, von Bridget Riley bis Victor Vasarely.

Die Anonymität der Wohnanlage, in der noch immer viele Wohnungen leerstehen, ängstigte sie offenbar nicht. Gegenüber einer Freundin erklärte sie, sich über die Ruhe im Haus zu freuen. Sie genieße es, für ihr Cabriolet immer einen Parkplatz zu finden. Den Rat, sich eine Spraydose Reizgas anzuschaffen, lehnte sie ab. Sie hatte so etwas in ihrem Leben noch nie gebraucht. Sie trat anderen gegenüber immer freundlich und offen auf und glaubte an das Gute im Menschen. «Ich bin doch die Letzte, der etwas passieren wird», sagte sie gern zu ihren Freundinnen.

Zu ihren in Berlin lebenden Eltern sowie zu ihrem fünf Jahre älteren Bruder hatte sie ein ausgesprochen herzliches und offenes Verhältnis; ebenso zu früheren Kommilitonen und Künstlerkollegen, mit denen sie oft telefonierte oder sich E-Mails schrieb. Seit ihrer Rückkehr nach Bremen ging sie abends häufiger im Szeneviertel der Innenstadt mit seinen Boutiquen, Kneipen und gemütlichen Restaurants aus. Dort schloss sie schnell neue Bekanntschaften und gab manchmal wohl ein wenig unbedarft und freizügig ihre Telefonnummer weiter. Da sich Michelle Reuter über die Kontaktversuche wunderte, riet ihre Freundin, etwas vorsichtiger mit der Telefonnummer umzugehen. Schließlich «trug auch ihr attraktives Äußeres zu ihrem Begehrtsein bei», wie sie in ihrer Vernehmung sagte.

Ein befreundeter Fotograf hatte eine Bilderserie von Michelle Reuter geschossen. Als ich die Fotos betrachtete, verstehe ich, was die Freundin meinte: Ich sehe ich eine gut aussehende, zierliche und schon ein wenig extravagante Erscheinung mit kurzen schwarzen Haaren, die sich ihrer Wirkung bewusst zu sein scheint. Ihr Blick ist freundlich und offen, manchmal kokettierend und dann wieder nachdenklich. Die Fotos sind erst vor fünf Wochen aufgenommen worden: Michelle Reuter beim Aufhängen der Op-Art-Bilder in der Galerie, vor der Staffelei, hinter dem Steuer ihres Sportwagens und mit zerzausten Haaren am Hafenbecken, fröhlich in die Kamera winkend.

Mit diesen Eindrücken fahre ich in das Institut der Rechtsmedizin, um mir die Leiche der bereits obduzierten jungen Frau anzusehen. Ich muss mich beeilen, denn inzwischen hat die

Staatsanwaltschaft die Leiche zur Bestattung freigegeben. Am Nachmittag will ein Bestatter die Tote in sein Beerdigungsinstitut überführen. Der Obduzent wartet bereits auf mich. Er soll mir das Sektionsprotokoll erklären, die versachlichte Dokumentation des Todes.

Die Interpretation von Verletzungen und der Todesursache ist die zweite wichtige Säule in der Fallanalyse. Je ungewöhnlicher die Verletzungen an der Leiche sind, desto mehr verraten sie über das Motiv des Täters und geben Einblicke in seine Psyche.

Den Rechtsmediziner kenne ich seit über zehn Jahren, schon oft habe ich mit ihm an Tatorten oder am Obduktionstisch gestanden, um über Todesart, Verletzungsmuster und Sterbezeitpunkt zu diskutieren. Manchmal waren wir unterschiedlicher Meinung, oft aber teilten wir die gleiche Einschätzung. Ich mag diesen Mann, der trotz seiner Nähe zum Tod immer gut gelaunt und hoch engagiert bei seiner Arbeit ist.

Eine fast drei Meter hohe Mauer verhindert neugierige Blicke auf den Eingang der über hundert Jahre alten Pathologie. Die Leiche von Michelle Reuter befindet sich jetzt nicht mehr im Obduktionssaal, sondern in einem kleinen Nebenraum. Hier ruhen bei 8 Grad Celsius die sogenannten «Polizeileichen». Menschen, die unter unklaren Umständen oder nicht natürlich gestorben sind. Die Todesermittler der Polizei müssen nun die Todesursache finden. Bis zur Klärung wird die Leiche nicht zur Beerdigung freigegeben.

Zu dritt betreten wir den gekühlten Raum: der Rechtsmediziner, ein Sektionsgehilfe und ich. Der hell gefliese Raum mit Tischen und Schränken aus Edelstahl strahlt kühle Funktionalität aus. In einer Ecke stehen einige blaue Boxen sowie Eimer mit Organteilen, die den Leichen für feingewebliche Untersuchungen zur Klärung der Todesursache entnommen wurden.

Wir ziehen uns die dünnen OP-Handschuhe an. Nach der Untersuchung der Ermordeten werde ich meine Hände zusätzlich noch desinfizieren, das ist ein wichtiger Reinigungsakt für die Psyche. Der Sektionsgehilfe – auch Präparator genannt – öffnet die Kühlbox, schiebt eine fahrbare Hebebühne unter die Öffnung, zieht die Bahre mit der Toten auf das Gestell und nimmt das weiße Laken vom toten Körper herunter. An der gewaschenen nackten Leiche kann ich die Spuren des Verbrechens und der Obduktion gut erkennen: der mächtige Halsschnitt, der vom Sektionsgehilfen zugenäht worden ist; die Messerstiche in der Brust; der bei der Sektion entstandene «Y-Schnitt» des Obduzenten. Er hatte mit dem Skalpell von beiden Schultern aus bis zum Brustbein und von dort senkrecht bis zur Scham die Haut aufgeschnitten, um den Brustkorb zu öffnen und die Organe zu entnehmen.

Ich packe die Fotomappe aus und vergleiche die Aufnahmen mit den Verletzungen, die ich jetzt an der Leiche erkennen kann. Der Plan ist, alle Verletzungen vom Kopf bis zu den Füßen zu thematisieren. Der Rechtsmediziner deutet auf den linken Ohransatz der Leiche, wo er eine frische Schwellung feststellen konnte. Er zeigt mir sogleich auch am Hinterkopf eine genähte Platzwunde. Die Verletzung liegt oberhalb einer imaginären «Hutkrempenlinie». Dieser fast hundert Jahre alte Begriff stammt aus der Zeit, als die Männer noch Hüte trugen. Er wird seitdem von Rechtsmedizinern und Ermittlern noch immer herangezogen, um die Ursache der Verletzungen zu bestimmen: Liegen sie oberhalb einer gedachten Hutkrempe, sind sie wahrscheinlich durch Schläge mit einem Gegenstand entstanden. Entdeckt man sie unterhalb dieser Linie, ist wahrscheinlich ein Sturz die Ursache. Bei Michelle Reuter ist der Fall eindeutig: Der Täter wollte sie mit einem Gegenstand niederschlagen.

Im Gesicht der Toten sehe ich Platzwunden an der linken Augenbraue, am rechten Jochbein und an der Lippe. Sie beweisen, dass der Täter Michelle Reuter offenbar zwei-, dreimal brutal ins Gesicht geschlagen hat. Auch an den Armen kann ich Verletzungen erkennen: Die Ellen beider Unterarme sind voller Hämatome, ebenso der rechte Handrücken. Mit den beiden Experten aus der Rechtsmedizin bin ich einig, dass die Frau ihre Arme schützend vor ihren Kopf gehalten hat, um die Schläge abzuwehren. In der Sprache der forensischen Traumatologie spricht man von « defensiven Abwehrverletzungen ». Die zerschnittenen Hände sind ein eindeutiger Beweis für die verzweifelten Versuche, sich vor der Messerattacke des Täters zu schützen. Wer mehrmals offensiv in die scharfe Klinge greift, um dem Täter das Messer zu entwinden, handelt aus höchster Not: Michelle Reuter war in größter Todesangst.

Der Rechtsmediziner liest aus seinem vorläufigen Obduktionsprotokoll noch mal alle Befunde vor. Ich muss über seine spezielle Sprache schmunzeln und komme kaum nach, alles in meinem Stenoblock zu schreiben:

1. Linke Halsvorderseite; mehrere bis zu 15 cm lange, glattrandige Schnittverletzungen. Beginn: links neben Kehlkopf bis zum rechten Ohr; ansteigend. Halsmuskulatur durchtrennt. Unverletzte Halsschlagader. Schildknorpel mit drei strichförmigen und oberflächlichen Schnittverletzungen.

2. Brust: Neunzehn Einstiche. Unterblutet. 12 horizontal, 7 schräg links nach oben. Wundöffnungen 1,0 bis 2,6 cm lang. Obere äußere Wundwinkel spitz, gegenüberliegende gering abgerundet. Maximale Stichtiefe (Herzbeutelhinterwand): 13 cm.

3. Rücken: quer verteilt (17 cm), sechs horizontale Stichverletzungen. Wundlängen von 1,0 bis 2,1 cm. Spitze Wundwinkel.

An einer Stelle verharre ich beim Schreiben, ich bin etwas irritiert. Die oberflächlichen Halsschnitte deuten darauf hin, dass der Täter trotz seiner Entschlossenheit, die aus den anderen Verletzungen abzulesen ist, gezaudert hat, Michelle Reuter den Hals aufzuschneiden. Es kann nicht an einem stumpfen Messer gelegen haben, denn die Schnitte am Hals und den Handflächen beweisen, wie scharf es war. War der Täter plötzlich unsicher? Hatte er tatsächlich Hemmungen? Ich kenne dieses Verhalten aus anderen Fällen. Das Abschneiden des Kopfes oder das Zufügen mächtiger Halsverletzungen scheint für viele Täter, aber auch für Menschen, die sich auf diese Weise selbst töten wollen, mit einer Art Tabu belegt zu sein. Wer den Kopf malträtiert, wagt sich an das Wertvollste des Menschen, an den Ort, wo sein Gehirn liegt, Zentrum seines Lebens, seiner Gefühle, seines Denkens; das, was ihn zum Menschen macht und von anderen Kreaturen unterscheidet. Die Hemmung, diesen Teil des Körpers zu verstümmeln, wird manchmal erst nach mehreren zaghaften Versuchen überwunden.

Auch die Stichverletzungen in der Brust erzählen mir eine Geschichte. Der Täter hat in mindestens zwei Stichserien aus unterschiedlichen Positionen heraus auf sein Opfer eingestochen. Auch wenn sich die Verletzungen auf einer Fläche verteilen, die so groß ist wie ein DIN-A4-Blatt, so zeigt sich hier die Entschlossenheit des Täters: Er wollte die Frau töten, denn zwölf Stiche sind in Herznähe auf den Bereich des Brustbeins konzentriert. Vermutlich war Michelle Reuter zu diesem Zeitpunkt bereits ohnmächtig und konnte sich gegen die Stiche nicht mehr wehren.

Der Rechtsmediziner erläutert weiter, dass alle Stichverletzungen vital, also zu Lebzeiten des Opfers, entstanden sind. Er kann auch sagen, wie die Tatwaffe ausgesehen hat: «Die Klinge ist sehr scharf, nur an einer Seite geschliffen, höchstens einen

Zentimeter breit und mindestens zehn Zentimeter lang.»
Spontan muss ich an ein Klappmesser denken, das Balisong
heißt. Besser bekannt ist es unter dem Namen Butterfly. Diese
Messerform hat zwei um 180 Grad schwenkbare Griffhälften,
die durch einen Stift mit der Klinge verbunden sind. Ist es nicht
in Gebrauch, ruht die Klinge unbenutzt in den Griffschalen, so
dass Eigenverletzungen ausgeschlossen sind. Wird das Messer
eingesetzt, kann es mit einem Schwung aus dem Handgelenk
schnell geöffnet werden.

Der Sektionsgehilfe dreht nun die Tote auf den Bauch. Die
Rückenstiche zeigen eine andere Dynamik des Täters. Sie scheinen in der Bewegung erfolgt zu sein, so sehr sind sie über den
Rücken verteilt. Vor meinem geistigen Auge sehe ich Michelle
Reuter fliehen, der Täter setzt ihr nach und sticht von hinten
auf sie ein. Diese Vorstellung passt zu den in der Schleuse festgestellten Blutspuren. Ich entdecke am rechten Unterschen-
kel waschhautähnliche Ablösungen. Wir rätseln, was die Ursache sein kann. Auch der Rechtsmediziner hat keine Idee.
Ich erinnere mich an den beißenden Geruch in dem Luftschacht. Haben die Lösungsmittel im ausgeflossenen Kunstharz
zu Verätzungen geführt, die schließlich die Haut fetzig abgelöst
haben?

Als Todesursache benennt der Mediziner die Herzstiche
und den immensen Blutverlust. In diesem kalten Raum mit
seinen kalten Fliesen bekommt mein Bild vom Tatablauf nach
und nach Konturen: Der Täter hat Michelle Reuter nicht nur
mit einem Messer angegriffen, sondern zunächst versucht, sie
mit einem stumpfen Gegenstand niederzuschlagen, was die
Schwellung an ihrem Schädel beweist. War es ein Totschläger?
Ich erinnere mich, dass er ähnlich aussehende Verletzungen
verursacht. Mindestens zweimal hat der Täter ihr seitlich auf
den Kopf geschlagen. War er davon ausgegangen, er könnte sie

auf diese Weise bewusstlos schlagen und so die Kontrolle über sie gewinnen? Doch der Plan misslang. Michelle Reuter wehrte sich vehement und versuchte, weitere Schläge und Messerstiche abzuwehren, während sie flüchtete. Doch der Täter wollte seinen Plan zu Ende bringen. Die Dynamik des Mordes zeigt, dass er sich über den Widerstand des Opfers hinwegsetzte. Er wollte die Tat vollenden.

Eine gute Stunde habe ich mich in der Leichenhalle nun aufgehalten. Trotz des traurigen Anlasses mag ich diese Gespräche mit den Experten des Todes, denn sie bilden häufig den Hintergrund für meine spätere Bewertung des Falls. Ich muss die neuen Eindrücke noch wirken lassen, als ich im Dienstwagen zurück ins Präsidium fahre. Was für ein ungewöhnliches Verbrechen! Eine völlig aus dem Ruder gelaufene Tat.

Ich überlege, ob Michelle Reuter ihren Peiniger bei ihrer Gegenwehr festhalten oder kratzen konnte. Gab es Spuren unter ihren Fingernägeln, Haut des Täters, die beim Kratzen hängen geblieben ist? Ich muss die Kleidung von Michelle Reuter untersuchen, um zu klären, wann der Täter auf sie eingestochen hat. War sie da noch vollständig bekleidet? Oder hatte er ihr erst das T-Shirt hochgeschoben und den BH zerrissen?

Zurück im Präsidium, gehe ich in das Zimmer des Hauptsachbearbeiters. Seine Bezeichnung ist eine polizeitypische Wortkreation und klingt viel nüchterner als Kommissar oder Ermittler. Der Hauptsachbearbeiter ist derjenige, der in einem Kriminalfall die Ermittlungsakte führt. Er berät die Leitung der Mordkommission und legt mit die Schwerpunkte der Ermittlung fest. Eine verantwortungsvolle Aufgabe, denn bei ihm gehen sämtliche Berichte ein. Er ist für die Verteilung und Überwachung der über 300 Spurenakten verantwortlich, die sich aus Hinweisen der Bevölkerung, Zeugenbefragungen und der Auswertung von Tatort und Wohnung des Opfers ergeben.

Der Kollege versinkt fast in den Produkten der vergangenen Tage: Ordner, Stapel von Papieren, viele Papiertüten und Plastikbeutel mit gesicherten Beweisstücken liegen überall in seinem Büro herum. Es riecht muffig, und ich weiß auch sofort den Grund: Aus einigen Tüten strömt der Geruch trockenen Blutes. Der Kollege scheint sich an diesen Muff schon gewöhnt zu haben: Er wühlt in dem Berg von Beweismitteln und greift nach mehreren Papierbeuteln, in denen sich die Kleidung mit dem getrockneten Blut befindet.

In meinem Büro breite ich auf einem großen Stück weißen Papieres die einzelnen Kleidungsstücke aus: Strickjacke, T-Shirt, BH und Hose. Ich beginne mit der Untersuchung der weißen Strickjacke. Im Brustbereich sehe ich zwei Beschädigungen: Schnitte, die etwa 15 Millimeter lang sind und durch Stiche entstanden sein dürften. Auch am linken Ärmel befindet sich acht Zentimeter vom Bündchen entfernt ein Stich. Die Rückseite der Jacke weist elf Beschädigungen auf. Ich wundere mich, denn im Rücken der Toten hatte der Rechtsmediziner lediglich sechs Einstiche festgestellt. Ich rufe einen Sachverständigen für Werkzeugspuren der Kriminaltechnik an und bitte ihn um Hilfe. Nach wenigen Minuten ist er da und hat auch gleich eine Erklärung für die unterschiedliche Anzahl. Durch den Faltenwurf der Kleidung kann ein Stich den Stoff an mehreren Stellen beschädigen. Außerdem muss nicht jeder Stich in die Kleidung gleich zu einer Verletzung der Haut führen. Der Kollege nimmt das T-Shirt in die Hand und untersucht das Rückenteil. Wir zählen sechs Schnitte, genauso viele, wie ich im Rücken von Michelle Reuter gezählt hatte.

Das Vorderteil des T-Shirts ist 18-mal durchstochen und damit einmal weniger als die Brust der Toten. Bedeutet es, dass der Täter sein Opfer erst verletzte, nachdem er ihr das Kleidungsstück hochgeschoben hatte? Nicht unbedingt, erklärt mir der Kollege. Manchmal kann auch ein Stich in die Kleidung zu mehreren Verletzungen in der Haut führen. Zum Beispiel, wenn sich das Opfer wehrt und dabei heftig bewegt und die Klinge nicht ganz aus dem Textil herausgezogen wird.

Der BH weist fünf Beschädigungen auf: vorne drei Stich-defekte in den Körbchen und eine 15 Millimeter lange aufge-rissene Naht in der BH-Mitte, wo beide Körbchen zusammen-genäht sind. Außerdem hat der Täter so kräftig den BH am Verschluss auseinandergezogen, dass eine eingenähte Öse aus dem Stoff herausgerissen ist. Ich bitte den Kollegen, auch die aufgetrennte Hosennaht im Schritt zu untersuchen und mir die Frage zu beantworten, ob sie durch Reißen oder durch einen Schnitt beschädigt wurde. Ich übergebe ihm die Hose, da er die Fäden bei sich im Labor durch das Mikroskop betrachten will. Mir fällt auf, dass die Hose kaum blutig ist.

Es dauert nur wenige Stunden, bis mir der Experte sein schriftliches Gutachten vorbeibringt. «Die mikroskopische Untersuchung der durchtrennten Nahtfäden zeigte, dass der Großteil der Fadenenden ein büschelartig ausgefranstes Er-scheinungsbild aufweist, was ein Reißen erklärt.» Ich lese wei-ter, dass andere Fäden offenbar glatt durchgetrennt wurden. Ich frage den Kollegen, ob dies durch einen vorsichtigen Stich in die Naht entstanden sein könnte, um sie dann mit der Hand weiter aufzureißen. Der Gutachter aber mag meine Überlegung nicht bestätigen.

Nach diesen Ergebnissen gehe ich davon aus, dass der Tä-ter Michelle Reuter das T-Shirt über die Brust geschoben und ihr den BH zerrissen hat. Trotzdem überlege ich, ob es nicht auch anders passiert sein konnte. Wurde das T-Shirt hochge-schoben, als der Täter sein Opfer über den Boden schleifte? Es ist eine Grundregel der Fallanalyse, sich nie mit naheliegenden Erklärungen zufriedenzugeben. Auch andere Varianten zu prüfen, selbst wenn sie unmöglich erscheinen. Wie aber finden wir heraus, ob es eine zweite Erklärung für das T-Shirt geben kann? Wir müssen die Szene nachspielen. Einer ist der Täter, einer das Opfer.

Ich frage eine Kollegin, ob sie damit einverstanden ist, sich als Versuchsperson mit einem nassen T-Shirt und BH über den Boden ziehen zu lassen. Mit einem weiteren Kollegen fahren wir zum Tatort, einen Kanister mit zehn Liter Wasser im Gepäck. Vor dem Hafenbecken übergießen wir unter den staunenden Augen einiger Passanten unsere Kollegin mit dem Wasser. Sofort klebt das T-Shirt an ihrem Körper. Etwa so hat das Opfer ausgesehen, nur dass es sich damals um Blut und nicht um Wasser handelte. Die Kollegin legt sich mit dem Rücken auf den Boden. Mein Begleiter zieht sie an ihren Armen fast zwanzig Meter über den glatten Betonboden. Außer dass er heftig zu atmen beginnt, passiert nichts weiter: Das T-Shirt der Kollegin klebt wie eine zweite Haut an ihrem Körper. Bei einem zweiten Versuch ziehe ich die Kollegin an ihren Fußgelenken über den Boden. Auch dieses Mal liegt sie wieder auf dem Rücken, sodass ihr Kopf ebenfalls aufliegt. Zwar schiebt sich jetzt das T-Shirt ein wenig hoch, doch es bleibt weiterhin am Körper haften. Und noch etwas fällt mir auf: Zieht man den Körper auf diese Weise, bleiben die Hosenbeine trocken und sauber. Auch Michelle Reuters Hose war nicht dreckig oder blutig gewesen.

Unser Selbstversuch hat noch einmal bestätigt, wovon wir schon ausgegangen waren: Der Täter hat tatsächlich die Kleidung über Michelle Reuters Brust geschoben. Es war eine bewusste Entscheidung. Ihm war wichtig, die nackten Brüste der Frau zu sehen. Für mich ergibt sich ein immer klareres Bild vom Tatgeschehen: Alles, was der Täter nach dem Mord tat, scheint die irrationale Fortsetzung seines ursprünglichen Planes gewesen zu sein. Er wollte seine Beute offenbar verstecken, obwohl bei der Menge an Blut ein spurenloses Verschwinden gar nicht möglich war. Welche fixe Idee stand bloß hinter dieser Entscheidung? Wir fahren zurück ins Präsidium und berichten unseren Kollegen von dem Ergebnis.

Die Frage, wie rational oder undurchdacht der Täter gehandelt hat, beschäftigt mich weiter. Ich setze mich an meinen Schreibtisch, hole die Skizze des Tatorts hervor und breite sie aus. Es ist eine Umrisszeichnung der modernisierten Speicheranlage. Man kann darauf gut erkennen, wie die einzelnen Bauabschnitte im Erdgeschoss durch verschachtelte Gänge, Lagerräume, Abstellabteile und Einstellplätze für Pkw labyrinthgleich miteinander verbunden sind. Auf dem Bauplan hat einer der Kollegen von der Spurensicherung akribisch den Tatort, die Lage der Spuren und den blutigen Fluchtweg des Täters eingezeichnet. Jeder einzelne Abdruck der groben Schuhsohle ist hier mit einem roten Kreis markiert. Weit über 60 Kreise reihen sich wie Perlen an einer Kette über das große Blatt. Aus dieser Perspektive fällt auf, wie zielstrebig der Täter in dem Wirrwarr von Gängen und Einstellplätzen seinen Weg fand: vom Luftschacht aus durch den Abstellraum für die Fahrräder und die Schleuse, vorbei an den Parkplätzen. Dann weiter über die Rampe zu den Lagerräumen des Querblocks und vorbei an den zahlreichen Lattenverschlägen im letzten Bauabschnitt. Ohne vom direkten Weg zum Ausgang abzuweichen, hat er dort am Ende des Ganges die Schleuse des Nebengebäudes aufgesucht und den Fahrstuhl bestiegen. Keine Frage: Der Mörder kannte den Tatort schon zuvor und hat alles sehr strukturiert geplant.

Ich hole mir den fast 40-seitigen, eng beschriebenen Bericht der Spurensicherung aus dem Ordner und gehe ihn Punkt für Punkt, Spur für Spur durch. Weit über 200 mögliche Beweise haben meine Kollegen von der Tatortbereitschaft in mühevoller Kleinarbeit am Leichenfundort und in der näheren Umgebung zusammengetragen und dokumentiert: Blutspuren, Hautschüppchen an Lichtschaltern, Fingerabdrücke, Schuhspuren im Blut und im Staub, Fasern an der Leiche, Zigarettenkippen und auch leere Bierdosen. Teils haben sie das Original mitgenommen, teils die Spur nur fotografiert. Mal wurde sie auf Watteträgern gesichert, mal auf transparentem Klebeband, wenn es sich um Blut, Fingerabdrücke oder Mikrofaserspuren von der Kleidung der Toten handelte. Ob all diese Spuren relevant für die Aufklärung der Tat sind, müssen die kriminaltechnischen Untersuchungen oder unsere Ermittlungen klären. Es können auch Trugspuren darunter sein, die von Zeugen, den Polizeibeamten selbst oder dem Rettungspersonal stammen. Auch Hausbewohner oder Handwerker könnten sie hinterlassen haben, man spricht dann von «berechtigten Personen». Auf die Wissenschaftler unseres Präsidiums wird sehr viel Arbeit zukommen.

Ein Bericht der Spurensicherung ist genauso gründlich dokumentiert wie eine Doktorarbeit: Jede Spur bekommt ihre eigene Nummer, wird fotografiert, im Original gesichert und mit dem Namen des Spurensuchers versehen. So kann später jeder nachvollziehen, wo und in welchem Zustand die Spuren am Tatort waren. Diese lückenlose Dokumentation ist nicht nur für die Arbeit der Ermittler wichtig, damit sie in der Fülle des Materials nicht den Überblick verlieren. Auch in einem späteren Gerichtsverfahren ist diese Transparenz entscheidend. In der Hauptverhandlung vor Gericht wird jeder einzelne Beweis neu gewürdigt, ganz unabhängig davon, ob er in der Ermittlungsakte thematisiert wurde oder nicht. Die Leiche ist bei der Beschreibung des Tatortes immer im Mittelpunkt. Auch die Sicherung der Spuren orientiert sich an ihr. Die Leiche ist immer Spurennummer 1. Von ihr aus werden die anderen Spuren aufgenommen, sodass die am weitesten entfernten Spuren die höchsten Nummern tragen.

Laut der Akte hat der Hauptsachbearbeiter des Falles die serologischen Untersuchungen auch der Fingernägel bereits angeregt. Die Ergebnisse haben die Kollegen von der Mordkommission aus den Laboren aber noch nicht bekommen. Wir müssen uns noch einige Tage gedulden. Ich bin sehr gespannt darauf, ob sich unter Michelle Reuters Fingernägeln tatsächlich Hautpartikel des Täters befinden.

Ein paar Seiten weiter entdecke ich eine Notiz, die mich aufhorchen lässt:

Anlage zur Beweisstückliste IV, Lfd. Nr. 19:

Abstellraum 33: Tür angelehnt. Plastiktüte mit Inhalt: Gasmaske, ein Paar Gummihandschuhe, eine Fahrradspeiche, zwei Rollen braunes Paketklebeband, zwei Gefrierbeutel.

Dem Vermerk sind ein paar Fotos beigefügt. Sie zeigen ein nur 1,50 mal drei Meter großes und offenes Abteil, das mit Leichtmetallstreben abgetrennt ist. Die Tür ist zugezogen, jedoch nicht abgeschlossen. Im Schlosskasten steckt kein Zylinderschloss. Wie ich später erfahre, bekommen erst nach der Vermietung die Nutzer Schloss und Schlüssel. Zur Tatzeit war ein Großteil der Verschläge noch leer, weil erst wenige Wohnungen vermietet sind.

Ich suche den Raum auf dem Grundriss, der noch immer ausgebreitet auf meinem Schreibtisch liegt. Er liegt vom Tatort rund neunzig Meter entfernt und befindet sich im gegenüberliegenden Bauabschnitt unweit des Fahrstuhls, mit dem der Täter in die 3. Etage gefahren war.

Was aber soll der Inhalt der Plastiktüte bedeuten? Wer hat sie in diesem noch nahezu unbenutzten Untergeschoss hinterlassen und warum? Haben Mieter oder Handwerker sie zurückgelassen? Stammen sie von Renovierungsarbeiten oder den gerade beendeten Baumaßnahmen? Hatte ein Maler die Gasmaske getragen, als er den Betonboden mit dem Epoxidharz strich?

Ich fahre meinen Rechner hoch und gebe bei Google die Stichworte «Arbeitsschutzmaßnahmen» und «Epoxidharz» ein. Ich lese, dass der Hautkontakt mit diesem Werkstoff zu vermeiden sei. Auch vor dem Einatmen der Dämpfe wird gewarnt. Die Maske könnte also tatsächlich als Schutz gedacht gewesen sein. Doch welchen Sinn haben die Gefrierbeutel, das Paketklebeband und die Fahrradspeiche? Hat ein Maler die Speichen zum Anrühren der Betonfarbe benutzt? Sehr unwahrscheinlich! Bei dieser Menge an Farbe war zum Aufrühren sicher ein stabiler Rührstab nötig.

Ich sehe mir die Bilder genauer an. Ein Foto zeigt den genauen Fundort der Plastiktüte im Abstellraum. Der Fußboden ist mit einem großen Stück Pappe ausgelegt. Im hinteren Teil des Raumes sind mehrere Pappkartons abgestellt, einige scheinen leer zu sein, andere sind mit zusammengeknülltem Zeitungspapier gefüllt. Vor den Kartons steht ein großer bunter Plastikbeutel aus dem Supermarkt. Die nächste Aufnahme zeigt den Inhalt des geöffneten Beutels: Ich erkenne ganz unten die Gasmaske und einen von durchsichtigen Gefrierbeuteln verdeckten gelben Haushaltshandschuh.

Diesen Fund muss ich mir unbedingt genauer anschauen. Ich gehe wieder in das Zimmer des Hauptsachbearbeiters, um mir die Plastiktüte samt Inhalt geben zu lassen. Schnell hat er den transparenten Beutel mit den Asservaten gefunden. Dabei erwähnt er beiläufig, dass er sich um die Herkunft des Inhalts noch nicht kümmern konnte. Wir vereinbaren, dass ich das übernehme.

Zurück in meinem Büro, schaue ich mir die bunte Einkaufstüte an. Sie trägt die Aufschrift «Der Umwelt zuliebe», umrahmt von leuchtend gelben und roten Sommerblumen, im Hintergrund ist eine idyllische Dorfatmosphäre zu sehen. Ich streife mir die hautengen OP-Handschuhe über und nehme Stück für Stück aus dem Beutel. Zunächst die olivgrüne Gasmaske, die mich mit ihren übergroßen Augengläsern an Aliens erinnert. Der Mund- und Nasenbereich ist eine graue Einheit, in die kreisrunde Öffnungen für die Atmung eingelassen sind. Auf ihr ist auch der runde Filter festgemacht. Dann das Paar langer gelber Haushaltshandschuhe, 100 Prozent Latex, wie der Innendruck verrät. Weiter zwei bereits benutzte Rollen Paketklebeband, braun, 50 Millimeter breit, die Enden sind übereinandergeklebt. Dann zwei achtlagig gefaltete transparente Gefrierbeutel mit den Außenmaßen 12 × 60 Zentimeter. Zum Schluss die Fahrradspeiche, das Ende ist im 90-Grad-Winkel gebogen und 28 Millimeter lang. Sie erinnert mich an einen Dietrich, den Einbrecher benutzen, um Türen mit einfachen Schlössern zu knacken.

Es braucht einige Zeit, bis ich merke, was mich an dieser Tüte irritiert: Alle Fundstücke sind neu und sicher von keinem Handwerker oder Mieter für Renovierungsarbeiten benutzt worden. Keine Farbspritzer sind zu sehen, kein Mörtel, keine Gebrauchsspuren. Auch die gebogene Fahrradspeiche ergibt für mich keinen Sinn. Um sie wirklich als Dietrich zu benutzen, hätte das zweite Ende ebenfalls gebogen sein müssen. Wann aber benutzt man sonst eine Schutzmaske, wenn nicht für Bauarbeiten? Spontan fallen mir Bundeswehr, Feuerwehr, Katastrophenschutz oder Schädlingsbekämpfung ein. Ich denke an alte Fälle. Spielte jemals eine Gasmake eine Rolle?

Ein Gedankenblitz, alte Bilder kehren wieder. Ein Unfall vor vielen Jahren. Ein Mann hatte zur Kontrolle seines Atems eine Gasmaske getragen. Er wollte so das sexuelle Lustgefühl steigern, er starb dabei. Sollte auch die Maske im Keller der sexuellen Stimulierung dienen? Handelt es sich beim Inhalt der Tüte eventuell um Requisiten aus der BDSM-Szene? BDSM, die Abkürzung für Bondage (sexuelle Fesselung), Dominanz oder Disziplin, Sadomasochismus oder Submission (Unterwerfung) und Masochismus. Es handelt sich um ungewöhnliche sexuelle Verhaltensmuster, die Sexualpartner spielen Bestrafung und Unterwerfung, fügen sich gegenseitig Lustschmerz zu, fesseln sich und kontrollieren ihre Atmung, um den Lustgewinn noch zu steigern. Eine Gasmaske ist dafür wie geschaffen.

Ich drehe die Maske um und sehe, dass jemand von innen einen sauberen, weißen und dicken Wattepfropfen vor die Luftöffnungen gesteckt hat. Würde dies ein Handwerker tun? Keinesfalls, die Maske aus Gummi muss tatsächlich eine andere Bedeutung haben. Ich blicke in mein Bücherregal und nehme ein Fachbuch für Rechtsmediziner heraus. Ein Kapitel widmet sich autoerotischen Unfällen und Menschen, die versuchen, über Atemkontrolle und Luftreduktion sexuelle Stimulation zu erlangen. Auch von missglückten Suizidversuchen durch Erhängen handelt der Beitrag, zumindest zeitweise wurde hier die Atmung im Körper unterbrochen. Übereinstimmend schildern die Überlebenden, dass sie ein « Gefühl der Glückseligkeit », eine angenehme Wärme und « gewisse erotische Gefühle » erlebten. Sie spürten aber auch die Schnelligkeit der Gedanken und durchlebten im Zeitraffer wichtige Abschnitte aus ihrem Leben. Und plötzlich wird mir klar, woran ich die ganze Zeit unbewusst gedacht hatte: an einen Fall, in dem der Mörder ein Sadist war.

Es war vor vielen Jahren geschehen, in einem kleinen Ort an der Nordsee, ein Mann hatte eine junge Frau über Stunden gequält und schließlich ermordet, als er sie über Kopf in einen Türrahmen hängte und sie in einem Eimer mit Wasser ertränkte. In der Schwurgerichtsverhandlung war der Mann freigesprochen worden, er habe seine Taten im Zustand der Schuldunfähigkeit begangen, hieß es im Urteil. Der Richter ließ ihn aber in ein psychiatrisches Krankenhaus einweisen, heute würde man das Krankenhaus als Maßregelvollzug bezeichnen. Dort sitzen Täter ihre Strafe ab, die zum Zeitpunkt der Tat nicht zurechnungsfähig waren und deshalb nicht wie normale Straftäter behandelt werden. Nach einigen Jahren attestierten ihm Gutachter, dass von ihm keine Gefahr mehr ausging. Also wurde sein Zwangsaufenthalt in der Klinik gelockert, er zog schließlich in ein Wohnheim, das er ohne Begleitung mehrmals wöchentlich für einige Stunden verlassen durfte. Wenige Monate vor der Ermordung von Michelle Reuter war der Mann in Bremen in die Wohnung einer früheren Arbeitskollegin eingedrungen, hatte während ihrer Abwesenheit die Fenster verdunkelt, die Frau bei ihrer Rückkehr überfallen und unter Kontrolle gebracht, ihr mit Klebeband die Augen verschlossen, sie ans Bett gekettet und bis zum nächsten Tag einem Martyrium ohnegleichen ausgesetzt.

Am nächsten Morgen aber hatte sich der Gefühlszustand des Mannes radikal verändert. Er kochte der Frau Kaffee und forderte sie auf, ihn in seinem Auto zur ehemaligen gemeinsamen Arbeitsstelle zu begleiten. Dort erhängte er sich vor ihren Augen, er sah keine Chance, jemals von seinen sadistischen Phantasien therapiert zu werden.

In der Wohnung des Opfers fanden die Ermittler später zwei große Sporttaschen, darin weit über hundert Gegenstände, mit denen die Frau missbraucht und gefoltert worden war: verklebte Taucherbrillen, Schutzbrillen, ein Benzinblasebalg, Latexkleidung, Vaseline, Kabelbinder, Paketklebeband, Handschellen, Ketten, Vibratoren, Schminkutensilien, Schmerztabletten, ein elektrischer Haarschneider, Mädchenkleidung,

Kopfhörer und vieles mehr. Der Sinn dieser Accessoires hatte sich mir zunächst nur zum Teil erschlossen, doch in ihrer Vernehmung hatte die schwer traumatisierte Frau erzählt, was der Täter ihr über Stunden angetan hatte. Sie hatte von seiner Freude berichtet, die er zeigte, wenn sie unter seiner Tortur litt.

Vielleicht bin ich ein wenig forsch mit meinen Gedanken, wenn ich die beiden Taten vergleiche. Vielleicht fehlen noch Indizien, um auch dem Mörder von Michelle Reuter sadistische Motive zu unterstellen. Doch aus Erfahrung weiß ich, dass intuitive Gedankenblitze einen oft in die richtige Richtung treiben. Und so beschließe ich, die Gasmaske und den anderen Beutelinhalt auf Fingerabdrücke und DNA überprüfen zu lassen.

In unserem Präsidium sind die Wege nicht sehr weit. Ich muss nur ein paar Schritte bis zu den Laboren der Wissenschaftler und Spurensucher gehen. Zunächst klopfe ich bei der Biologin an, die für die DNA-Untersuchung von Blut, Sperma, Haaren und anderen menschlichen Körperzellen zuständig ist. Ich schildere ihr meine Überlegungen und bitte sie, die entsprechenden Untersuchungen durchzuführen. Auch der Chemiker gesellt sich zu uns. Er sieht sich die Gasmaske genauer an und stellt fest, dass nicht nur ein Wattepfropfen vor den Filter gestopft ist, sondern insgesamt neun. Jeder Bausch hat einen Durchmesser von drei bis sechs Zentimetern. Wie beiläufig erwähnt der Wissenschaftler, dass von der Zellstoffwatte Dämpfe von Chemikalien kaum aufgenommen werden. Falls die Watte mit etwas getränkt gewesen wäre, hätten sich diese Chemikalien innerhalb weniger Stunden rückstandsfrei aufgelöst, wenn die Maske offen gelagert worden war.

Ich bin ein wenig elektrisiert, als ich in mein Zimmer zurückkomme. Sollte dieser Ansatz der richtige sein? Ich will noch tiefer in die Materie eindringen, dafür gibt es Experten, die ich befragen kann. Es gibt zwei Arten von Experten, von denen man als Ermittler oder Fallanalytiker lernen kann. Die Theoretiker, die den neuesten Stand ihrer Wissenschaft kennen, die gelernt haben, zu vergleichen, auf die Genauigkeit ihrer Quellen zu achten, die jede neue Strömung des wissenschaftlichen Diskurses kennen. Rechtsmediziner, Schusswaffenexperten oder Biologen gehören zu dieser Gattung von Experten, deren Rat ich immer wieder und mit großem Nutzen einhole. Und dann gibt es die Experten, die aus der Praxis kommen, die mir Kenntnisse über Wissensgebiete oder Milieus vermitteln, die mir sonst verschlossen bleiben würden. Es war vor einigen Jahren, als meine Kollegen und ich es mit einem Serienbankräuber zu tun hatten und uns nicht erklären konnten, nach welchen Kriterien er seine Tatorte wählte. Also suchten wir in den Gefängnissen der Republik nach einem Experten, der uns weiterhelfen konnte. Wir gelangten schließlich zu Deutschlands bekanntestem Bankräuber, der uns bereitwillig Auskunft gab.

In diesem Fall ist es eine Sexarbeiterin, wie sich die Frauen selbst nennen. Sie ist eine Domina, die sich « Madame L » nennt. Seitdem sie auf einer von mir veranstalteten Fachtagung vor fast 300 Zuhörern aus dem Bereich der forensischen Wissenschaften einen Vortrag über Männerphantasien gehalten hatte, war unser Kontakt nicht abgerissen. Ich hatte sie schon häufiger gebeten, mir bei der Interpretation von bizarr anmutendem Täterverhalten zu helfen. Auch jetzt brauche ich ihren Rat. Ich möchte von ihr wissen, ob ich mit meinem Bauchgefühl richtigliege, und schildere ihr am Telefon kurz meine Gedanken. Wir verabreden uns für den nächsten Tag um 10 Uhr bei mir im Büro.

Punkt 10 Uhr klopft es energisch an die Tür. Ich öffne, « Madame L » steht vor mir. Ich habe mich auf das Gespräch gefreut, bedeutet es für mich doch, wieder einmal eine andere Welt zu betreten. Ich kann mit dieser Frau über ihre ungewöhnliche Arbeit sprechen, ohne selbst Kunde zu sein. Ich bin gespannt, ob meine Klischees auch dieses Mal bestätigt werden.

«Madame L» ist Ende vierzig und arbeitete früher als Bankkauffrau. Ihre langen dunklen Haare sind blond gesträhnt, zum Zopf geflochten und mit einer unauffälligen Haarnadel zum Dutt zusammengesteckt. Ihr schlankes Gesicht ziert knallroter Lippenstift, die Fingernägel sind in der gleichen Farbe lackiert. Sie trägt keinen Schmuck, das Gestell ihrer roten Brille ist mit Strass besetzt. Sie ist elegant gekleidet: graphitfarbenes, knielanges Kostüm, der Rock vorne weit geschlitzt, schwarze Strümpfe. Das Sakko, schulterbetont, mit einem schmalen tiefen Ausschnitt und nackter Haut, zugehalten von drei schwarzen Klickverschlüssen. Schwarze High Heels mit silbergrau melierten hohen Pfennigabsätzen. Ich muss schmunzeln, als sie während unserer Unterhaltung wie zufällig ihre Beine übereinanderschlägt und die mit Spitzen verzierten Bündchen der halterlosen Strümpfe zum Vorschein kommen. Dann schiebt sie sich die Brille hoch ins Haar, mustert mich dabei. Nimmt kurze Zeit später die Gläser ab und knabbert an einem der beiden Bügel. Ich mache mir Gedanken, ob sie auch ihre Kunden so zu dominieren beginnt.

«Madame L» spielt mit ihrer Stimme, als sie mich fragt, worum es konkret geht. Mal weiblich feminin, sanft und weich. Mal streng und bestimmend. Das Spiel zwischen «dem sanften Ei, Ei und dem überraschenden Patsch», wie sie es später formuliert, wenn sie von ihren Kunden spricht.

Ich bitte «Madame L», ein wenig über ihre Arbeit zu erzählen, und erzähle etwas konkreter, worüber ich mit ihr sprechen möchte. Die Domina wird jetzt ganz ernst und spricht von großen Unterschieden, die es bei dominanten Frauen gebe.

Sie selbst verkörpere die klassische Rolle der Gouvernante, eine veraltete Bezeichnung von Lehrerin oder Erzieherin. In der Sadomasoszene ist es ein fester Begriff für englische Erziehung. Sie erzählt, dass die meisten ihrer Kunden reiferes Alter, Einfühlungsvermögen und Erfahrung schätzen, aber auch viel Wert auf Intelligenz, Ausstrahlung und Selbstsicherheit legen würden. «Denn der Gast wird von mir durch ein Erlebnis geführt, das seinen Neigungen entsprechen soll.»

«Madame L» öffnet ihre Tasche, nimmt einige Hochglanzbroschüren heraus und reicht sie mir: «Sehen Sie mal.» Sie steckt eine überlange Zigarette in eine schwarze Spitze und zündet sie sich an. Sie sieht nun aus wie eine Diva aus einem Schwarzweißfilm der 20er Jahre. Bevor sie allerdings den Rauch tief inhaliert, lässt sie ihn aus dem Mund strömen. «French Inhale», wie sie mich aufklärt. «Auch das erregt manche Männer, wenn sie mir beim Rauchen zusehen dürfen.»

Während sie genussvoll raucht und mich aufmerksam anschaut, blättere ich in den Broschüren. Viele Fotos über Atemkontrolle sind zu sehen, Erotic Asphyxiation, wie der englische Fachbegriff heißt. Ich sehe Frauen mit Hauben und Masken. Ihr Blick ist immer auf den Betrachter gerichtet. Eine von ihnen steckt in einem weißen Overall mit einer taucherähnlichen Maske vor dem Gesicht, die mit einem schwarzen Schlauch verbunden ist. Ihre Hände stecken in dicken schwarzen Fäustlingen und sind an einer Metallleiter angekettet. Ein anderes Modell trägt einen engen schwarzen Latexanzug mit Kapuze. Das Gesicht steckt in einer eng anliegenden und zusammengezogenen Plastikfolie. Ich lese auf der Bildunterschrift: «Die klassische Vakuummaske verfügt über ein circa 4 Milimeter großes Atemloch und erschwert das Ein- und Ausatmen.»

Verwundert über das, was ich hier sehe, betrachte ich die weiteren Bilder: Modelle in Latexkleidern und mit Badekappen oder hauchdünnen transparenten Gummitüchern vor Mund und Nase. Eine grell geschminkte Domina mit Mundpiercing und straff zum Dutt zurückgekämmten dunklen Haaren, darin eine rote Schleife. Sie blickt mich in ihren diabolischen, schwarz-roten Farben triumphierend an, während sie den Kopf einer scheinbar willenlosen und verängstigten jungen Frau mit einem Gummituch, das in ihrem weit aufgerissenen Mund steckt, nach hinten zieht. Ich frage mich, was die beiden Frauen dabei empfinden. Kann eine solch entwürdigende Prozedur tatsächlich mit Freude und Befriedigung verbunden sein? Geht es hier um die bildliche Darstellung von Macht und Dominanz, oder gilt auch hier nur der allseits bekannte Spruch « Sex sells » ? Vermutlich ist es eine Mischung aus allem.

« Madame L » reißt mich jäh aus meinen Gedanken, als sie erzählt, dass die Atemkontrolle zu den gefährlichsten und auch extremsten Praktiken des BDSM gehöre. Sie würde aus diesem Grund diese Methoden auch nicht praktizieren. Nur wenige ihrer Kolleginnen würden das tun. « Eine sehr verantwortungsvolle Tätigkeit, die sie sich mit viel Geld honorieren lassen. »

Gerade bei dieser sexuellen Praktik müsse absolutes Vertrauen zwischen dem passiven Partner, dem « Bottom », und dem aktiven Partner, dem « Top », bestehen. Die Atmung des Bottom werde auf unterschiedliche Art und Weise reduziert oder für Momente vollständig unterbrochen. « So kommen Unfälle immer wieder vor. » Die Atemkontrolle in der BDSM-Szene sei deshalb sehr umstritten, auch wenn zwischen den Partnern ein Konzept gelte, das mit SSC abgekürzt wird: safe, sane, consensual – sicher, vernünftig, freiwillig.

Die harmloseste und ungefährlichste Form der Atembeeinträchtigung bestehe darin, dass der Top dem Bottom das Anhalten des Atmens befehle. Bei einer drohenden Bewusstlosigkeit durch das Absinken des Sauerstoffgehalts im Blut setze die Atmung dann von alleine wieder ein. Zu den einfacheren Verfahren gehöre das Verschließen von Mund und Nase mit Klebeband. «Madame L» erhebt sich von ihrem Stuhl und bittet mich, meinen Kopf in den Nacken zu legen. Mit gekreuzten Händen deutet sie das Zuhalten von Mund und Nase an. Auch durch das Sitzen auf dem Gesicht oder dem Brustkorb oder dem Anlegen eines Korsetts könne die Atemzufuhr eingeschränkt werden. Wie gefährlich die Kompression des Thorax, also des Oberkörpers, sein kann, weiß ich noch aus meiner Zeit als junger Beamter bei der Schutzpolizei. Bei einer Kneipenschlägerei wollten zwei Gäste einen betrunkenen Randalierer bäuchlings auf dem Boden fixieren, wobei sich einer der beiden auf den Rücken des Betrunkenen setzte. Die heftigen Bewegungen beim Erstickungskampf hielt er für weitere Gegenwehr, sodass er so lange auf dem Mann sitzen blieb, bis sich dieser nicht mehr bewegte. Er war gestorben.

Als ich die nächste Seite der Zeitschrift aufschlage, fällt mir unter der Überschrift «Bagging», vom englischen Wort Tasche abstammend, das Foto eines jungen Modells auf. Die Frau hält die Augen geschlossen und hat über ihren Kopf einen durchsichtigen Plastikbeutel gezogen, der eng am Hals anliegt und mit einem breiten Klebeband fixiert ist. Mir fallen die beiden Gefrierbeutel aus der Einkaufstasche mit der Gasmaske ein. Hatte derjenige, der den Inhalt zusammenstellte, möglicherweise dieselbe Intention?

Ich blättere weiter und komme zu den Bildern mit den Gasmasken. Wieder sind es junge Frauen, die in roten oder schwarzen Latexanzügen oder gar in Regenkleidung mit unterschiedlichen Arten von Gasmasken posieren, durch Faltenschläuche atmen und auf OP-Tischen oder gynäkologischen Stühlen festgeschnallt liegen. Als Krankenschwestern gekleidete Dominas versorgen sie über Sauerstoffflaschen mit Luft. In der paraphilen Phantasie scheint es wirklich keine Grenzen zu geben. Eine Bildunterschrift lässt mich sehr nachdenklich werden: «Masken haben den psychologischen Vorteil, dass sie Distanz zum Opfer schaffen.» Ob dieser Spruch auch für den Mörder von Michelle Reuter zutrifft?

Ich zeige «Madame L» die Gasmaske und die anderen Gegenstände aus dem Abstellraum vom Tatort und bitte sie, mir ihre spontanen Gedanken zu schildern. Auch sie muss sofort an Atemkontrolle denken. «Da ist jemand auf dem Weg. Die Phantasien sind noch nicht ausgereift.» Zu mehr lässt sie sich nicht hinreißen. Aber sie bestätigt, was ich bereits weiß: Die Entwicklung einer Perversion geschieht nicht von heute auf morgen. «Das dauert lange. Sie sind immer auf der Suche, probieren aus. Ständig wird die Phantasie ausgefeilter.»

Als sie sich die Haushaltshandschuhe ansieht, merke ich, dass etwas sie stört: «Das passt nicht. Es müssten OP-Handschuhe sein. Alles muss eng am Körper anliegen.» Ich frage sie, ob sie für den Wattepfropf in der Maske eine Erklärung findet. Ihre Antwort ist für mich nicht sofort verständlich, als sie sagt: «Für Poppers.» Ich frage nach, den Namen höre ich zum ersten Mal. «Eine Droge, die inhaliert wird und sofort die Gefäße weitet. Der Kopf wird hochrot und intensiviert in bestimmten Situationen das sexuelle Empfinden.» Nun schaut sie sich aufmerksam die anderen Sachen aus dem Einkaufsbeutel an. Ihr Blick bleibt an der Fahrradspeiche hängen. Sie sagt, dass manche Männer es mögen, in die Harnröhre gestochen zu werden. Wir verweilen nicht lange bei dieser Vorstellung und kommen wieder auf die gelben Handschuhe zu sprechen: «Die machen keinen Sinn. Hier steckt was ganz Spezielles dahinter.» Doch was das sein kann, errät auch sie nicht. «Es gibt so viele Phantasien.»

Ich stelle «Madame L» weitere Fragen: «Wie muss ich mir

den Mann vorstellen, der als Fetisch Gasmasken trägt und eine Vorliebe für BDSM zu besitzen scheint? Ist es ein Mann, der regelmäßig Dominas besucht?» Meine Besucherin schüttelt den Kopf. «Er ist dominant und nicht devot.» Dann berichtet sie mir von ihren Kunden. Den klassischen Gast scheint es nicht zu geben, alles scheint möglich: von Jung bis Alt, mit Altersgipfel bei Ende 40. Herkunft aus allen sozialen Schichten und Berufen. Häufig intelligent und kreativ. Ledig und verheiratet. Wenn Sex mit dem Partner, dann selten und kurz. Die wahre Neigung wird heimlich ausgelebt.

Dieses Profil hilft mir erst einmal nicht viel weiter. Ich möchte noch von «Madame L» wissen, wie häufig die Luftreduktion von Kunden verlangt wird. «Sehr oft. Bei 30 Anrufern am Tag ist mindestens einer dabei.» Obwohl ich als Mordermittler oder Fallanalytiker so viel wie möglich über diese Art des Auslebens von Phantasien wissen müsste, wird mir klar, wie fremd mir diese bizarre Welt doch ist. Trotzdem muss ich schmunzeln, als «Madame L» von einem Sklaven berichtet, den sie beim Masturbieren stets mit Bananen zu füttern hat. «Von Weiß über Rot nach Schwarz gibt es alles.» Ich schaue wieder verdutzt. «Weiß gleich Klinikspiele. Rot steht für softe Bestrafung, Schwarz für harte.» Dabei betont sie noch einmal, dass die Facetten der Lust von Fußerotik, über das Tragen von Windeln bis zum Bondage reichen. Allerdings müsse ein Sklave auf den Geschlechtsverkehr mit der Domina verzichten: «Dafür gibt es die Zofen.» Und erneut zeigt sich der Unterschied zwischen Mann und Frau, als sie behauptet, dass Frauen sich eher devot verhalten und auf Schmerz stehen, Männer hingegen eher dominieren wollen. Trotzdem habe sie keine weiblichen Gäste: «Hier kommen eher lesbische Beziehungen zum Tragen.»

«Madame L» muss gehen. Ich reiche ihr die Hand, sie sieht

mich mit ihrem verführerischen Blick an. «Melden Sie sich, wenn Sie noch Fragen haben.» Dann ist sie entschwunden, nur der zarte Rauch ihrer Zigarette wabert noch durch mein Büro.

Manchmal rieche ich Tabak gerne, er regt dann die Gedanken an.

Ich überlege, was die Informationen von «Madame L» für mich bedeuten. Ist es tatsächlich der Täter gewesen, der vor dem Verbrechen den Beutel mit dem ungewöhnlichen Inhalt in dem Abstellraum abstellte? Oder war es zufällig jemand anderes? Wenn es aber der Täter war, warum hat er diese Requisiten nicht bei der Tat benutzt? Ich nehme noch einmal die Mappe mit den Tatortfotos hervor. Auf seiner Flucht hat er sie nicht in dem Abteil abgestellt, denn die blutigen Schuhspuren führen ohne Abzweigung direkt an dem Raum vorbei. Und warum hat er sie nicht bereits im Luftschacht deponiert? War er trotz aller Planung zufällig auf das Opfer getroffen? War deshalb die Tat außer Kontrolle geraten, sodass er seine Absichten nicht in die Realität umsetzen konnte und stattdessen fliehen musste? Ich erinnere mich an die Antwort eines Serienmörders, dem es bei seinen drei Morden nie gelungen war, seine tiefsten Wünsche zu verwirklichen: «Es gab zwar meine Phantasien, doch sie bei den Taten umzusetzen, das schaffte ich nicht. Ich hatte mir das viel einfacher vorgestellt: zustechen und mich dann an ihnen vergehen. Stattdessen kämpften sie um ihr Leben, und das brachte alles durcheinander. Alles, was ich mir ausgemalt hatte, war wie weggeblasen und wurde von meiner Wut und sehr starken Aggressionen überlagert. Erst später bei der Selbstbefriedigung erfüllten sich meine Träume.» Das konnte die Erklärung sein. Auch dem Mörder von Michelle Reuter war es vermutlich nicht gelungen, die Kontrolle über sie zu gewinnen, da sie sich so heftig gewehrt hatte.

Ich weiß zwar noch nicht, was das Motiv des Täters war, aber ich weiß nun, welche Fragen wir zuerst beantworten müssen: Handelt es sich beim Inhalt der Plastiktüte um Werkzeuge, oder sollen sie dazu dienen, einen Fetisch zu befriedigen? So beginnen wir in den nächsten Tagen, Handwerker und Hausbewohner ins Präsidium vorzuladen und zu fragen, wem wohl die Tüte gehört. Doch niemand kennt den Inhalt des Beutels, und von ratlosem Gesicht zu ratlosem Gesicht werde ich mir sicherer: Auch wenn es sich wie ein Drehbuch für einen Thriller über einen psychopathischen Mörder liest, suchen wir vermutlich einen Mann, der sich gezielt auf das Verbrechen vorbereitet hat, um bizarre Phantasien umzusetzen.

Auch die Herkunft der Gasmaske ist nun interessant für uns. Ein Kollege der Mordkommission übernimmt diesen Teil der Ermittlung. Er notiert sich die Buchstabenkombinationen im Innenbereich der Maske, auf ihrem Gurt sowie auf dem Filter: M 10 M. Ein Sachverständiger braucht nur wenige Minuten, um festzustellen, dass auf der Maske keine Fingerabdrücke zu finden sind. Auf die Frage, ob DNA-Spuren zu entdecken sind, werden wir mindestens eine Woche warten müssen, wie mir die Biologin bedauernd mitteilt. Sie versichert mir aber, dass sie dann auch wisse, ob es unter den Fingernägeln von Michelle Reuter Fremd-DNA gegeben habe. Ich stelle mir die blutigen Hände des Opfers vor und bewundere den Optimismus der Wissenschaftlerin. Ich frage mich, wie sie in dem ganzen Blut Epithelien, also kleinste Hautschüppchen, des Täters entdecken will.

Über die Herkunft der Gasmaske findet der Kollege schnell wichtige Details heraus. Der Inhaber einer Firma für Sicherheitstechnik erzählt ihm, dass es sich um die ABC-Schutzmaske Typ M 17 handelt, die in den frühen 60er Jahren in den USA entwickelt wurde. Unter der Typenbezeichnung

M 10 M wird sie seit 1986 baugleich in der ČSSR produziert. Wegen der Kennung M 10 M auf dem Filter sei deshalb von dem Nachbau auszugehen. Diese Art von Masken würden vom Militär verschiedener osteuropäischer Staaten genutzt, zum Beispiel auch vor der Wende von sämtlichen bewaffneten Einheiten der früheren DDR. Im freien Handel seien die Masken auf den sogenannten «Polenmärkten», in Bundeswehrshops oder auch über den Fachhandel für Sicherheitstechnik zu beziehen. Die Nachricht ist informativ, aber deprimierend zugleich: Bei dieser Vielfalt von Vertriebswegen werden wir vermutlich nie herausfinden können, unter welchen Umständen der Mörder von Michelle Reuter in den Besitz der Maske gekommen ist.

Während wir der Herkunft der Maske nachjagen, beginnen die Kollegen von der Mordkommission die Alibis derjenigen Männer zu überprüfen, auf die in den letzten Tagen Hinweise eingegangen sind: von Nachbarn, Baufirmen, Freunden und Verwandten des Opfers. Auch einschlägige Sexualstraftäter und Serienräuber kommen auf diese Liste. Die Kontrollen sind schwierig, denn abgesehen von der genauen Tatzeit und der Beschreibung eines verdächtigen Mannes am Tatort gibt es keine weiteren Hinweise. Keine Fingerabdrücke, kein Blut des Täters, nur die Abdrücke eines Schuhpaares und die vage Hoffnung einer DNA-Spur unter den Fingernägeln von Michelle Reuter. Was zur Eingrenzung helfen könnte, wäre ein genaues Täterprofil. Deshalb setze ich mich an meinen Schreibtisch, um ein erstes Profil zu erstellen.

Ich überlege, ob mir dabei das Thema Sadomasochismus weiterhelfen kann. Doch ich weiß, dass Überlegungen in diese Richtung nur dann zutreffen, wenn der Beutel mit der Gasmaske tatsächlich vom Täter stammt und er die Requisiten bei der Tat benutzen wollte. Es ist weiterhin nicht mehr als ein Bauchgefühl, aber nach meinem fallanalytischen Verständnis muss ich meiner Theorie so lange nachgehen, bis sie sich bestätigt oder auch nicht.

Zunächst möchte ich wissen, warum sich Sadomasochismus überhaupt ausbildet. Wie stark sind diese Paarungen von Macht, Dominanz und Unterwerfung in der Bevölkerung vertreten?

Ich beginne empirische Studien auszuwerten und lese, dass es zahlreiche Gründe gibt, diese Neigungen zu haben. Auch wenn landläufig die Vorstellung existiert, dass vornehmlich Menschen betroffen sind, die in ihrer Kindheit zu wenig Liebe, Anerkennung und Wärme erfahren haben, wird dieser Ansatz von keiner Studie belegt. Vielmehr ist eher davon auszugehen, dass es ein Gemisch mehrerer Faktoren ist: psychosoziale Belastungen (z. B. der prügelnde Vater), neurobiologische Mechanismen (Gehirnbotenstoffe und Sexualhormone) und die genetische Disposition, also die vererbten Genkonstellationen. Ein Ansatz, der auch heute noch Gültigkeit besitzt.

Schnell wird mir auch bewusst, dass die gesellschaftliche Bewertung sexueller Abweichungen vom jeweiligen Zeitgeist abhängt. Während vor einigen Jahren manche Formen des Sadismus oder Fetischismus als pervers angesehen wurden, gelten heute zum Beispiel Bondage oder der Lack- oder Lederfetischismus eher als harmlos. Sie werden sogar gezielt in Musikvideos oder der Werbung eingesetzt, um die Menschen anzusprechen. Zumindest vom ästhetischen Standpunkt aus gesehen, sind sie gesellschaftlich akzeptiert.

Voraussetzung für die gesellschaftliche Akzeptanz ist natürlich, dass beide Partner solche Praktiken bewusst wollen und niemand zu Schaden kommt. Wer allerdings bei seinen Sexualpraktiken von inneren Zwängen angetrieben wird, dabei seine Selbstkontrolle verliert und beim Ausleben seiner Lust andere missbraucht, bricht das Tabu und ist kriminell. Dieses Verhalten bezeichnet die Wissenschaft als *periculären sexuellen Sadismus* und ordnet ihn als krankhafte Störung bzw. Paraphilie ein.

Als sadomasochistische Handlungen gelten laut dem international gültigen Klassifikationssystem DSM-IV (Diagnostic and Statistic Manual of Mental Disorders) für psychische Störungen sexuelle Aktivitäten, bei denen beispielsweise das nicht simulierte Zufügen oder Erleiden von Schmerzen, Erniedrigung, Demütigung, Schlagen oder Fesseln im Vordergrund stehen. Erleidet eine Person diese Formen der Demütigung, so handelt es sich um Masochismus; werden sie hingegen jemand anderem zugefügt, spricht man von Sadismus. Dabei können beide Formen bei ein und derselben Person vorkommen, dies ist jedoch nicht der Regelfall. Zwar kann eine Person zwischen den beiden Rollen wechseln, doch belegen Studien, dass der Anteil von Menschen mit ausschließlich masochistischen Neigungen deutlich höher ist als der mit ausschließlich sadistischen. Das Verhältnis liegt etwa bei 4 : 1.

Ich bin überrascht, als ich lese, dass nach repräsentativen Studien zwischen fünf und 25 Prozent der Bevölkerung (Männer und Frauen) irgendwann einmal in ihrem Leben entsprechende sexuelle Vorlieben ausgelebt oder zumindest phantasiert haben. Ich frage mich, ob das auch eine Frage des Alters ist. Wird sich diese Zahl noch steigern, da das für Kinder frei zugängliche Internet schon jetzt alle Variationen von Sexualphantasien abdeckt? Die Struktur der sexuellen Vorlieben manifestiert sich in der Jugend und bleibt in der Regel für das weitere Leben so bestehen.

Genauere Daten liefern australische Repräsentativstudien.

Demnach haben knapp zwei Prozent der Bevölkerung innerhalb des letzten Jahres BDSM praktiziert. Man kann also davon ausgehen, dass mindestens jeder fünfzigste Mensch in den Industriestaaten eine durchgängige einschlägige BDSM-Präferenz aufweist.

Eine Übersicht zeigt die prozentuale Verteilung von einvernehmlich ausgelebten BDSM-Praktiken:

Bondage / Disziplin:	90,8 %
Dominanz & Unterwerfung	90,0 %
Spanking (Schlagen)	80,0 %
Sadomasochismus	76,8 %
Lederfetischismus	64,2 %
Rollenspiele, u. a. Petplay (1 Partner übernimmt Tierrolle)	60,1 %

Männer mit normalen BDSM-Neigungen stammen aus allen sozialen Schichten und weisen ein breites Altersspektrum auf, wobei die Anfang 30-Jährigen besonders stark vertreten sind. Ich versuche mich an die Alterseinschätzung von «Madame L» zu erinnern. Waren bei ihr als Gäste nicht eher Männer von Ende vierzig vertreten? Übereinstimmend aber sind die Angaben zum gesellschaftlichen Status: die Männer sind meist sowohl sozial als auch beruflich sehr gut integriert und psychisch angepasst. Und doch muss man genau differenzieren: In der verbreiteten BDSM-Szene werden eher die leichteren Formen (Bondage, Spanking) ausgelebt, während in der Domina-Szene gehäuft extremere Varianten eine Rolle spielen.

Ich versuche mir den Typus Mann vorzustellen, der bei dem Ausleben von extremen sadomasochistischen Praktiken zum Mörder wird. Lebt er alleine und zurückgezogen, jedoch nicht isoliert, sodass er in der Öffentlichkeit nicht auffällt? Hat er eine soziale Kompetenz, die ihn nicht zum Einzelgänger stigmatisiert? Wann begann sein Sexualverhalten zwanghaft zu werden, wann entglitt ihm die Kontrolle, wann begann die Realität mit der Phantasie zu verschwimmen? Wann begann ihn Gewalt zu erregen, wann wurde Intimität durch Macht und Kontrolle ersetzt? Ist er in gewisser Weise mit einem Kinderschänder zu vergleichen, dem sein unauffälliges Äußeres, das Angepasstsein und seine Sozialkompetenz Schutz vor Entlarvung garantieren?

Wenn meine Annahmen über die Verwendung der Gasmaske zutreffen sollten, hat der Mord an Michelle Reuter nichts mit einer herkömmlichen einvernehmlichen BDSM-Orientierung des Täters zu tun. Er beruht vermutlich auf krankhaftem sexuellem Sadismus und einer Störung der Impulskontrolle, einer so genannten Borderlinestörung. Wie bei so vielen Verbrechen dient wahrscheinlich auch hier die sexuelle Gewalttat oder das Tötungsdelikt dem Täter als ein Mittel zum Abbau seiner massiven psychischen Spannungen. Vermutlich zeigen sich in seiner Vorgeschichte massive narzisstische Kränkungen, als Probleme mit dem Selbstwertgefühl, Lebenskrisen bzw. krisenhaft zugespitzte Konfliktentwicklungen, die letztlich zum Zusammenbruch einer vormals noch intakten psychischen Struktur und Stabilität führten.

Doch wen sollen wir nun konkret suchen?

1. Männlicher Täter im Alter von 30 bis 40 Jahren. Die kriminalpsychologische Erkenntnis, dass dies die Hochrisikogruppe für Tötungsdelikte ist.

2. Sozial eher unauffällig und integriert.

3. Phantasien und/oder Praktiken mit BDSM-Thematik aufgrund der vorgefundenen Utensilien. Diese weisen auf eine einschlägige Auseinandersetzung damit hin, wobei gerade die Gasmaske zu den extremen Formen der Disziplinierung

(Atemkontrolle als höchst gefährliche und umstrittene Methode) hinweist.

4. Vermutlich kein Anhänger der BDSM-Subkultur. Das offene oder einvernehmliche Ausleben von BDSM-Phantasien in der Beziehung und/oder der subkulturellen Szene würde den Gewaltdurchbruch beim Mord sehr unwahrscheinlich werden lassen. Die Macht- und Dominanzphantasien sind eher abgespalten.

5. Bei latenter Tatbereitschaft war wahrscheinlich ein Kränkungserlebnis im Vorfeld Auslöser für die Tat. Wenn es sich um einen Gewaltdurchbruch handelte, muss es vorher zu einem Zusammenbruch der psychischen Struktur gekommen sein. Die Hemmungsmechanismen wurden außer Kraft gesetzt.

6. Wahrscheinlich gab es schon im Vorfeld der Tat Ansätze, so zu handeln. Ein solcher Gewaltdurchbruch kommt selten aus dem Nichts. Es muss erste Warnzeichen gegeben haben, sei es auf verbaler Ebene, also in Form von Bedrohungen oder geäußerten Phantasien, oder auf mentaler Ebene, etwa durch eine obsessive Beschäftigung mit entsprechenden Szenarien. Auch im Verhalten könnten Anzeichen erkennbar gewesen sein: Das einschlägige Sexualverhalten wurde gesteigert, der spätere Täter suchte Kontakte zu Prostituierten oder probierte es vorsichtig aus, die ersten Phantasien umzusetzen.

Wir könnten uns nun mit diesem Wissen und dem sich abzeichnenden Täterprofil an die Medien wenden und öffentlich nach dem Täter suchen. In der Fallanalyse sprechen wir von einer proaktiven Strategie. Gerade unerfahrene und unsichere Täter neigen zu unüberlegten Reaktionen, wenn sie sich in der öffentlichen Berichterstattung wiedererkennen. Sie machen

Fehler, die uns dann auf ihre Spur bringen. Die Zusammenarbeit mit Journalisten hat so schon manches Mal die Ergreifung eines Täters beschleunigt.

Ich halte den Zeitpunkt für verfrüht. Wir brauchen für die Überprüfung meiner Theorie dringend Sachbeweise wie Fingerabdrücke oder ein DNA-Profil des Täters. Ich erkundige mich bei der Wissenschaftlerin, wie weit sie mit ihren Untersuchungen ist. Ich mag kaum glauben, dass ihr Optimismus tatsächlich angebracht war: Sie hat nicht nur an zwei Abrieben vom Stirn- und Mundbereich der Gasmaske Speichel und Hautpartikel sichern können, sie hat am Ringfinger des rechten Gummihandschuhs im Inneren eine kleine Blutspur gefunden. So war es ihr möglich, ein vollständiges DNA-Profil bestimmen zu können. Auch unter zwei Fingernägeln des Opfers waren Spuren der unbekannten Person gefunden worden, genauso wie an dem medizinischen Pflaster, das auf dem Boden vor der Schachttür gelegen hatte. Die Merkmale waren die gleichen wie die der DNA auf der Gasmaske und dem Handschuh. Nun also ist es Zeit, an die Öffentlichkeit zu gehen. Die Botschaft in der Pressekonferenz muss lauten: Wir haben die DNA des Täters und werden den ersten Massentest in Bremen durchführen.

Das Bremer Polizeipräsidium ist ein knapp 100 Jahre alter Bau aus dem romantischen Historismus. Viele Jugendstilelemente schmücken die Fassade, die Innenräume ziert teilweise noch schwerer Stuck. Der große Besprechungsraum liegt im ersten Stock. Ich bin froh, dass ich einen reservierten Platz habe, denn so voll habe ich den Konferenzraum noch nie gesehen. Der Einladung zur Pressekonferenz sind viele Medienvertreter gefolgt. Im Nu hüllt uns dichter Zigarettenqualm ein, von Rauchverboten war Ende des letzten Jahrhunderts noch keine Rede.

Der zuständige Staatsanwalt und der Leiter der Kriminalpolizei berichten von der neuesten Entwicklung im Fall, demonstrieren vorsichtigen Optimismus, dass wir den Täter ermitteln werden, und kündigen den ersten DNA-Massentest in Bremen an. Ich präsentiere das von mir mit der provozierenden Fragestellung «Wer hat Michelle Reuter ermordet?» entwickelte Fahndungsplakat, ehe es 2000-Mal im Bremer Stadtgebiet aufgehängt wird. Und abschließend weist der Staatsanwalt noch darauf hin, dass insgesamt 20 000 D-Mark Belohnung zur Ergreifung des Täters ausgesetzt sind; die höchste Auslobung, an die ich mich bei einem Mord in Bremen erinnern kann.

Drei Tage nach der Pressekonferenz geschieht die Wende. Unsere proaktive Strategie zeigt Erfolg. Es ist noch früher Abend, als zwei Männer das Polizeirevier in der Innenstadt betreten und einer der beiden sich als Rechtsanwalt vorstellt. Er zeigt auf seinen Begleiter und sagt: «Er möchte ein Geständnis ablegen. Es geht um den Mord Reuter.» Ohne näher auf die Sache einzugehen, bringen drei Polizisten die beiden Männer in die Räume der Mordkommission in der dritten Etage im Präsidium. Der Anwalt und sein Begleiter, der sich zuvor als Dieter Habig ausgewiesen hat, werden in das Vernehmungszimmer gebracht. Bevor die Vernehmung allerdings beginnt, informieren die Kollegen den Hauptsachbearbeiter, weitere Mitarbeiter und mich. So kommt es, dass ich gegen 18.45 Uhr im Polizeihaus eintreffe. Von einem Kollegen erfahre ich den Namen des Mannes und dass es tatsächlich um ein Geständnis geht. Die Vernehmung hat bereits begonnen.

Von meinem Zimmer aus kann ich über einen venezianischen Spiegel, der von einer Seite durchsichtig ist, in den schlichten Raum schauen, ohne dass der Mann mich sehen kann. Der Vernehmungsraum ist gerade einmal zwölf Quadratmeter groß, mit beige gestrichenen Akustikplatten schallisoliert und soll so eine ungestörte Vernehmung ohne Außengeräusche ermöglichen. Er ist wahrlich spartanisch eingerichtet: drei Schreibtische, vier Stühle, ein PC, Tastatur und Bildschirm. Ein Zimmer ohne Chance auf Ablenkung. Auf dem Boden steht ein Gemälde, ein Stillleben mit Sonnenblumen, das normalerweise den Spiegel abdeckt. Im Raum sitzen meine beiden Kollegen, der Anwalt und Dieter Habig. Leider kann ich nicht hören, was besprochen wird, denn die Anlage ist mal wieder kaputt. Doch mir fällt auf, dass ausschließlich Dieter Habig spricht, während ein Kollege seine Aussage am PC protokolliert. Der Anwalt des Verdächtigen liest in seinem Rücken jedes Wort mit.

Das gibt mir Zeit, den Mann genauer zu betrachten, der Michelle Reuter ermordet haben will: Anfang bis Mitte 30 mit weichem, jugendlichem Gesicht. Schlank und relativ klein. Hellblonde lockige Haare, zum Pilzkopf geschnitten. Leichter Vollbart. Intellektuellenbrille – überdimensionale Panto-Gläser und mit dicker schwarzer Fassung aus Horn, Woody Allen gleich. Er trägt Jeans und ein kariertes Baumwollhemd. Der oberste Knopf ist geöffnet, so dass ich sein weißes T-Shirt darunter erkennen kann. Bei seinen Erzählungen versucht er, selbstbewusst zu erscheinen, doch es ist nicht überzeugend. Ich achte auf sein nonverbales Verhalten, auf seine Körpersprache.

Es sind die kleinen Gesten, die einem Ermittler verraten, in welcher Gemütsverfassung sich sein Gegenüber befindet. Dieter Habig scheint sich in seiner Rolle sehr unwohl zu fühlen. Mir fällt auf, dass er ab und an die Augen zusammenkneift, seine Stirn runzelt und sich immer wieder beruhigen will, indem er seinen Nacken berührt oder sich über die Stirn reibt, ehe er beide Arme vor der Brust verschränkt. Als er dann noch mit der flachen Hand über seinen Oberschenkel streicht und dieses mehrfach wiederholt, bin ich mir sicher: Der Mann steht unter Stress. Stress, der sich dadurch erklären könnte, dass er tatsächlich Michelle Reuter getötet hat.

Ich weiß, dass für meine Kollegen und mich arbeitsintensive Tage begonnen haben, denn wir müssen nun das Geständnis von Dieter Habig auf seine Plausibilität prüfen. Wir müssen so viel wie möglich über ihn erfahren, über seinen Alltag, seine Freunde, seine Vorlieben, seine Stärken und Schwächen. Während Dieter Habig weiter meinen Kollegen seine Aussage diktiert, versuche ich anhand seines Namens erste Informationen über ihn aus der Meldedatei einzuholen: 29 Jahre alt, geboren in einem kleinen süddeutschen Universitätsstädtchen. Seit fast zehn Jahren wohnt er in Bremen, offenbar alleine. Seine Wohnung ist knapp zwölf Kilometer vom Tatort entfernt. Ich weiß, dass von dort die Fahrt mit dem Auto ungefähr fünfzehn Minuten dauert. Bis heute scheint er ein unauffälliges Leben geführt zu haben, denn in keinem unserer polizeilichen Systeme ist er erfasst, weder als Täter noch Opfer einer Straftat. Dieter Habig war bis heute das typische unbeschriebene Blatt, das ein unscheinbares Leben führte und von niemand eines solchen Verbrechens verdächtigt worden wäre.

Als gegen 19.30 Uhr Dieter Habig seinen Monolog beendet, hat er meinen Kollegen auf knapp fünf Seiten seine Version der Tat diktiert. Schnell reicht einer der beiden mir eine Kopie von der Aussage herein. Gespannt lese ich. Je mehr ich erfahre, desto unwahrscheinlicher erscheint mir die Darstellung.

Dieter Habig sagt, er habe die Frau nicht gekannt und ihren Namen später in der Zeitung gelesen. Er sei nur zufällig am Nachmittag des Tattages mit seinem Wagen zum Tatort gefahren. Er kenne die Gegend kaum und wisse auch nicht genau, wie der Stadtteil heißt. Jedoch käme irgendetwas «mit Hafen» im Straßennamen vor. «Ich hatte mir eine Flasche Wodka mitgenommen. Die wollte ich trinken und hatte auch nicht vor, mit dem Auto wieder zurückzufahren.» Er wiederholt diesen Teil seiner Aussage später nochmal.

Weiter berichtet er, er habe innerhalb der folgenden Stunde die Flasche zu zwei Dritteln geleert und noch einen Joint geraucht. Ich unterbreche meine Lektüre und notiere mir Fragen: Muss er in diesem Moment nicht schon ziemlich betrunken gewesen sein? Weshalb fährt er in eine Gegend, die er kaum kennt, um sich einen Rausch anzutrinken?

Dieter Habig erklärt weiter, er sei anschließend an den alten Kaianlagen spazieren gegangen, habe die Stelle erreicht, wo die früheren Lagerhallen stehen, und habe sich gegen eine Tür gelehnt. «Dabei ging die Tür auf.» Er sei in das Haus gegangen und habe sich alles angesehen: Treppenhäuser, Parkboxen und Abstellräume. Auch sei er in einem der oberen Geschosse in einer leerstehenden Wohnung gewesen, deren Tür offen stand.

Die Aussage zeigt, dass Dieter Habig tatsächlich am Tatort gewesen sein dürfte. Über den Umstand, dass der Täter die Wohnung in der dritten Etage betreten hatte, war nicht in den Medien berichtet worden. «Ich kann nicht sagen, wie viel Zeit ich dort verbrachte. Es kamen Leute, es gingen Leute. Ich habe auch mit Leuten gesprochen, kann mich aber nicht an sie und die Gesprächsinhalte erinnern.» Nachdem er die Flasche geleert und noch einen weiteren Joint geraucht habe, sei er müde geworden. «Irgendwann habe ich noch eine Prise Kokain genommen, um wieder wach zu werden. Ich habe Autos kommen sehen, vor allem habe ich ihre Lichter gesehen.» Seine nächsten Schilderungen erinnern mich an die Erlebnisse eines LSD-Junkies: «Ich wusste nicht mehr, wo ich war. Ich hatte das Gefühl, dass ich auf der Wand saß und nicht auf dem Boden. Ich wollte raus. Aber ich wusste nicht, wo der Ausgang war, und hatte so eine Art Panik, dazu optische Halluzinationen mit einem kaleidoskopartigen Farbenspiel. Es wurde irgendwie schlimmer: Ich dachte, die Wände wären aus Gummi oder so, und ich bin dort einfach nur herumgelaufen und fand den Ausgang nicht.»

Ich merke wie meine Spannung steigt, denn so langsam nähern wir uns dem Tatgeschehen. «Dann hörte ich irgendwann ein Geräusch wie ein Auto und dass da eine Person kam. Von beiden habe ich kein Bild vor Augen. Ich weiß noch, dass ich irgendwas gerufen habe und ich der Person nachgegangen bin. Ich habe nicht unterscheiden können, ob es ein Mann oder eine Frau war.» Warum und weshalb er der Person überhaupt folgte, erläutert Dieter Habig nicht. Stattdessen schildert er eine Situation, deren Muster mir bekannt vorkommt: «Die Person war hinter einer Tür. Irgendwann ging sie ruckartig auf, und ich war halt drin. Hier stand ich einer Frau gegenüber. Das habe ich jetzt erkannt. Die Frau hatte etwas in der Hand und hat gleich auf mich eingeschlagen. Ich weiß nur noch, dass meine Brille kaputtging, runterfiel, ich Schläge spürte und dass mein Messer auf dem Boden lag. Es war vorher in meiner Jacke. Ich weiß nur noch, dass auch ich zugeschlagen habe.»

Das ist also die Strategie von Dieter Habig, allzu leicht durchschaubar. Dieter Habig beschreibt eine Notwehrsituation, in die er zufällig hineingeraten ist. Nicht er ist für den Tod der jungen Frau verantwortlich, sondern sie hat die Tat selbst provoziert. Mit der Behauptung, völlig betrunken und unter dem Einfluss von Rauschgift gewesen zu sein, sucht er einen zweiten Fluchtweg: Täter, die keinen freien Willen haben und deshalb nicht mehr steuerungsfähig sind, werden milder bestraft als Täter, die in vollem Bewusstsein gehandelt haben.

Vielleicht ist es diese Unverfrorenheit, die in mir den Gedanken reifen lässt: Mit dieser Ausrede soll der Mann nicht durchkommen. Das sind wir Michelle Reuter und ihren Angehörigen schuldig. Dann erschrecke ich mich vor mir selbst: Parteilichkeit steht mir nicht zu. Auch wenn es schwierig ist, in diesem

Fall Objektivität zu wahren: Wir müssen die Angaben von Dieter Habig so unvoreingenommen wie möglich prüfen.

Der Geständige fährt fort, dass er schemenhafte Erinnerungen an «irgendwelche Fluchten» durch Treppenhäuser und Labyrinthe habe. «Ich hatte blutige Finger und den Geruch von Blut.» Auf der letzten Vernehmungsseite hat Dieter Habig kurz erwähnt, an welche Einzelheiten seiner Flucht er sich noch erinnert. Er habe irgendwann in seinem Auto gesessen und sei losgefahren. Beinahe habe er eine rote Ampel überfahren, habe dann jedoch zurückgesetzt und auf Grün gewartet. Später habe er sich auf einem Parkplatz mehrfach übergeben. «Habe mir zu Hause meine Klamotten ausgezogen und geduscht. Die Sachen habe ich in einen Sack gesteckt.» Die nächsten Stunden will Dieter Habig geschlafen haben, ehe er wach wurde, in den frühen Morgenstunden etwas Kaffee trank und losfuhr, um an der Autobahn auf einer Strecke von knapp hundert Kilometern die Tatkleidung auf mehrere Mülleimer zu verteilen: Jeans, Hemd, Unterwäsche, Socken, Wetterjacke, braune Halbschuhe. Ein sehr stringentes und strukturiertes Vorgehen, das mir für einen betrunkenen und unter LSD-Einfluss stehenden Zufallstäter doch sehr ungewöhnlich erscheint.

Auch an das Tatmesser hat Habig gedacht und es eingesteckt, als er den Tatort verließ: ein altes, klappriges Springmesser mit braunem Holzgriff soll es gewesen sein. Er habe als Teenager versucht, die Spitze beidseitig anzuschleifen. Zum Schluss bringt er noch eine zweite Tatwaffe ins Spiel. Einen etwa 40 Zentimeter langen Holzknüppel, den er zufällig in der Schleuse gefunden haben will. Er habe sie nach dem Zusammentreffen mit der Frau von dort mitgenommen, wie auch seine kaputte Brille. Den Prügel habe er an der Autobahn weggeworfen, während er eine Strecke von gut 30 Kilometern bis außerhalb von Bremen fuhr, um seine kaputte Brille in der Weser zu versenken. Für mich klingt das nach Planung pur und eben nicht nach einer spontanen Tat.

Nach der Rückkehr von der Autobahn muss Dieter Habigs Stress schnell verflogen sein, denn seine nächsten Formulierungen wirken auf mich entspannt, fast zynisch: «Nach dieser Tour bin ich zurück nach Hause und hab mich noch eine Stunde aufs Ohr gehauen.» Hört sich das nicht wie nach einem Ausflug oder Urlaub an? Klingt es nicht eher nach einem kalt agierenden Profi, der keine Spuren hinterlässt, als nach einem betrunkenen Zufallstäter, der wahrscheinlich noch immer unter Schock stehen würde? War es ihm wirklich gleichgültig, was da am Hafen mit der Frau passiert war?

In meiner Laufbahn habe ich bisher nur einmal ein solch emotionsloses Verhalten bei einem Beschuldigten erlebt. Es handelte sich um einen Serienmörder, der in seinem Geständnis und bei späteren Gesprächen in der Forensik detailreich und fast selbstverliebt über seine devianten Vorlieben gesprochen hat, jedoch kein einziges Wort des Mitleids mit seinen Opfern geäußert hatte. Wichtig war nur die Realisierung seiner absonderlichen Phantasien gewesen, sonst nichts. Ich frage mich, ob Dieter Habig wohl ähnlich empfindet. Ging es auch ihm ausschließlich um die Umsetzung solch bizzarer Wunschvorstellungen?

Kurze Zeit nach der Rückkehr von der Autobahn will Dieter Habig seine Wohnung wieder verlassen haben. «Danach habe ich mich zur Arbeitsstelle hingezwungen.» Spätere Überprüfungen werden ergeben, dass Dieter Habig nicht nur am Tattag, sondern auch knapp zehneinhalb Stunden nach seiner Flucht pünktlich wie immer um kurz vor sieben Uhr morgens auf dem Großmarkt erschienen war und dort bis etwa zehn Uhr als Aushilfskraft in der Warenannahme gearbeitet hat. Seine Kollegen konnten an seinem Verhalten keine Veränderung feststellen. «Korrekt und pünktlich wie immer war er. Ein vorbildlicher Arbeiter mit zurückhaltendem Wesen.»

Mittlerweile steht die Tür zum Vernehmungszimmer offen. Ich höre, wie Dieter Habig meinen Kollegen erklärt, dass er für heute keine weitergehende Aussage machen möchte. Er sei aber nach Absprache mit seinem Anwalt irgendwann später dazu bereit. Als er sich dann doch nach dem Befinden der Angehörigen von Michelle Reuter erkundigt, bin ich überrascht. Seine Frage klingt tatsächlich ernsthaft und anteilnehmend. Durch den Spiegel beobachte ich, wie er in Tränen ausbricht, als ihm ein Kollege die Verzweiflung der Eltern beschreibt. Sollte ich mich in meiner Einschätzung getäuscht haben?

Zwei Beamte der Kriminalbereitschaft holen Dieter Habig zur erkennungsdienstlichen Behandlung ab: Finger- und Handflächenabdrücke werden genommen, Porträtfotos und Ganzaufnahmen geschossen, eine Speichelprobe für die Typisierung seiner DNA archiviert. Danach wird Dieter Habig die Nacht im Polizeigewahrsam verbringen müssen, denn am nächsten Tag soll ein Untersuchungsrichter darüber entscheiden, ob ein Haftbefehl wegen Verdacht des Mordes erlassen wird. Wenn aber die Schilderung der Notwehrsituation nicht widerlegt werden kann, muss er auf freien Fuß gesetzt werden. Es geht schließlich um das hohe Gut der Freiheit, über das hier entschieden wird.

Ich rufe zu Hause an und sage meiner Frau, dass es heute wieder einmal später wird. Sie kennt das schon seit vielen Jahren, die Familie eines Polizisten muss viel aushalten. Ich schalte meine alte schwarze Kommissarslampe auf dem Schreibtisch ein und lese mir das Vernehmungsprotokoll noch einmal durch und entdecke noch weitere Stellen, die für mich nicht plausibel sind.

Die Stunden vor der Tat beschreibt Dieter Habig zwar knapp, jedoch ansatzweise detailliert: Er habe Menschen getroffen, mit diesen auch gesprochen. Das bestätigen die Aussagen der Zeugen, die kurz vor dem Verbrechen und am Tage vorher einen Unbekannten am späteren Tatort beobachtet hatten. Habig hat sich also ganz offen gezeigt, sich nicht versteckt und scheint damit gleich jeden Verdacht der Planung von sich zu weisen. Allerdings gehen nach seinen Schilderungen dem Verbrechen viele Zufälle voraus. Sie wirken auf mich konstruiert. Dreimal öffneten sich Türen oder waren bereits offen, ohne dass Dieter Habig dafür aktiv werden musste. Wie ferngesteuert befand er sich auf einmal in der Schleuse. Sind seine Ausführungen bis dahin von Desorientiertheit, Wahrnehmungsstörungen und Panik geprägt, ändert sich dies nun. Er will zunächst eine Person bemerkt haben und ihr in die Schleuse gefolgt sein. Erst später will er erkannt haben, «jetzt einer Frau gegenüberzustehen». Michelle Reuter soll sofort mit einem Gegenstand auf ihn eingeschlagen haben. Vielleicht mit dem Holzknüppel, den er später an sich nahm? Es liest sich wie eine voreilige Erklärung für die Kopfverletzungen von Michelle Reuter, die wir oberhalb der Hutkrempenlinie entdeckt hatten. Weshalb aber sollte die junge Frau überhaupt auf den Mann in der Schleuse gewartet und sogleich auf ihn eingeschlagen haben? Er war ihr bisher ja nur gefolgt und hatte ihr etwas zugerufen. Wäre von der Frau nicht eher zu erwarten gewesen, den unheimlichen Ort schnell zu verlassen? Zu fliehen, wenn sie sich denn bedroht fühlte?

So wenig konkret Dieter Habig den Angriff von Michelle Reuter schildert, so detailreich wird er bei der Schilderung seiner eigenen Opferrolle: Seine Brille geht kaputt, das Messer fällt zu Boden, und er spürt die Schläge. Das klingt zunächst authentisch. Lügen später inhaltsgleich zu reproduzieren ist schwierig, tatsächliches Erleben wiederzugeben hingegen nicht. Allerdings dürfte es einen Grund für die plötzliche Aggression der Frau gegeben haben: Michelle Reuter hat sich mit aller Kraft gegen die Angriffe des Mannes gewehrt, aus purer Todesangst.

Trotz seiner Gelassenheit am nächsten Tag scheint das Verbrechen nicht ganz spurlos an Dieter Habig vorbeigegangen zu sein. Das Blut an seinen Fingern und der Blutgeruch haben ihn sehr irritiert. Auch diese Passage ist für mich ein Hinweis, dass das Geschehen völlig aus dem Ruder gelaufen war und er nicht damit gerechnet hat, so viel Blut an seinen Händen zu tragen. Ich habe bei Tötungsdelikten schon häufiger beobachtet, wie falsch die Täter manchmal eine Situation einschätzen. Welche Kraft Todespanik und absoluter Überlebenswille freisetzen können, ist für viele Täter vorher unvorstellbar. In ihrer Tatplanung bedenken sie das oft nicht.

Es ist Zeit, mich mit den Kollegen zu besprechen. Gemeinsam legen wir fest, was wir in den kommenden Tagen tun müssen, um Dieter Habigs Angaben zu verifizieren oder zu widerlegen. Wir müssen sein Leben förmlich auf den Kopf stellen. Mit wem war er intim? Wie war sein früheres Sexualverhalten? Wie haben sich seine Phantasien entwickelt? Können wir beweisen, dass ihm die Gasmaske und die übrigen Accessoires aus dem Beutel gehören? Besitzt er Gewalt- oder BDSM-Literatur? Gibt es jemanden, mit dem er experimentierte? Mit welchen Themen beschäftigt er sich im Internet? Können wir die weggeworfene Kleidung noch finden? Lässt sich das Blut von Michelle Reuter in seinem Auto nachweisen? Erkennen ihn die Zeugen aus der Wohnanlage wieder? Was hat er am Tag der Tat gemacht? Welchen Stress hatte er, der seine latente Tatbereitschaft forcierte, um als sogenannter trigger factor die Tat erst auszulösen und seine Phantasien zum realen Mord werden lässt? Was hatte Dieter Habig so durcheinandergebracht, das es ihn seine Phantasiewelt verlassen ließ?

Die nächsten Wochen sind geprägt von intensiven Überprüfungen und Ermittlungen, von vielen Gesprächen und Recherchen. Dabei erfahren wir Folgendes: Dieter Habig ist das einzige Kind seiner Eltern, ein Spätgeborener. Er wächst sehr behütet auf, entwickelt sich scheinbar zum Muttersöhnchen. Er besucht das Gymnasium und legt ein leidlich gutes Abitur ab. Nach der Zeit bei der Bundeswehr studiert er zunächst Theologie und danach mehrere Semester Jura. Obwohl er alle Leistungsnachweise für das erste Staatsexamen schafft, wirft er plötzlich alles hin und erklärt den verdutzten Freunden, das Studium bereite ihm Magenschmerzen. Er entschließt sich, es mit Betriebswirtschaft zu versuchen. Auch das dritte Studium finanzieren seine Eltern und kaufen ihm sogar eine eigene Wohnung. Kurz vor der Tat liegt die erste Fassung seiner abschließenden Hausarbeit vor, bis zur Abgabe seiner Diplomarbeit hat er nicht mehr viel Zeit. Hat ihn der Prüfungsstress wieder einmal überfordert?

Wir finden heraus, wer seine Freundin war, die sofort nach Habigs Geständnis die Beziehung zu ihm beendet hat. Sie hat ihn vor fast drei Jahren über eine Kontaktanzeige kennengelernt. Seitdem waren die beiden ein Paar. Jeder lebte in einer eigenen Wohnung, trotzdem waren sie fünf Tage in der Woche zusammen. Die vollkommen geschockte Frau schildert ihren Exfreund in der Vernehmung als gutmütigen, ausgeglichenen und gelassenen Typen, der nie ausgerastet sei und auch nie die Ruhe verloren habe. Sie wisse nichts von Alkohol, Drogen oder Kneipenbesuchen. Er habe gerne gelesen, mit dem Computer gespielt und sich für die Börse interessiert. Auch das Intimleben mit Dieter Habig beschreibt sie als unauffällig. Zwar habe er zu Beginn der Beziehung einmal den Vorschlag gemacht, sie mit Handschellen zu fesseln. Als sie sich darüber verwundert zeigte, sei dies aber kein Thema mehr für ihn gewesen. Allerdings hatte sie nach einer Operation vor gut einem Jahr einen Wandel in seinem Intimverhalten bemerkt. Dieter Habig habe keinen Geschlechtsverkehr mehr gewollt, sie hielt das für rücksichtsvolles Verhalten ihr gegenüber.

Ich interpretiere das Verhalten anders. Dieter Habig hatte an normalem Sex kein Interesse mehr. Seine Phantasien hatten sich mittlerweile verselbständigt. Fetische statt Personen sind in den Vordergrund seiner sexuellen Bedürfnisse gerückt. Die scheinbare Askese passt für mich zur Tat. Ich erinnere mich an Aussagen von Sexualmördern, die erklärt hatten, dass sie ihre eigene Erlebniswelt entwickelten, sich ihre Phantasien immer mehr ritualisierten und somit individiuell wurden. Ein Umstand, durch den es Fallanalytikern möglich ist, die Handschrift eines Täters und Tatzusammenhänge zu erkennen.

Am Tattag ist Dieter Habig allein in Bremen. Er muss arbeiten, während die Freundin mit mehreren Bekannten nach Süddeutschland fährt, um dort eine Sonnenfinsternis zu beobachten. Sie merkt, dass Habig davon nicht begeistert ist, doch zum Streit kommt es deswegen nicht. Vielmehr wünscht er ihr viel Spaß und bedauert, nicht mitkommen zu können. Wie die Freundin bestätigt, trug Dieter Habig als ehemaliger Pfadfinder und naturverbundener Mann stets ein feststehendes Messer mit sich: etwa 20 Zentimeter lang und in einer roten Lederscheide. « Für den Fall, dass ich mich mal verteidigen muss », habe er auf ihre interessierte Frage geantwortet. Weitere Messer würden in seiner Wohnung auf Regalen und in Schubladen liegen. Wegen seiner ausgeglichenen und sanftmütigen Art habe sie sein Messertick auch nicht irritiert, bis sie vor gar nicht langer Zeit in seinem Bett unter ihrem Kissen ein ziemlich großes Messer fand, wie sie heute weiß, kurz nach der Tat. Habig habe sie mit den Worten beruhigt, dass es dort zufällig hingeraten sei. Sie habe ihm das nicht recht geglaubt. Nach seinem Geständnis habe er ihr in einem Brief versichert: «Du warst niemals in Gefahr!!!» Er habe sich nach der Tat die Pulsadern aufschneiden wollen. Dann sei ihm bewusst geworden, dass er dies weder seinen Eltern noch ihr antun könne. Er habe das Messer dann schlichtweg vergessen.

Obwohl sich Dieter Habig in den Wochen nach der Tat verschlossener als sonst zeigt, fiel der Exfreundin nichts Verdächtiges an ihm auf. Auch als er behauptete, seine Brille sei ihm in die Weser gefallen, seine Jeans kaputtgegangen und die Windjacke auf der Arbeit gestohlen worden, findet sie die Zufälle zwar ungewöhnlich, doch eine Verbindung zu einem Verbrechen zog sie nicht. Auch drei handtellergroße Hämatome an seinem Oberkörper irritieren sie nicht weiter, denn auch dafür hatte Habig eine Erklärung parat: Er habe sich beim Abladen an schweren Gemüsekisten gestoßen.

Ich kann das fehlende Misstrauen der jungen Frau gut verstehen. Wer traut seinem Partner schon einen Mord zu, noch dazu, wenn es sich um einen so unscheinbaren und unaufgeregten Menschen wie Dieter Habig handelt?

In zwei Briefen aus dem Gefängnis sieht er sich weiterhin «absolut schuldig an dem Tod», führt aber die extremen Umstände als Grund für die ihm wesensfremde Tat an. Im Wesentlichen gibt er weiterhin Michelle Reuter die Schuld an ihrem Tod, denn sie habe ihn grundlos angegriffen. Er vergleicht sein Verhalten mit dem des Großvaters seiner früheren Freundin, der als Soldat im Krieg auch Menschen töten musste. Letztendlich hätte ja auch er sterben können.

Eine Kommilitonin, mit der Dieter Habig gemeinsam studiert, berichtet in ihrer Vernehmung, dass sie sich mit ihm am

Tattag vormittags in ihrer Wohnung getroffen habe. Er sei direkt vom Großmarkt gekommen, habe eine Kopie ihrer letzten gemeinsamen Studienarbeit dabeigehabt. Beide hätten auf die gute Note ein Glas Sekt getrunken, mehr nicht. Sie habe ihm kurz vor 14 Uhr erklärt, dass sie bei einem Rechtsanwalt einen Termin habe. Als Habig geht, wirkt er auf die Studienkollegin zwar enttäuscht, aber nicht verärgert.

Sechs Stunden später ermordet Dieter Habig Michelle Reuter. Was ist der Auslöser des Verbrechens? War es die Angst vor der Prüfung, der Stress mit der Diplomarbeit? Die Fahrt seiner Freundin nach Süddeutschland? Das abgebrochene Treffen mit der Kommilitonin? Hatte er sich davon mehr versprochen als nur ein kurzes Tête-à-Tête? Hatte diese Kombination von Stress und Enttäuschungen sein Selbstwertgefühl derartig verletzt? Wenn bei einem Menschen eine latente Tatbereitschaft besteht, kann der Auslöser zum Mord für sich allein gesehen eher unbedeutend sein. Er kann aber mit einem Schlag alle Hemmungen beseitigen. Der Auslöser für ein solch schweres Verbrechen kann eine sehr banale Angelegenheit sein, sei es der Streit mit der Freundin, der Geburtstag des Kindes, ein Strafmandat oder eine Kränkung

Entgegen seiner Ankündigung, für weitere Vernehmungen und eine Tatrekonstruktion zur Verfügung zu stehen, verweigert Dieter Habig fortan weitere Aussagen. Lakonisch erklärt er einem Kollegen, der ihn zum Verhör abholen möchte: «Mir ist klar, dass ich bestraft werden muss, doch im richtigen Rahmen.» Als der Kollege sich erkundigt, wie er sich fühlt, antwortet er: «Wie auf der Schattenseite des Mondes.»

Vielleicht hängt Habigs Entscheidung damit zusammen, dass auch der Vorermittlungsrichter seinen Einlassungen nicht glaubte und gegen ihn am Vortag einen Untersuchungshaftbefehl wegen Mordverdachts erließ. Andererseits stellte Dieter Habig freiwillig die Schlüssel für die Durchsuchung seiner Wohnung und seines Autos zur Verfügung, sodass wir dafür nicht einmal einen Durchsuchungsbeschluss benötigen.

Gemeinsam mit einem Ermittler aus der Mordkommission, einem Computerfachmann und zwei Spurensuchern mache ich mich auf den Weg zu Dieter Habigs Wohnung. Auch wenn ich weiß, dass er die blutige Tatkleidung und das Messer weggeworfen hat, hoffe ich, Hinweise zu finden oder Einblicke in seine Phantasiewelt zu bekommen. Psychosexuell gestörte Gedankenmuster oder bizarre Phantasien entstehen nicht an einem Tag, sie sind das Ergebnis einer langen und intensiven Auseinandersetzung. So etwas selbst in der Initimität der Wohnung unsichtbar zu halten erscheint mir fast unmöglich.

Es gibt noch einen weiteren Grund für meinen Optimismus: Der Vergleich zwischen dem genetischen Code von Dieter Habig mit den in der Gasmaske und im Handschuh festgestellten DNA-Merkmalen liegt nun endgültig und unangreifbar vor: Übereinstimmung in allen Systemen mit einer statistisch errechneten Merkmalshäufigkeit von 8×10^{-15} Prozent oder in Zahlen 1 : 12,5 Milliarden. Verständlich ausgedrückt bedeutete dies: Bei einer Weltbevölkerung von damals rund 7 Milliarden Menschen konnte nur ein einziger Mensch diese seltene Kombination von seinen Eltern vererbt bekommen haben. Das war doch eine sehr wichtige Aussage, die bewies, Dieter Habig und niemand anders hatte also die Gasmaske und die Handschuhe getragen und sie vor der Tat in dem Abstellraum deponiert.

Normalerweise würde man einen Verdächtigen mit einem solch starken Untersuchungsergebnis sofort konfrontieren. Die Chance, dass er unter dieser Beweislast zusammenbrechen und alles gestehen würde, wäre nicht gering. Da Dieter Habig aber die Aussage verweigerte und nicht mehr mit meinen Kollegen sprechen will, wollen wir lieber noch etwas abwarten. Schon jetzt zeichnet sich ab, dass es zu einem Indizienprozess kommen wird. Dieter Habig wird bei seiner Version des Tatgeschehens bleiben, und mangels Tatzeugen können wir nur mit Sachbeweisen die Richter vom Gegenteil überzeugen.

Die Souterrainwohnung ist sauber und ordentlich eingerichtet. Wir konzentrieren uns bei der Durchsuchung zunächst auf Bücher, Zeitschriften und Aufzeichnungen, die Hinweise auf die speziellen Phantasien des Mannes geben. Der Computerfachmann stellt inzwischen den Rechner für eine Auswertung sicher. Die Tatortbeamten suchen nach blutiger Kleidung und den Tatwaffen, auch wenn Dieter Habig glaubhaft versichert hatte, er habe sie vernichtet.

Ich interessiere mich besonders für die Bücherregale mit Kriegsliteratur, geschichtlichen, juristischen und sozialwissenschaftlichen Werken, Überbleibsel abgebrochener Studien der Theologie und Jura. In den Regalen stehen aber auch verschiedene Thriller wie « Der rote Drache », « Die Schule des Todes », diverse Spionageromane, eine Dokumentation über den russischen Serienmörder Andrej Tschikatilo, das Survival-Handbuch der US Army und eine Anleitung für das Combat-Training. Auch wenn es keine ungewöhnlichen Funde für das Bücherregal eines Mannes sind, so beschließe ich, die Thriller mitzunehmen und sie auf Inhalte zu überprüfen, die Parallelen mit dem Mord aufweisen. Auch das Strafgesetzbuch und die Strafprozessordnung stecke ich ein, denn hier sind interessanterweise die Straftatbestände für Mord und Vergewaltigung sowie die Vorschriften für eine polizeiliche Vernehmung, die Verbote bestimmter Vernehmungsmethoden und die Rechte zur

Aussageverweigerung markiert. Die Ausgaben sind allerdings schon älter, sodass die Unterstreichungen auch vom früheren Studium stammen können.

Die Kundenkarte einer Videothek eröffnet uns eine weitere Möglichkeit der Erkenntnis: Die Videothek wird eine unserer nächsten Anlaufstationen sein. Als wir schon im Begriff sind, die Wohnung zu verlassen, stößt mein Kollege beim Durchblättern eines Aktenordners mit sozialwissenschaftlichen Texten auf ein Magazin, das thematisch nicht dorthin gehört. Der Titel: «Zeitschrift des Fetischismus: Leg Show».

Als er die Seiten aufschlägt, spingt uns Nylon-, Bein- und Fußerotik entgegen, meist mit jungen, nackten Frauen, die sich in Strapsen oder High Heels häufig selbst befriedigen. Auch ein zwei Jahre alter Sexartikelkatalog aus dem Hause Beate Uhse ist hier abgeheftet. Beim Durchblättern fällt ein Poster heraus. Es zeigt zwei junge nackte Modelle, die dem Aussehen von Michelle Reuter entsprechen: klein, zierlich, kurze dunkle Haare. Das Hochglanzfoto ist aus einem Magazin herausgetrennt und nachträglich in den Sexkatalog eingelegt worden. Es ist ein wichtiger Fund in letzter Minute und könnte Habigs Präferenz für einen bestimmten Frauentyp erklären.

Auch die Spurensucher haben mittlerweile ihre Arbeit beendet. Insgesamt 16 Messer, darunter ein Butterfly, sowie einen Totschläger haben sie gesichert. Zusätzlich eine Rolle mit achtfach gefalteten Gefrierbeuteln, einen zum Dietrich gebogenen Draht; auch verschiedene Kleidungsstücke mit blutverdächtigen Antragungen, die sie später mit dem Blut von Michelle Reuter vergleichen werden. Allerdings sind die Tatschuhe mit dem auffälligen Profil nicht dabei. Wir verlassen die Wohnung, sie sieht nun nicht mehr ganz so ordentlich aus wie bei unserem Betreten.

Es dauert eine Weile, bis die Kriminaltechnik alle Gegenstände untersucht hat. Die Vergleichsanalysen der blutigen Kleidung sind negativ: Das Blut von Michelle Reuter ist nicht daran; nur das von Dieter Habig. Es wäre gelogen zu behaupten, diese Mitteilung hätte uns nicht ein wenig nachdenklich gestimmt. Manchmal ist der Wunsch, ein bestimmtes Ergebnis zu erfahren, stärker als die Realität des tatsächlichen Ergebnisses. Es kam schon ein paarmal vor, dass ich vor lauter Enttäuschung die Kollegen gefragt habe, ob sie sich denn mit ihrem Ergebnis ganz sicher seien. Für Wissenschaftler kommt eine solche Frage natürlich einer Beleidigung gleich. Aber manchmal irren auch sie und können so ein ganzes Verfahren in die falsche Richtung lenken.

Es gibt aber auch eine Bestätigung unserer Theorie: Die Gefrierbeutel zeigen Übereinstimmungen mit denen vom Tatort: aus identischem Material gefertigt, gleiche Verarbeitung und Folienstärke. Auch die Größe der Beutel mit einer Länge von 59,3 und einer Breite von 39,4 Zentimetern passt. Doch eines ist auch sicher: Von der in Habigs Küche sichergestellten Rolle wurden die Beutel am Tatort nicht abgerissen. Allerdings dürften sie vom selben Hersteller stammen. Ich habe wieder das Foto aus der Broschüre von «Madame L» vor Augen: Das des jungen Modells mit dem über den Kopf gezogenen durchsichtigen Plastikbeutel. Die Größe der bei Habig sichergestellten Beutel würde passen, um sie jemandem überzustülpen, wie ich es bei mir selbst ausprobiere.

In den nächsten Tagen lesen zwei Kollegen und ich die sichergestellten Thriller durch. Es geht um die Taten von Serienmördern. Die Opfer sind zumeist Frauen, die bestialisch ermordet werden. Sind diese Texte auch als Handlungsanleitung für den Mord von Michelle Reuter zu verstehen? Oder liegt dieser Schluss allzu nahe? Ich bin mir nicht sicher, auch wenn sich in dem Buch «Schule des Todes» von John Stanford frappierende Parallelen zu unserem Fall auftun: Fünf der sechs Regeln des fiktiven und sehr intelligenten Rechtsanwalts und Serienmörders Louis Vullion scheint auch Dieter Habig befolgt zu haben:

«Niemals jemanden ermorden, den man kennt»; «Niemals ein Tatmotiv haben»; «Niemals nach erkennbarem Schema handeln»; «Niemals eine Waffe nach Gebrauch bei sich tragen»; «Niemals riskieren, zufällig entdeckt zu werden»; «Niemals Beweismittel zurücklassen».

Mein Kollege hat noch weitere Textstellen des Romans unterstrichen, sodass ich mich beim Lesen dieser Passagen immer mehr in die Schleuse des Neubaus versetzt fühle. Es scheint tatsächlich ein Mord zu sein, wie er – im wahrsten Sinne – im Buche steht, der Dieter Habig inspiriert hat:

«Die Schiebetür öffnete sich. Vullions Magennerven verkrampften sich. Ein vertrautes, sogar angenehmes Gefühl. Schritte. Sein Herz hämmerte. Tür offen. Licht. Tür zu. Jetzt kam die Frau an ihm vorbei ...»

«Er schwang die Socke mit der Kartoffel wie eine Keule und knallte sie ihr dicht über dem linken Ohr seitlich an den Kopf. Der Schlag ließ sie torkelnd zu Boden gehen. Er kniete sofort auf ihr und schlug noch einmal. Als Nächstes zog er seine Latexhandschuhe an, nahm das Klebeband aus der Jackentasche ...»

«Seine Hand griff unter ihren Büstenhalter, sprengte ihn mit einem Ruck auf. Er zog den Reißverschluss ihrer Jeans auf, streifte sie herab und zerfetzte den Zwickel aus ihrem Höschen ...»

«Er holte das Messer hervor und drückte die Spitze gegen einen Punkt unterhalb ihres Brustbeins und spürte den Orgasmus in sich aufsteigen, während er das Messer hineinstieß ...»

«Sein Körper war mit Blut bedeckt. Er trat im Bad unter die

Dusche und spülte das Blut ab. Die Latexhandschuhe ließ er an, denn er wollte keine Spuren hinterlassen ...»

«Seine Ausrüstung und alle Kleidungsstücke, die er bei dem Unternehmen getragen hatte, verpackte er in zwei Müllbeuteln. Wenige Minuten nach Mitternacht fuhr er in Richtung Osten. Er hielt an jedem Rastplatz, um einzelne Kleidungsstücke und Ausrüstungsgegenstände in verschiedene Abfallbehälter zu werfen ...»

«Am nächsten Morgen saß er pünktlich um acht Uhr in seinem Büro. Nur nicht auffallen, lautete seine Devise ...»

Hatte sich Dieter Habig tatsächlich von der Romanvorlage inspirieren lassen? Es ist ein reizvoller Gedanke, doch nicht mehr als eine Vermutung ohne Beweiskraft. Vor Gericht wäre es allenfalls ein kleines Indiz in einer langen Beweiskette; ein Mosaiksteinchen in einem großen Mosaik. Doch bislang haben wir noch nicht viel gefunden, was wir noch auf die Kette ziehen könnten. Außer dem Sexkatalog und der Zeitschrift für Fetischismus haben wir noch keinen Hinweis auf sadomasochistische Phantasien unseres Beschuldigten entdeckt. Ein Faible für Atemkontrolle oder die Vorliebe für Gasmasken konnten wir anhand der sichergestellten Dinge auch noch nicht ausmachen. Eine Möglichkeit, weitere Indizien zu finden, ist der sichergestellte Computer. Wir brauchen Suchbegriffe, sogenannte keywords, die bei einem Abgleich mit den Daten auf Dieter Habigs Rechner uns seine deviante Präferenz durch gezielte Zugriffe auf Internetseiten beweisen können. Ich merke, dass ich erneut Schwierigkeiten habe, mich in dieser Parallelwelt zu orientieren. Aus dem Stegreif fallen mir nur wenige Begriffe ein.

Also google ich nach entsprechenden Sexseiten im Internet. Parallel rufe ich bei «Madame L» an, der Domina. Bald stehen rund 150 Begriffe wie BDSM, Bondage, Latex, Leder, leather, Atemkontrolle, breathcontrol, Handschuhe, gloves, Masochis-

mus, Gasmaske, mask, Dominanz, Macht, Fetisch, fetish, Tortur, High Heels, porn, sex, hogtied auf meinem Stenoblock. Ich
ergänze noch den Namen von Michelle Reuter als einen Such-
begriff, der überprüft werden soll. Nach wenigen Tagen liegt
das Ergebnis der Auswertung vor. Der Computerspezialist hat
mich in sein Büro gebeten. Inmitten zahlreicher Rechner und
Monitore berichtet er, dass Dieter Habig innerhalb von sieben
Monaten zirka 11 300-mal auf das Internet zugegriffen hat. Er
öffnete dabei viele frei zugängliche Seiten mit allen denkbaren
Variationen des BDSM und lud von diesen auch Bilder und
Texte herunter. Eine willkürlich gewählte Stichprobe kurz vor
dem Mord zeigte, dass innerhalb von fünf Tagen über 900-mal
die Begriffe sex, fetish, bondage aufgerufen worden sind. Aber
auch Bezüge zu Waffen und Martial Arts, also zu Kampfsport-
arten, lassen sich nachweisen. Eine unheilvolle Verknüpfung
von Sex, Gewalt, Macht und Dominanz tut sich vor meinem
Auge auf, ich habe das in meinen Fällen schon so oft erlebt.

Der Fachmann drückt mir einen dicken Stapel mit Ausdru-
cken der aufgerufenen Seiten in die Hand. Schon beim ersten
Durchblättern ist klar, dass die Namen der Internetadressen
keinen Zweifel an der sexuellen Neigung zulassen: bondage,
bizarre-x, bedroombondage, eroticpunishment oder hard-
bound. Unser Tatverdächtiger scheint tatsächlich eine Präferenz für Fesseln und Bestrafungen zu haben. Die Bilder zeigen
junge Frauen in unterschiedlichen Posen: gefesselt und gekne-
belt, liegend oder hängend, scheinbar genießend oder sich vor
Schmerz krümmend; manchmal auch in dunklen Gewölbekel-
lern und von schwarz gekleideten Folterknechten missbraucht.
Die Fotos erinnern mich an die Broschüren, die mir « Madame
L » zu lesen gab.

Bevor ich mich mit den Papieren in der Hand verabschiede,
habe ich noch eine Frage: « Kann jemand zufällig auf diese Sei-

ten gestoßen sein?» Es gehört ja zu den beliebten Ausreden von Pädophilen oder Sexualstraftätern, genau das zu behaupten. «Bei dieser Häufigkeit ist das ausgeschlossen», lautet die rasche Antwort. Der Nachweis der bizarren Phantasien des Beschuldigten ist offenbar geglückt.

Auch die Suche nach dem Namen von Michelle Reuter im PC hatte Erfolg gezeigt. Dieter Habig hat zwei Tage vor seinem Geständnis den Zeitungsartikel über den gefundenen DNA-Code des Täters und den angekündigten DNA-Massentest heruntergeladen. Hatte er einer drohenden Überprüfung zuvorkommen wollen, indem er sich selbst stellte? Hatte er gehofft, sich mit seiner Tatversion vor dem Vorwurf des Mordes schützen zu können? Es klingt nun alles sehr schlüssig. Allerdings müssen wir jetzt noch herausfinden, ob auch andere Personen Zugriff auf Habigs Rechner hatten. Es ist jedes Mal eine große Versuchung, in der Ermittlung nachlässig zu werden, wenn der Ermittlungserfolg so nahe scheint. Gegen die Versuchung hilft nur der Grundsatz der Fallanalyse: Immer auch das Unmögliche denken, nie dem Naheliegenden vertrauen.

Wieder einmal ist es spät geworden, als ich an meinem Schreibtisch sitze, eine Dose Cola trinke und mir überlege, welche Informationen wir über Dieter Habig besitzen. Ich schalte die Kommissarslampe an und hoffe, dass auch mir das Licht der Erkenntnis aufgehen möge. Mein Stenoblock liegt vor mir, ich notiere meine Gedanken.

Dieter Habig steht im Zentrum dieser Aufzeichnung. Um ihn herum gruppiere ich als Mind Map die Hauptthemen, von diesen ausgehend die zweite oder dritte Gedankenebene:

– Vorliebe für BDSM und Atemkontrolle: Handschellen mit Freundin; Gasmaske in Abstellraum; Klebeband; medizinisches Pflaster; gefaltete Hochglanzpapiere; hochgeschobene Bluse; zerrissener BH; silberne Kette?

- Internet / Sexkatalog / Zeitschrift: Hundertfache Aufrufe;
  zeitintensiv; «sex», «fetish», «bondage» SM-Seiten
  (z. B. bedroombondage); Martial Arts; Waffen; kein
  Zufall / gezielt
- «Die Schule des Todes»: Anleitung zum Mord?

Je länger ich über meine kleine Zeichnung nachdenke, desto
bewusster wird mir, dass sich hier jemand ganz intensiv mit seinen Phantasien auseinandergesetzt hat. Ich muss an den spontanen Gedanken der Domina denken: «Da ist jemand auf dem
Weg; die Phantasien sind noch nicht ausgereift.» Dieter Habig
dürfte bei der Tötung von Michelle Reuter tatsächlich auf dem
Weg gewesen sein, seine bizarren Phantasien zu realisieren.
War es bei ihm genauso wie bei dem dreifachen sadistischen
Prostituiertenmörder Herbert Ritter, dessen Fall ich vor Jahren
bearbeitet hatte? Dessen Worte werde ich wohl nie vergessen,
als er über seine erste Tat sprach: «Ich wollte endlich meine
Gewaltphantasien ausleben.» Herbert Ritter hatte vor seinem
ersten Mord lange experimentiert: Phantasieumsetzung bei der
täglichen Masturbation, Gummipuppen, Einläufe, Besuche bei
Prostituierten und Dominas, Bondagepraktiken. Ein letztendlich erfolgloses Streben nach devianter sexueller Befriedigung.

Ich bin mir sicher, dass es eine starke Parallele zu Dieter Habig gibt. Auch bei ihm muss es eine Vorgeschichte geben: ein
Szenario, in dem er zwar die Hauptrolle spielte, jedoch auf die
Hilfe eines Außenstehenden angewiesen war. Hatte er möglicherweise doch eine devote Partnerin gehabt, von der wir
noch nichts wissen? Oder hat er sich von einer Prostituierten
oder Domina in bestimmte Techniken einweisen lassen? Diese
Person müssen wir finden. Notfalls mit einer Öffentlichkeitsfahndung.

Am nächsten Morgen suche ich den für den Mord zuständigen Dezernenten der Staatsanwaltschaft in seinem Dienstzimmer auf. Ich erläutere ihm meine Gedanken und bitte um seine Zustimmung, meine Idee über die Medien mit einem Foto von Dieter Habig zu veröffentlichen. Ich weiß, dass die rechtlichen Voraussetzungen für eine solche Maßnahme sehr restriktiv sind. Sie orientieren sich vor allem an dem Persönlichkeitsrecht des Beschuldigten. Meine Idee lässt sich allerdings aus einem anderen Grund nicht realisieren. Vor wenigen Tagen hat der Staatsanwalt bereits die Anklageschrift gegen Dieter Habig dem Landgericht übergeben. Er ist somit nicht mehr für das Verfahren zuständig und kann keine Pressekonferenz und Öffentlichkeitsfahndung organisieren, selbst wenn er wollte. Auch der Vorsitzende Richter der für die Verhandlung zuständigen Kammer lehnt meinen Vorschlag ab. Er will nicht in den Verdacht der Befangenheit geraten. Mittlerweile hat sich der Verdacht gegen Dieter Habig noch erhärtet: Auf seinen Rechner hatte außer ihm grundsätzlich niemand anders Zugriff.

Ich muss mir also etwas einfallen lassen.

Bei meinen Überlegungen kommt mir wenige Tage später der Zufall zu Hilfe. Ein befreundeter Journalist bittet mich um ein Interview in einem anderen Mordfall. Es dauert nicht lange, bis wir auf den Fall von Michelle Reuter zu sprechen kommen. Ich deute ihm meine Gedanken über die möglichen devianten Phantasien des Beschuldigten, der mittlerweile zum offiziellen Angeklagten geworden ist, an. Wie beiläufig erkundige ich mich, ob der Sender des Journalisten möglicherweise plane, einen Gerichtszeichner in die Verhandlung zu schicken. Ich merke, wie ein Schmunzeln über das Gesicht des Redakteurs geht, als er mir versichert, dass er diesen Gedanken schon längere Zeit mit sich herumtrage. Er beabsichtige auch, das Porträt von Habig in jeder Nachrichtensendung auszustrahlen, wenn über den Prozess berichtet wird.

Wenige Wochen später beginnt vor dem Schwurgericht des Landgerichts Bremen der Prozess gegen Dieter Habig. Die Zuschauerbänke sind dicht besetzt, auch die Medien sind zahlreich vertreten. Der Staatsanwalt verliest die Anklage und bewertet die Tat als heimtückischen Mord. Habig habe Michelle Reuter « überraschend angegriffen » und mit einem Messer etwa zwanzigmal auf sie eingestochen, bis sie verblutete. Ein Beobachter beschreibt mir später die Situation so: « Es herrschte eine knisternde Stille im Saal. Alle starrten nur auf Dieter Habig. Ein unscheinbarer junger Mann vom Typ Muttersöhnchen. Er zeigte keine Regung und blickte erhobenen Hauptes in den Saal. Manchmal sah es aus, als würde er lächeln; als würde ihn das alles gar nichts angehen. » Doch seine kleinen Augen musterten jeden Einzelnen im Saal: die Richter, die Schöffen, die Sachverständigen, den Staatsanwalt, die Zeugen, das Publikum. Schnell wird die Prozesstaktik der beiden Verteidiger des Angeklagten deutlich. Dieter Habig wird sich zu den Vorwürfen nicht äußern und stattdessen seine Anwälte für sich reden lassen. Nach deren Erklärungen sei dem Geständnis ihres Mandanten vor der Kriminalpolizei zu folgen: ziellose Autofahrt durch Bremen bis zum Tatort, dort exzessiver Alkohol- und Drogenkonsum, anschließend zufälliges Zusammentreffen mit Michelle Reuter, die er nicht kannte. Er habe die Frau angesprochen, sie habe jedoch unwirsch reagiert und ihn geschlagen. Er habe rotgesehen und sich mit dem Springmesser, das er stets bei sich trage, gegen ihre Angriffe gewehrt und schließlich zugestochen. An mehr könne er sich nicht erinnern.

Ein Verteidiger erklärt dazu in einer Pause einem Reporter: « Man kann ihn weder wegen Mordes noch wegen Totschlags verurteilen. Bleibt nur eine Strafe wegen Vollrauschs. » Eine kühne Überlegung, doch vielleicht die einzige Chance, für Dieter Habig ein Urteil zu erstreiten, das ihn sein Gesicht wahren lässt: Was passiert nicht schon alles, wenn jemand völlig betrunken ist? Sollte sich das Gericht dieser Theorie tatsächlich anschließen, betrüge das Höchstmaß der Strafe fünf Jahre Freiheitsentzug. Auch zu dem Fund der Gasmaske aus dem Abstellraum und den von mir gezogenen Rückschlüssen äußern sich die Rechtsanwälte: «Alles hochspekulativ und gleichzeitig ein gefährlicher Angriff auf die richterliche Überzeugungsbildung.» Die Polizei begnüge sich nicht damit, Tatsachen, Fakten und Beweise zu sammeln. In solchen Momenten fällt es schwer, die gebotene Neutralität eines Staatsbeamten zu wahren.

Der Vorwurf der Anwälte ist zugleich ein Angriff gegen die Ideen der Fallanalyse. Man kann es auch positiv sehen: Mit den neuen und ungewöhnlichen Ansätzen kann man einem Gerichtsprozess ungeahnte Impulse geben: Im Mittelpunkt der Ermittlungsarbeit und damit auch der präsentierten Ergebnisse steht die Bewertung des Täterverhaltens: Entscheidungen des Täters, die als objektive Spuren am Tatort und an dem Opfer seine Bedürfnisse und sein Motiv prägen. Oder anders ausgedrückt: Was hat der Täter getan und warum? Eine simple, aber effektive Vorgehensweise. Gleichzeitig ist sie ein Novum der polizeilichen Beweisführung, die sich bisher auf die reine Präsentation der Sachbeweise beschränkte und die Bewertung dem Gericht, Staatsanwaltschaft und Verteidigung überließ. Auch wenn sich an diesem strafprozessualen Grundsatz nichts ändern wird, so können die Ideen und Rückschlüsse einer Fallanalyse dazu beitragen, Täterverhalten unter einer anderen Perspektive zu sehen. Denn die Spuren der Tat lügen nicht; anders als Beschuldigte.

Das zunächst auf 19 Verhandlungstage terminierte Gerichtsverfahren entwickelt sich im Laufe der Zeit zu einem Marathonprozess. Immer wieder stellen die Verteidiger neue

Beweis- und Befangenheitsanträge gegen das Gericht. Einige Zeugen bestätigen ihre Aussagen, Dieter Habig bereits einen Tag vor dem Verbrechen in der Wohnanlage gesehen zu haben; andere wollen ihn unmittelbar vor der Tat gesehen haben. Freunde und Bekannte schildern den Angeklagten als freundlichen, höflichen, zuvorkommenden, charmanten und aggressionslosen Menschen. Gab es Streit, so wurde dieser ruhig ausgetragen, weil Habig stets die Rolle des besänftigenden Vermittlers übernahm. Auch sein Alkoholkonsum sei eher unauffällig gewesen, gelegentliche Ausrutscher ausgenommen: « Es blieb bei einem Bier oder auch mal einem Glas Wein. » Wollte er noch Auto fahren, trank Habig überhaupt nichts, denn sein Führerschein bedeutete ihm viel. Auch sonst wirkte er auf seine Freunde nicht sehr couragiert, eher ängstlich. Drogen wie Haschisch und Kokain seien für ihn und seine Clique kein Thema gewesen. « Dafür ist er einfach viel zu behütet und spießig. »

Frühere Freundinnen beschreiben Dieter Habig als rücksichtsvollen und liebevollen Intimpartner vom Typ « Schwiegermamas Liebling », der sich ein harmonisches Familienleben wünschte: Als ihn eine der Freundinnen jedoch in flagranti bei einem Seitensprung erwischt, verteidigt er sich mit der Erklärung, ihm habe es gefallen, nach dem gemeinsamen Geschlechtsverkehr auch mit einer anderen Frau intim zu sein. Was ihn an dieser Vorstellung faszinierte, habe er nicht erläutert.

Weitere vier Wochen vergehen, bis die Gerichtsverhandlung eine dramatische Entwicklung erfährt: Eine Frau ruft bei einer Polizeiwache an und erklärt dem verdutzten Beamten, dass sie als Prostituierte arbeite und im Fernsehen einen Mann erkannt habe, der in Bremen unter Mordverdacht stehe. Mit 99-prozentiger Sicherheit sei er ein früherer Gast von ihr. Um sich einen persönlichen Eindruck zu verschaffen, möchte sie die nächste

Verhandlung besuchen, um sich den Mann im Gericht anzuschauen.

Dem Polizisten ist die Situation nicht geheuer. Er nimmt Kontakt mit dem Bremer Kriminaldauerdienst auf. Zwei Stunden später habe ich die Frau am Telefon, die sich mir als Theresa Winter vorstellt. Sie berichtet in knappen Worten, dass der Mann viermal Gast in ihrem Studio gewesen sei. Er habe sie fesseln wollen und sich vorab auch eine Gasmaske besorgen lassen. Am nächsten Morgen bin ich mit einem Kollegen schon früh auf dem Weg zur Zeugin. Die Frau erwartet uns gegen neun Uhr, denn « ab zwölf muss ich für meine Gäste präsent sein ». Im Gepäck haben wir das Polizeifoto von Dieter Habig sowie die Bilder von acht ebenfalls erkennungsdienstlich behandelten Männern. Die Vergleichspersonen ähneln dem Angeklagten, sie sind auch etwa in seinem Alter. Keiner von ihnen hat auffällige Besonderheiten, wie Narben oder Tätowierungen. Auch auf eine ähnliche Bekleidung haben wir bei der Auswahl der Fotos geachtet. Nur so erfüllen wir die Erfordernisse der Unparteilichkeit und der Rechtsprechung. Der kleinste Fehler könnte verhindern, dass das Ergebnis vor Gericht als Beweis anerkannt werden würde.

Ich bin auf das Wesen und das Aussehen der Prostituierten gespannt. Ob sie wohl « Madame L » gleicht? Doch schnell verwerfe ich diesen Gedanken, da die Frau nach Einschätzung der Domina devot sein müsste. Unsere Fahrt führt uns zu einem Viertel an der Peripherie von Bremen. Wir halten vor einem etwa 30 Jahre alten Reihenhaus aus dem Baukastensystem. Auch die niedrigen immergrünen Büsche und der kurzgeschnittene Rasen scheinen gar nicht zum geheimnisvollen Milieu des BDSM zu passen, genau wie der braun gestrichene Jägerzaun, der den Vorgarten vom Gehweg abgrenzt. Hier soll eine Sexarbeiterin ihrem Gewerbe nachgehen? Ob die Nachbarn der Frau wohl wissen, was hinter den Vorhängen so alles passiert?

Mein Kollege klingelt am Namensschild mit den Initialen « T. W. ». Nach kurzer Zeit öffnet sich die Tür. Eine kleine, eher vollschlanke Frau mit freundlichem Gesicht begrüßt uns. Ich schätze sie auf Ende 30. Sie hat blonde Haare, blaue Augen und ist ungeschminkt. Ein weiter grauer Pullover mit der Aufschrift eines renommierten Sportausrüsters kann ihre ausladenden Formen nur kaum kaschieren. Sie trägt eine verwaschene Jeans, weiße Strümpfe und plüschige rote Hausschuhe.

Theresa Winter führt uns in die Küche; auch hier entdecke ich keinen Hinweis auf ihre Tätigkeit, stattdessen gutbürgerliche Spießeridylle. Eine klassische Einbauküche in L-Form mit Buchendekor, der Küchentisch Kiefer rustikal. Wir setzen uns, in blauen Bechern wird frisch aufgebrühter Kaffee gereicht. Ich schaue mich in der Küche um und frage mich, ob unsere Gastgeberin hier tatsächlich wohnt. Sie scheint meinen Gedanken zu erraten und versichert, nur an fünf Tagen der Woche oder nach besonderen Vereinbarungen mit Gästen hier zu sein. Ansonsten stehe die Wohnung leer oder würde auch schon einmal von einer Kollegin genutzt. Sie wohne mit ihrem langjährigen Freund und zwei kleinen Kindern gute 25 Kilometer entfernt in idyllischer Umgebung auf dem Lande, wo niemand wisse, was sie mache.

Mit belanglosem Smalltalk vergehen die nächsten Minuten, bis ich Theresa Winter erkläre, dass wir sie als Zeugin vernehmen müssen. Sie verneint, mit Dieter Habig verwandt oder verschwägert zu sein, und versichert gleichzeitig, sich durch ihre Aussage keiner strafrechtlichen Verfolgung auszusetzen. Sie erzählt, dass sie in der letzten Woche in einer Fernsehsendung die kurz eingeblendete Gerichtszeichnung eines Mannes sah und dabei an ihren Gast Dieter erinnert wurde. Er habe auf ihre

Annonce reagiert, denn sie arbeite als Prostituierte vornehmlich im devoten S/M-Bereich: «Ich mache bizarre Sachen wie Natursekt, Kaviar, Bondage und Nadelung. Bin aber auch im Fetischbereich mit Lack, Leder und Latex aktiv.» Theresa Winter hat eine erfrischende Natürlichkeit, wenn sie über ihre Tätigkeit spricht. Ohne einen Anflug von Scheu zeigt sie mir ein Inserat in der örtlichen Tagespresse unter der Rubrik «Bars – Clubs – Treffpunkte»:

Neu! Devot, Lack, total tabulos, vollbusig mit Studio, auch Hotel. Tel.: 39 …

«In meinen Anzeigen sage ich immer, dass ich devot bin, sodass meine Gäste wissen, was sie von mir erwarten können.» Doch schnell fügt sie hinzu, dass «tabulos» auch gelegentliche Dominanz bedeute. «Die Gäste rufen an, und wir vereinbaren, wenn ich sie nicht kenne, einen Termin für ein Vorgespräch. Ich schreibe mir dabei ihre Vorlieben auf, um beim nächsten Besuch vorbereitet zu sein. Manchmal legen wir aber auch gleich los.»

Mein Kollege legt Theresa Winter nacheinander die Fotos von Dieter Habig und den acht Vergleichspersonen vor. An eine Wahlgegenüberstellung, besonders mit Fotos statt echten Personen, sind hohe Anforderungen geknüpft. Deshalb haben wir unsere Zeugin auch im Zweifel gelassen, ob ein Foto des Tatverdächtigen tatsächlich bei der Auswahl dabei ist. Sie weiß auch nicht, wie viele Fotos wir ihr präsentieren werden. So minimieren wir das Risiko von Gefälligkeitsaussagen. Nach jedem Foto muss sich die Frau entscheiden, ob die Person ihr Gast gewesen war oder nicht; erst danach kommt das nächste Foto. Als alle gezeigt sind, steht fest, dass sie bei zwei Männern eine Ähnlichkeit mit ihrem Gast feststellt; Dieter Habig ist einer der beiden.

«Er wollte, dass ich ihm verschiedene Bondage- oder Fesselungstechniken zeige.» Theresa Winter bittet uns, ihr in ihr

Studio zu folgen. Zwanzig Quadratmeter ist es groß, ein voll-gestellter Raum ohne Atmosphäre. Mit weißen grobmaschigen Gardinen, schweren Brokatvorhängen, beigefarbener Textil-tapete und hellem Bodenbelag. Gleich neben der Tür steht ein dreiteiliger verspiegelter Kleiderschrank. Darauf zwei Büsten mit dunklen und lockigen Perücken, daneben ein Torso aus Gummi. An der Wand erkenne ich ein schwarz lackiertes An-dreaskreuz mit Ketten zum Anbinden, gleich daneben steht ein ebenso schwarz lackierter Galgen mit Seilen und Zugvorrich-tungen. Eine Streckbank mit Joch sowie Hand- und Fußfesseln, ein sogenannter Schlagbock und eine Sonnenbank beanspru-chen den meisten Platz. Auf einem gläsernen Rollwagen stehen verschiedene Tuben mit Cremes, Ölflaschen, mehrere Dildos in unterschiedlichen Farben und Formen, auch eine Nuckelfla-sche. An der Wand sind Ketten, Gerten und Knebel, ein BH mit Dornen und unterschiedliche Bänder fixiert; mal weich und breit, mal aus Hanf und schmal. Ich überlege, welche Palette an sexuellen Phantasien hier wohl ausgelebt wird.

Ehe ich mich weiter umschauen kann, drückt mir Theresa Winter ein Buch über Bondage in Japan in die Hand. «Das habe ich ihm gezeigt.» Auf dem Cover ist eine Frau mit lan-gen schwarzen Lackhandschuhen und schwarzen High Heels abgebildet; der Rest ihrer Haut ist unbedeckt. Sie liegt auf dem Bauch. Ihre Arme sind auf dem Rücken über ein schwarzes Seil mit den Füßen verbunden. Mir fällt die Symmetrie und Ordentlichkeit der Schlingenführung auf; wie ich später bei einem Telefonat auch von «Madame L» bestätigt bekomme, ein Merkmal der erotischen Fesselung.

«Erotik war meinem Gast nicht so wichtig; ich sollte ihm zeigen, wie man die Knoten an Händen und Füßen schnürt, dass eine Frau sich nicht mehr bewegen kann. Mir hat er meine Hand- und Fußgelenke aneinandergebunden. Wir waren beide nackt. Geschlechtsverkehr wollte er nicht; er hat sich selbst befriedigt.» Die nächsten Besuche verliefen nach Aussage der Prostituierten gleich: Gast Dieter perfektionierte seine Fesselungstechniken, ehe er sie vor seinem vierten und letzten Besuch anrief und bat, ihm eine Gasmaske und einen zweiteiligen hautengen Latexanzug zu besorgen. Wenige Tage später sei Dieter wie vereinbart zu ihr ins Studio gekommen und ließ sich helfen, die Gasmaske aufzusetzen und sich in den knappen Latex zu zwingen. Dann fesselte er die devote Zeugin erneut und masturbierte. «Danach habe ich nie wieder was von ihm gehört.»

Aus dem Nebenzimmer holt Theresa Winter ihren Kalender des letzten Jahres. Durch den Türspalt kann ich in den Raum schauen und mein Blick fällt auf ein französisches Bett mit pinkfarbener Tagesdecke. Ein knallrotes Herz als Kissen liegt darauf. Auf einem Nachtschränkchen die obligatorischen Papiertücher im Spender. Theresa Winter bittet uns in die Küche und zeigt uns die Einträge. Tatsächlich hat sie fast jeden Tag Notizen über die Vorlieben oder Besuche ihrer Gäste aufgeschrieben. Sie schlägt den 26. April auf. Es ist der Tag, an dem sich Dieter Habig das letzte Mal von Theresa Winter in Bondagepraktiken unterrichten ließ und Atemkontrolle erleben wollte, nur wenige Wochen vor dem Mord.

10.00 Uhr: englische Erziehung / NS / Klammern Thomas	300,–
13 bis 14 Uhr: Achim Studio: leichte englische Erziehung, dominant, Wasser	300,–
17.00 Uhr: Dieter – Studio – Bondage – Fesselung – Gasmaske – normal	450,–

Über tausend D-Mark hat Dieter Habig zusammen genommen für das Ausleben seiner Phantasien ausgegeben. Zeigt das nicht schon, wie wichtig ihm das war?

Wir sind schon im Aufbruch, als ich merke, dass Theresa Winter herumdruckst und noch etwas sagen möchte, sich aber nicht so recht traut. Als ich sie auf ihre Verlegenheit anspreche, zögert sie noch einen Moment. Dann verschwindet sie in das Zimmer mit dem französischen Bett und kehrt kurze Zeit später zurück. In ihrer Hand trägt sie eine kleine gelbe Glasflasche mit roter Schrift. «Das ist Poppers. Er hat es bei mir gesehen.» Sie reicht mir eine in gelbes Plastik gehüllte Flasche. Die leuchtend rote Aufschrift lautet «RUSH», daneben erstrahlt ein Blitz. Ich erinnere mich an die Worte von «Madame L»: «Es bringt den sexuellen Kick!»

Ich will nun wissen, ob und wie sich bei Dieter Habig der sexuelle Kick zeigte. «Normalerweise wird es tief eingeatmet oder in den Filter einer Gasmaske geträufelt, doch er wollte es nicht.» Erst später in der Gerichtsverhandlung räumt die Zeugin ein, dass sie dem Wunsch des Freiers, Poppers in den Filter der Maske zu träufeln, doch nachgekommen war. Sie hatte es bei mir nicht zugeben wollen, da sie Angst hatte, gegen das Betäubungsmittelgesetz verstoßen zu haben.

Der Kreis hat sich für mich geschlossen: «Madame L» dürfte mit ihrer Vermutung recht gehabt haben, dass sich Dieter Habig bei der Tat zusätzlich mit Poppers stimulieren wollte. Während mein Kollege und ich ins Büro zurückfahren, melden sich in meinem Kopf die bislang noch ungelösten Fragen: Weshalb hat Dieter Habig die Maske nicht im Luftschacht deponiert oder bei der Tat getragen? Hatte er vor, die Plastiktüte mit den Accessoires später zu holen? Welchen Phantasien wollte er bloß nachgehen? Es sind Fragen, die nur Dieter Habig beantworten kann.

Eine halbe Stunde später sitze ich im Büro des Chemikers des Landeskriminalamtes. Der Mann ist unter anderem zuständig für die Analyse aller sichergestellten Rauschgifte und unbekannten Substanzen. Ich zeige ihm das leere Fläschchen «RUSH». Er schmunzelt, als ich ihn frage, ob er Poppers kennt. Wortlos steht er auf, schließt ein Schränkchen auf und holt ein Tablett voller kleiner brauner Glasflaschen hervor. «Alles von Kontrollen im Rotlichtmilieu und in der Homosexuellenszene.» Auf den Etiketten lese ich fremde Namen wie «KIX», «Hardware», «Disco magic», «Buzz», «Purple Haze» und natürlich auch «RUSH». Der Kollege erklärt, dass Poppers unter verschiedenen Handelsnamen hergestellt werde. «Poppers ist Slang, kommt aus dem Englischen, ist eigentlich eine Medizin und bedeutet so viel wie das Knallen beim Öffnen von Medizinflaschen mit Mitteln gegen Angina Pectoris. Früher wurde es wegen seiner gefäßerweiternden Funktion auch in der Geburtshilfe eingesetzt.»

In den nächsten Minuten höre ich einen Kurzvortrag über die Inhaltsstoffe von Poppers: Wahlweise werden die chemischen Substanzen Amylnitrit, Butylnitrit oder Isobutylnitrit isoliert oder gemischt verwendet. Das Mittel sei kein Betäubungsmittel, der Besitz sei somit gar nicht strafbar. Jedoch unterliege der Handel dem Arzneimittelgesetz. Gerade in der Homosexuellenszene werde Poppers oft genutzt, da durch die Gefäßerweiterung die Muskulatur erschlaffen würde. Bei diesen Worten blickt er mich vielsagend an. Ich signalisiere, verstanden zu haben, was er damit meint: Poppers lässt den Schließmuskel erschlaffen und erleichtert so den Analverkehr.

Ich bitte, einmal den Inhalt der Flaschen riechen zu dürfen, und schütte ein wenig von dem klaren und durchsichtigen Inhalt in meine Handfläche. Sofort nehme ich einen ätherisch aromatischen Geruch wahr, der mich an ein Gemisch aus japanischem Heilpflanzenöl und Terpentin erinnert. Ohne die gefäßerweiternde Wirkung zu spüren, verschließe ich die Flasche und bedanke mich für die Auskunft.

Ein paar Tage später erkennt Theresa Winter unter den wütenden Protesten der Verteidigung Dieter Habig im Gerichtssaal als ihren Gast wieder. Sie beschreibt sehr bildlich, wie sie ihn in Bondagepraktiken einwies und auf seinen Wunsch auch eine Gasmaske besorgte. Dieter Habig scheint das nicht anzufechten. Er schweigt wie immer. Doch seine Verlegenheitsgesten dokumentieren erneut seine Unsicherheit.

Die wachsenden Zweifel an seinem zufälligen Zusammentreffen mit Michelle Reuter reißen immer mehr Löcher in die Strategie der Verteidigung. Die neue Taktik heißt nun: Rückzug. Dieter Habig schreibt an den Vorsitzenden Richter einen Brief und widerruft sein Geständnis. Zwar bestreitet er auch weiterhin nicht, am Tatort gewesen zu sein, doch Michelle Reuter will er nicht getötet haben: « Meine Erinnerung gibt einfach keine Tötungshandlung her! » Habig vermutet, dass er unbewusst « die Täterschaft auf seine Person übertragen habe », ohne selbst die Gründe dafür zu verstehen. Möglicherweise sei für das falsche Geständnis sein « damaliger desolater psychischer Zustand sowie die Medienberichterstattung verantwortlich gewesen, wonach offenbar an jenem Tatort Entsetzliches geschehen war ».

Die neue Einlassung scheint umso unglaubwürdiger, als ein zweiter Gutachter Habigs gezielte Internetaufrufe zu Seiten mit sexuellem und sadistischem Bezug bestätigt. Auch dieser Experte kommt zu dem Schluss, dass Habig viele hundert Mal bewusst nach derartigen Angeboten gesucht habe. So wirkt es dann fast tragisch, als sich Dieter Habigs Vater zu der Aussage missbrauchen lässt, er sei bei Besuchen seines Sohnes ungewollt beim Surfen mit dessen PC auf die entsprechenden Seiten gestoßen. Mehr mag der alte Mann dazu nicht sagen und verweigert die Aussage. Ich bin an diesem Tag wieder einmal als Zuhörer im Gerichtssaal und frage mich, wie verzweifelt

Habigs Vater sein muss, um sich für ein solch unwürdiges Spektakel zur Verfügung zu stellen. Ich beobachtete Vater und Sohn bei der Aussage: Keiner der beiden mag den anderen anschauen.

Als Dieter Habig erkennt, dass das Gericht seiner neuen Verteidigungsstrategie mit großer Skepsis begegnet, entschließt er sich zu einem radikalen Schritt: Er entzieht seinen bisherigen Strafverteidigern das Mandat und beauftragt zwei neue Anwälte mit seiner Verteidigung. Einer der beiden hatte ihn bereits zu seinem Geständnis bei der Polizei begleitet. Der Prozess droht zu platzen und wird für vier Wochen unterbrochen. Den neuen Verteidigern muss die Chance gegeben werden, sich in die Akten einzuarbeiten.

Nach vier Wochen Pause wird die Verhandlung fortgesetzt. Wichtige Zeugen werden erneut vernommen, auch Theresa Winter. Sie bleibt bei ihrer Aussage. Die Verteidigung greift nach jedem Strohhalm und reicht Unmengen von Beweisanträgen ein. Sie scheut auch nicht vor persönlicher Diffamierung zurück und spricht von einer « widerwärtigen Schmutz- und Hetzkampagne » gegen den Angeklagten. In ihrem Plädoyer heißt es: « Man kann mangelnde Erkenntnisse nicht durch finstere Phantasien ersetzen. »

Am Ende bricht Dieter Habig dann doch noch sein Schweigen, es ist sein Schlusswort. Ich beobachte ihn, wie er mit leerem Blick den Vorsitzenden Richter anspricht: « Ich habe immer wieder versucht, mich zu erinnern, aber es gelingt mir nicht! » Worte des Bedauerns oder der Reue höre ich nicht.

Nach 16 langen Monaten mit 75 Verhandlungstagen wird Dieter Habig zu einer lebenslangen Freiheitsstrafe wegen Mordes verurteilt. In der Begründung des Gerichtes heißt es, dass er als voll schuldfähiger Täter anzusehen ist, der seine sadistischen Phantasien an Michelle Reuter ausleben wollte. Ich vergleiche den Urteilsspruch mit unserem Täterprofil. Sie stimmen in allen sechs Punkten überein.

Bis heute hat Dieter Habig das Geheimnis seiner Phantasien und weshalb Michelle Reuter sterben musste, nicht gelüftet. Und so bleibt auch der Trigger, der ihn zum Mörder werden ließ, im Verborgenen. Nach wie vor sieht Dieter Habig sich als Opfer eines Justizirrtums.

DAS OHR
━━━━━━━━━━━ Gefangen im Netz der Vergangenheit

Als ich 14 oder 15 war, habe ich einen Kinofilm gesehen, allerdings weiß ich nicht mehr, wie er hieß. Ich weiß nur, dass Burt Lancaster die Hauptrolle spielte. Er stellte einen Mörder dar, und der Mörder war der Gute. Der Böse war der Gefängnisdirektor. Den Mörder sollte man besonders gern mögen, weil er sich immer so rührend um einen kleinen kranken Vogel gekümmert hat. Ich hatte von einem Film ab 16 Jahren etwas anderes erwartet als einen Mörder bei liebevoller Vogelpflege. Ich war maßlos enttäuscht und dachte: Was für ein sentimentaler Quatsch! Heute denke ich etwas anders darüber. Aber bis dahin hat es rund 40 Jahre gebraucht.

Es ist ein heißer Sonntag im Sommer, Ende der 90er Jahre. Seitdem das Telefon geklingelt hat, weiß ich, dass viele Tage mit viel Arbeit und wenig Schlaf auf mich zukommen. Das ist meistens so, wenn ein Mord geschehen ist.

Der Kommissar vom Dienst hatte gegen 16 Uhr angerufen. Eine tote Frau, ein Sexualverbrechen vermutlich. Ich bitte ihn, weitere Kollegen der Mordkommission zu alarmieren. Ich suche meine Autoschlüssel, meine Bewegungen geraten dabei etwas hektischer als sonst. Ich arbeite zu diesem Zeitpunkt schon zwanzig Jahre in der Mordkommission, doch noch immer macht sich bei jedem Einsatz Aufregung breit, als sei es der erste Mord. Man weiß nie, was einen diesmal erwartet.

Mit meinem Auto brauche ich eine Viertelstunde bis zu einer 50er-Jahre-Siedlung: sozialer Wohnungsbau in der Nähe des Flughafens, acht Familien pro Haus. Der Gehweg ist mit rotweißem Absperrband abgetrennt, ein Kollege in Uniform steht im Hauseingang, zahlreiche Schaulustige um ihn herum. Ich kenne den Mann seit meiner Einstellung bei der Bereitschaftspolizei. Wir begrüßen uns, er beginnt zu erzählen: Hertha Mahlstedt wurde seit Dienstag vermisst. Deshalb wollten ihre Geschwister auf der Polizeiwache eine Anzeige aufgeben. Sie besaßen keinen Zweitschlüssel für die Wohnung. Die Polizisten begleiteten sie also zu dem Haus, in dem Hertha Mahlstedt wohnt. Sie sahen, dass der Briefkasten überquoll. Sie klingelten, niemand machte auf. Also liehen sie sich von einem Nachbarn eine Leiter und drückten die auf Kipp stehende Balkontür auf. Sofort konnten sie riechen, dass etwas nicht stimmte. Die Tote lag im Wohnzimmer, mit einem Gürtel um den Hals, fast nackt, die Beine gespreizt.

Meine Kollegen treffen ein, nicht viele, gerade mal vier von zwanzig. Es sind die 90er Jahre, Handys gehören noch nicht zur Grundausstattung jedes Beamten. Wer nicht erreicht werden will, bleibt unerreichbar. Einen ständigen Bereitschaftsdienst für alle gibt es nicht, ein Kollege hat nachts und an den Wochenenden Rufbereitschaft. Er heißt dann MB, der « Mordbereitschaftsbeamte », die Polizei liebt solche Abkürzungen.

Die Arbeit ist schnell verteilt. Meine Kollegen vernehmen die Angehörigen und befragen die Nachbarn. Ich suche mit den Spurensuchern der Tatortbereitschaft die Dreizimmerwohnung von Hertha Mahlstedt auf, sie liegt im Hochparterre. Schon im Treppenhaus vernehmen wir Leichengeruch, eine Mischung aus Ammoniak und verdorbenem Käse. Hertha

Mahlstedt musste bereits vor einigen Tagen gestorben sein, die warme Sommerluft hatte die Verwesung des Körpers zudem beschleunigt. Bevor wir die Wohnung betreten, ziehen wir uns weiße Overalls über und stecken die Schuhe in blaue Plastiküberzieher. Wir wollen keine neuen Spuren legen, keine Haare, keine Fasern, keine Fußabdrücke.

Ehe wir das Tatzimmer aufsuchen, schauen wir uns in den anderen Räumen um: Schlafzimmer, Bügelzimmer, Küche, Bad. Wir machen das immer so: zunächst einen Überblick gewinnen, dann dem Tatort zuwenden. Alle Fenster sind geschlossen, die Vorhänge und Gardinen zugezogen. Nur im Bad brennt das matte Licht einer Spiegelschranklampe. Die Türen des Schlafzimmerschranks sind geöffnet, davor Papiere und Kleidung verstreut. Auf dem ordentlich gemachten Bett liegt der ausgekippte Inhalt einer Schublade. Auf der leeren Schublade ein geöffneter Metallbügel mit 15 darauf aufgereihten Gürteln. In der Küche ist eine Schublade mit Besteck halb herausgezogen. In der Spüle liegen unter einem roten Handtuch eine Geflügelschere und ein Messer. Beide sind blutverschmiert. In ein Handtuch eingewickelt, entdecke ich etwas Undefinierbares, hautfarben und von Haaren umsäumt. Ich muss genauer hinschauen, bis ich erkenne, was es ist: das abgeschnittene Ohr eines Menschen.

Verstümmelungen der Opfer, sogenannte Mutilationen, kommen bei Tötungsdelikten selten vor, in Deutschland gerade etwa fünf- oder sechsmal im Jahr. Die Gründe, einen toten Menschen zu verunstalten, sind unterschiedlich. Sie können pragmatisch sein, wenn der Täter eine Leiche ohne Risiko vom Tatort verschwinden lassen will. Sie können sexueller oder aggressiver Natur sein, wobei sich die Gewalt dann meist gegen den ganzen Körper des Opfers richtet und nicht nur auf ein einzelnes Körperteil. In diesem Fall trafen diese Motive nicht zu. Das abgeschnittene Ohr musste eine andere Bedeutung haben.

Im Wohnzimmer ist der Geruch fast unerträglich. Die lilafarbenen Gardinen vor dem Fenster sind zugezogen und mit Wäscheklammern zusammengehalten. Nur schwach dringt das Tageslicht in den Raum. Das Deckenlicht ist ausgeschaltet. Unter den herausgerissenen Schubladen, auf einem Zweiersofa und einem Sessel liegen Papiere, leere Schmuckschatullen und einzelne Schmuckstücke. Auf dem Dreiersofa erkenne ich eine zusammengeschobene Wolldecke, ein mit einem gelben Handtuch abgedecktes Kopfkissen und zwei zerknüllte Stofftaschentücher. Vor dem Sofa steht ein Couchtisch. Er ist verschoben worden und steht nun diagonal im Raum. Zwischen Sofa, Couchtisch und dem Zweiersofa liegt die Leiche.

Ich schätze das Alter der Frau auf 40 bis 50 Jahre. Sie liegt auf dem Rücken. Ich notiere in meinen Stenoblock: Pullover, Unterhemd, BH bis über Brüste hochgeschoben. Unterkörper nackt. An den Füßen weiße Tennissocken. In Socke, links, quadratischer flacher Gegenstand. Ein Kollege des Erkennungsdienstes zieht ihn heraus. Es ist ein Bierdeckel. Mit blauem Kugelschreiber ist eine Bremer Telefonnummer darauf geschrieben. Dazu der Satz: «Bitte ruf mich an. Rolf Harms.»

Eine Frauenleiche, ein abgeschnittenes Ohr, der Name eines Mannes. Sollte der Fall so einfach sein? Hat der Täter tatsächlich seine Visitenkarte hinterlassen? Sollte es so unvorsichtige Menschen geben? Es gibt sie. Ich hatte das einmal bei einem Raubmord im Stadtstreichermilieu erlebt. Damals war dem Mörder direkt neben seinem Opfer der Personalausweis aus der Tasche gefallen. Wir empfanden es damals fast als Beleidigung unserer kriminalistischen Kompetenz. Wozu braucht man noch Polizisten, wenn die Täter sich selbst überführen?

Vielleicht aber haben wir es hier auch mit einer Inszenierung zu tun. Vielleicht hat der Täter falsche Spuren gelegt und ein Motiv vorgetäuscht. Auch dieses Verhalten kenne ich aus einem anderen Fall. Damals war eine Frau in ihrer Wohnung brutal ermordet worden. Bei der Spurensuche im Wohnzimmer hatten wir in einem antiken Schrank die handschriftliche Notiz «D. kommt. 22.00 Uhr» gefunden. Es war die Tatzeit. Mehrere Tage hatte diese Notiz unsere Ermittlungen in eine falsche Richtung gelenkt. Wir suchten wie verzweifelt nach einem «D.», doch wir konnten keinen im Bekanntenkreis der Toten finden. Erst als wir uns intensiv mit ihrem früheren Freund beschäftigten, hatten wir Erfolg. Wir vernahmen ihn, und er gestand. Der Mann hatte die Trennung nicht verwunden und nach einer erfolglosen Aussprache aus Wut seine Exfreundin getötet. Als er später realisierte, was er getan hatte, entschloss er sich, den Tatort zu inszenieren. Er schrieb den Zettel und erfand einen Täter namens «D.».

Die Beine der Toten sind weit gespreizt. Der linke Fuß lagert auf einem runden bunt bestickten Ledersitzkissen, der rechte auf der Lehne des Sofas. Zwischen den Beinen steht ein fast leeres Wasserglas, daneben liegt ein zusammengeknüllter weißer Damenschlüpfer, allerdings nur die hintere Hälfte. Das Vorderteil entdecke ich knapp einen Meter entfernt unter dem Couchtisch auf dem Boden. Die beiden Teile der Unterhose sind an den Seiten und im Schritt scharfkantig durchgeschnitten, wie mit einer Schere. Auf dem Zweiersofa liegt eine wie achtlos weggeworfene schwarze Damenhose ohne Gürtel. Sie ist unversehrt.

Der Kopf der Leiche ist zur Seite in Richtung des Sofas gedreht. Die Augen sind geschlossen, die schulterlangen hellbraunen Haare sind blutverklebt. Die linke Seite des Kopfes sieht ungewöhnlich aus, weil dort das Ohr fehlt. Aus der Schnittwunde ist Blut senkrecht nach unten gelaufen, auf dem Teppich hat sich eine Blutlache gebildet. Mordermittler sagen dazu: Die Blutabrinnspur verläuft lagegerecht. Und das bedeutet: Der Täter hat dem Opfer in genau dieser Position das Ohr abgeschnitten.

Das Gesicht der Frau zeigt außerdem Verletzungen, wie sie bei stumpfer Gewalt entstehen. Der Täter hat gegen ihre Stirn, die Nase und den Mund geschlagen, vermutlich mit der Faust, vermutlich mehr als fünfmal. Das linke Auge ist blutunterlaufen. Ein *Monokelhämatom* hat sich gebildet, ein «Veilchen».

Um den Hals ist ein vier Zentimeter breiter schwarzer Ledergürtel geschlungen, zweimal, er liegt eng an. Das Gesicht ist dunkelviolett gefärbt und aufgedunsen. Es ist übersät mit roten Punkten, die wie Flohstiche aussehen. Einblutungen, wie sie entstehen, wenn ein Mensch erdrosselt wird. Es ist schon auf den ersten Blick klar: Hertha Mahlstedt ist erstickt.

In ihrem Oberkörper klaffen Wunden, Verletzungen durch Stiche, ich zähle sechs: zwei in der linken Brust auf Höhe des Herzens, eine in der rechten Brust, drei im Bauch, senkrecht untereinanderliegend. Man sieht, dass die Wunden nicht von einer scharfen Klinge stammen, eher von einem breiten und stabilen Werkzeug. Ich überlege, ob die Geflügelschere aus der Spüle die Tatwaffe sein kann.

Von den Herzstichen ist das Blut in Richtung des Kopfes abgeflossen. Aus den anderen Stichverletzungen ist kein Blut ausgetreten. Hertha Mahlstedt hatte offenbar kaum noch Leben in sich, als sie so malträtiert wurde. Der Blutkreislauf war schon zum Erliegen gekommen.

Zwei auf dem Couchtisch stehende leere Bierdosen, ein fast leeres Glas mit einem Rest Bier, ein Aschenbecher mit sieben Zigarettenkippen zweier unterschiedlicher Marken, ein Feuerzeug und eine leere Zigarettenschachtel deuten auf eines hin: Vor dem Verbrechen haben hier zwei Menschen gesessen, getrunken und geraucht. Und noch weitere Gegenstände auf dem Tisch erregen meine Aufmerksamkeit: ein leeres Schmuckkästchen, eine zerrissene goldene Kette und eine aufgerissene und leere Kondomhülle mit der Chargennummer CH: D059362, Gen. Nr. 204–015. Ein Fund, der noch von Bedeutung sein wird.

Ich versuche mir vorzustellen, was hier passiert ist: Wen hatte Hertha Mahlstedt zu Besuch gehabt? War es der Mann, der ihr den Bierdeckel gegeben hatte? Weshalb war der gemütliche Umtrunk eskaliert? Waren Opfer und Täter betrunken in Streit geraten? Hatte Hertha Mahlstedt sich die Hose selbst ausgezogen, oder hatte das der Täter getan? Hatte er die Frau mit ihrem Hosengürtel erdrosselt oder hatte er einen aus dem Schlafzimmer genommen? Und natürlich die wichtigste Frage: Warum hat der Täter die Frau ermordet?

Mit diesen Gedanken verlasse ich den Tatort. Die Spurensucher sind noch dabei, Fingerabdrücke zu sichern. Sie kleben mit mehreren Hundert Folien die Leiche ab, um Fasern und andere Spuren zu sichern. Ihre Arbeit wird noch Stunden dauern. Ein Spurensucher braucht Geduld, mehr Geduld als wir Ermittler.

Im Präsidium treffe ich auf weitere Kollegen, man hat sie mittlerweile erreicht. Wir sind zu acht, es ist etwas eng in meinem Büro. Ich erzähle, was ich weiß. Opfer: Hertha Mahlstedt, 53 Jahre alt. Tatort: eigene Wohnung. Tatzeit: vor mehreren Tagen. Todesart: Kombination aus Erdrosseln und Erstechen. Besonderheit: abgeschnittenes Ohr in der Spüle der Küche. Motiv: Kombination aus sexuellen Gründen und dem Motiv, sich zu bereichern. Abtrennen des Ohres: unerklärbar.

Anschließend berichtet der Kollege, der die Geschwister der Toten vernommen hat. Hertha Mahlstedt war seit fast fünf Jahren Witwe und lebte allein. Sie hatte keinen Halt mehr in ihrem Leben gefunden und hatte zu trinken begonnen. Sie verkehrte regelmäßig in Kneipen in der Nähe ihrer Wohnung. Aber es gab noch eine andere Seite von Hertha Mahlstedt, eine, die von Tatkraft geprägt war; sie arbeitete als Pflegerin in einer gemeinnützigen Einrichtung. Sie suchte immer wieder die Nähe zu ihrer Familie und bewältigte ihren Haushalt gut. Hertha Mahlstedt ließ sich nicht gehen, es gab bei ihr so etwas wie Lebensfreunde. Mit wem sie privat verkehrte, wussten die Geschwister nicht. Es sei ihr wohl peinlich gewesen.

Die Befragung der Nachbarn war nicht sehr ergiebig. Hertha Mahlstedt lebte in einer anonymen Umgebung. Man hat sie vielleicht mal im Treppenhaus gesehen, ihren Namen wussten die wenigsten. Es hat auch niemand eine fremde Person im Haus gesehen. Wenn sich Hertha Mahlstedt lautstark gewehrt hatte, so blieben ihre Schreie ungehört. Und die Frage, seit wann die lilafarbenen Gardinen zugezogen waren, konnte auch niemand beantworten. Ich bin nicht verwundert über die magere Ausbeute. Heute interessieren sich die wenigsten für ihre Nachbarn, soziale Kontrolle funktioniert nicht mehr. Man kann das gut finden oder schlecht. Für uns Polizisten jedenfalls ist es schlecht.

Das war nicht immer so. Ich erinnere mich noch gut an die Zeit, als ich als junger Kriminalbeamter in die Mordkommission kam. Bei jedem Tötungsdelikt wurden zwei Kollegen nur dafür ausgewählt, Hinweise am Telefon aufzunehmen. Es riefen viele Leute an: Passanten, die zufällig etwas gesehen hatten; Nachbarn, die schon immer mal etwas loswerden wollten; die Oma, die mit ihrem Fensterkissen den besten Überblick hatte. Heute geschieht es selten, dass uns Leute anrufen. Höchstens nach Verbrechen, die für großes Aufsehen in der Öffentlichkeit sorgen: Morde an Kindern oder an jungen Frauen.

Ein Kollege der Spurensicherung ist ins Büro gekommen. Er sagt, dass er keine Aufbruchspuren an der Wohnungstür und den Fenstern entdeckt hat. Das Opfer muss also den Täter in die Wohnung gelassen haben. Oder der Täter hatte einen Schlüssel. Er hatte zumindest einen Schlüssel mitgenommen, als er den Tatort verließ. Die Wohnungstür ist zweimal abgeschlossen gewesen. Die Spurensicherung hat auf dem Couchtisch Fingerabdrücke festgestellt und den Teilabdruck einer Handfläche. Ob dieser von Hertha Mahlstedt stammt oder vom Täter, ist noch nicht klar. Dies wird ein daktyloskopischer Sachverständiger feststellen, ein Fachmann für Fingerabdrücke. Er ist bereits auf dem Weg ins Präsidium.

Wie aber werden wir weiterverfahren? In welche Richtung gehen unsere Ermittlungen? Das ist immer wieder einer der spannendsten Momente unserer Arbeit. Wenn wir stundenlang im Büro auf den knarrenden Beamtenstühlen sitzen oder an den grauen Aktenschränken lehnen, manche rauchen, manche wandern auf und ab. Wie wir Ideen entwickeln und wieder verwerfen, mal leise diskutieren, mal laut streiten, ratlos sind und dann wieder voller Ideen. Es ist der kreative Akt in unserer Arbeit. Das, was für den Journalisten der erste Satz ist und für den Maler die erste Skizze. Für uns ist es die Suche nach der richtigen Strategie.

Es gibt nur wenige Regeln, wie eine Ermittlung abzulaufen hat. Aber eine Regel gilt fast immer: Die Persönlichkeit des Opfers spielt eine wesentliche Rolle. Sie führt uns häufig zum Täter. Wir müssen wissen, wer der Mensch Hertha Mahlstedt war. Wir müssen ihre Vorlieben und Schwächen kennenlernen, ihre Lebensgewohnheiten, ihre tägliche Routine, ihre Kontakte. Dieses Wissen erleichtert die Suche, denn bei den meisten

Verbrechen liegt eine Beziehung zwischen Tätern und Opfern vor. Wer waren ihre Trinkkumpane? Hatte sie sich wirklich so häufig in Kneipen aufgehalten, wie ihre Geschwister ausgesagt haben? Die Antwort finden wir nur vor Ort, in den Kneipen.

Und dann ist da noch der Bierdeckel mit dem Namen. Gibt es einen Rolf Harms? Und führt die Telefonnummer tatsächlich zu ihm? Oder ist alles nur erfunden? Diese Frage lässt sich schnell beantworten. Ich gebe den Namen in den Computer ein, in INPOL, die bundesweite Polizeidatenbank. Hier erfahre ich z. B., gegen wen ein Haftbefehl besteht. Ob ob jemand bereits erkennungsdienstlich behandelt wurde oder ob jemand bereits im Gefängnis war. Im Melderegister der Stadt Bremen, auf das wir Zugriff haben, werde ich fündig: Seit sechs Monaten ist ein Rolf Harms in Bremen gemeldet, seine Wohnung liegt ganz in der Nähe des Tatortes. Und noch eine Überraschung hält die Abfrage für mich bereit: Rolf Harms hat schon einmal einen Menschen getötet.

Es geschah acht Jahre vor unserem Fall, in einem nördlichen Bundesland. Rolf Harms war gerade einmal 21 Jahre alt. Das Verbrechen wurde erst nach einem Jahr geklärt, und Rolf Harms wurde zu neun Jahren Gefängnis verurteilt, wegen Totschlags. Zwei Drittel der Strafe hatte er im berüchtigten Hamburger Gefängnis «Santa Fu» abgesessen, erst vor wenigen Monaten war er daraus entlassen worden. Hatten wir unsere heiße Spur? Sollten wir uns nicht möglichst schnell mit Rolf Harms unterhalten? Man neigt dazu, schnell zu handeln, wenn ein Verdacht so offensichtlich ist. Auch wir Polizisten sind dabei keine Ausnahme. Klug ist das meistens nicht, deshalb gebe ich auch diesmal nicht dem Impuls nach, Rolf Harms gleich zu vernehmen. Ich will weitere Informationen über ihn einholen und setze ein Fernschreiben an alle Landeskriminalämter ab. Auch die für das Tötungsdelikt zuständige Kripo schreibe ich an und bitte um weitere Informationen: über den Tatablauf und das Aussageverhalten des Täters.

Wir sind in den wenigen Stunden seit der Entdeckung der Leiche ein gutes Stück vorangekommen, doch der Tag ist noch nicht zu Ende. Die Obduktion von Hertha Mahlstedt ist für 23 Uhr angesetzt. Bei einer sogenannten «faulen Leiche» ist Eile geboten, damit nicht noch weitere wesentliche Informationen zu Todesursache und Todeszeitbestimmung verloren gehen. Ich habe einen Rechtsmediziner mit ständiger Rufbereitschaft aus einer anderen Stadt angefordert. Im Sektionssaal übergebe ich den beiden Obduzenten im grünen Kittel eine Plastiktüte. Darin sind das abgeschnittene Ohr, die Geflügelschere und das Messer.

Der Sektionssaal ist ein symbolbeladener Ort. An sich sieht er aus wie der OP-Saal eines üblichen Krankenhauses, helles weißes Licht, Tische und Werkzeuge aus Edelstahl, weiße Hochglanzfliesen, kalt, hell und nüchtern. Läge da nicht der charakteristische Geruch von Vergänglichkeit über der sterilen Sauberkeit. Es ist ein Ort, an dem die Wünsche und Hoffnungen vieler Menschen, die brutal und gewaltsam aus dem Leben gerissen wurden, ihr Ende gefunden haben. Ein Ort, der mich jedes Mal nachdenklich stimmt und manchmal auch traurig. Obwohl ich bis heute bestimmt schon tausendmal darin gestanden habe.

Die Untersuchung einer Leiche folgt einem festen Schema. Ein Spurensucher fotografiert sie zunächst, sichert mögliche Schmutz-, Haut- und Gewebereste, die sich unter den Fingernägeln befinden, nimmt mit schwarzer Paste Vergleichsabdrücke von den Fingerkuppen und den Handflächen, zupft einzelne Kopf- und Schamhaare aus; alles zum Vergleich mit den am Tatort gesicherten Spuren. Dann wird die Leiche ausgezogen, wo-

115

bei der Sitz der einzelnen Kleidungsstücke genau beschrieben und dokumentiert wird. Anschließend werden die Verletzungen am Körper fotografiert und auf einem vorgezeichneten Körperschema eingetragen. Wie, das bleibt jedem selbst überlassen.

Ich handhabe das so, dass ich blutende Verletzungen mit einem roten Stift markiere, nichtblutende Verletzungen wie Hämatome oder Quetschungen mit einem blauen. Bevor die Rechtsmediziner mit der eigentlichen Obduktion beginnen, werden die Verletzungen vermessen. An der Fußsohle legen sie dafür Maßband an und notieren die Höhe der Verletzung. Dann messen sie den Abstand der Wunden zur Mittellinie des Körpers, der zweite Wert.

Auch über einen tatbedingten sexuellen Missbrauch des Opfers während des Verbrechens können die Rechtsmediziner Auskunft geben. Sie nehmen mit einem Tupfer Abstriche aus Mund, Vagina und After, um eventuelle Spermaspuren zu sichern. Aus der Oberschenkelvene wird schließlich noch Blut entnommen, um es mit den Spuren am Tatort zu vergleichen und die Blutalkoholkonzentration festzustellen.

Dann beginnt die eigentliche Sektion: Öffnung von Kopf, Brust, Bauch. Präparation des Rückens, der Arme und der Beine, um festzustellen, ob noch verstecke Hämatome zu finden sind. Sie können auf Tritte, Schläge und kräftiges Zudrücken hinweisen. Nach fast vier Stunden ist die Obduktion beendet. Die Rechtsmediziner berichten, was sie herausgefunden haben: Hertha Mahlstedt ist zunächst geschlagen, dann gedrosselt und schließlich erstochen worden. Anschließend hat ihr der Täter mit dem Messer das Ohr abgeschnitten. Dass sie zum Zeitpunkt der Tat volltrunken war, war mir schon davor klargeworden, als der Geruch ihres Mageninhalts durch die Leichenhalle geströmt war. Nach der Laboruntersuchung bekommen wir es noch in Zahlen dokumentiert: 2,5 Promille. Spermien wurden bei der mikroskopischen Untersuchung der Abstriche nicht nachgewiesen. Einen Sexualmord will ich deswegen aber noch nicht ausschließen. Ganz im Gegenteil. Alle anderen Befunde sprechen eher dafür.

Ein Sexualmord ist ein Delikt der Nähe. Der Täter muss direkten Kontakt zum Opfer haben, um es missbrauchen zu können. Zugleich muss er es unter Kontrolle haben. Deshalb ist die Chronologie eines solchen Verbrechens fast vorgegeben: Der Täter schlägt das Opfer heftig mit der Faust oder einem Gegenstand auf den Kopf, ins Gesicht und gegen den Oberkörper, um es wehrlos zu machen, seinen Widerstand zu brechen und sich sexuell an ihm vergehen zu können. Dann würgt oder drosselt er es. Häufig kommt es zu einer Kombination dieser beiden Tötungsarten. Der Täter will sicher sein, dass sein Opfer stirbt. Manchmal versucht er, den Sterbevorgang noch zu beschleunigen, greift final zu einem Messer und ersticht sein Opfer.

Die allermeisten Menschen sind die Begegnung mit dem Tod nicht gewohnt, auch für einen Mörder ist Sterben ein außergewöhnlicher und sehr stressender Vorgang, vor allem dann, wenn er zum ersten Mal tötet. Aus vielen Vernehmungen weiß ich, dass Täter die Situation oft völlig falsch einschätzen. Insbesondere wenn sie ihr Opfer erwürgen oder erdrosseln. Zwar schwindet schon nach zehn bis 15 Sekunden das Bewusstsein, der Mensch wird ohnmächtig. Doch nach kurzer Zeit beginnen *konvulsivische Spasmen*, die den ganzen Körper verkrampfen lassen, dann abebben, nach 30 Sekunden wieder einsetzen und wieder nachlassen. Acht- bis zehnmal geschieht dies, bis der Mensch tot ist. Mehrere Minuten also, die dem Täter wie eine Ewigkeit vorkommen.

Ich besitze ein Video, auf dem das Sterben eines Menschen beklemmend und gleichzeitig eindrucksvoll zu sehen ist. Der

Film zeigt einen Mann, der bei einem autoerotischen Unfall stirbt. Er hat die Szene selbst aufgenommen. Nicht weil er seinen Tod dokumentieren wollte, sondern weil er sich vermutlich später an dem Streifen sexuell erregen wollte: Die Kamera steht auf einem Stativ. In der Mitte des Raumes ist ein etwa 250 cm hohes verchromtes Reck aufgestellt. An der Querstange hängt eine Lederschlaufe. Vor dem Reck steht ein Tisch. Der Mann ist nackt. Er geht im Zimmer auf und ab und arrangiert fast andächtig zwei Palmen vor die Reckpfosten. Er geht zurück zur Kamera und verändert den Bildausschnitt. Dann kehrt er zum Gestell zurück, besteigt den Tisch, stellt sich unter die Lederschlaufe und zieht sie über seinen Kopf. Er verschränkt seine Arme auf dem Rücken, so als sei er gefesselt. Er zieht die Beine an, pendelt frei hängend vor und zurück und stellt sich wieder auf den Tisch. Er geht erneut zur Kamera. In der nächsten Einstellung ist der Tisch verschwunden. Seinen Platz hat jetzt eine hohe Standleiter eingenommen. Der Mann besteigt die Leiter, führt die Schlaufe wieder über seinen Kopf, verschränkt erneut die Arme auf dem Rücken und pendelt erneut. Dann greift er nach oben, zieht seinen Kopf aus der Schlinge und setzt seine Füße auf den Sprossen der Leiter ab. Zweimal wiederholt er das Pendeln. Beim dritten Mal aber geschieht etwas Unvorhergesehenes: Der Mann wird beim Pendeln nach wenigen Sekunden ohnmächtig. Er hängt erschlafft in der Schlaufe. Nach kurzer Zeit beginnt sein Körper heftig zu zucken, die Krämpfe lassen nach und setzen wieder ein. In den nächsten Minuten wiederholt sich der Vorgang noch mehrere Male. Dann bleibt der Körper ruhig. Der Mann ist tot, sein Sterben hat acht Minuten gedauert.

Ich versuche, das Geschehen im Fall Hertha Mahlstedt gedanklich zu rekonstruieren: Sie lebte noch, als der Täter ihr den Gürtel um den Hals geschlungen hat. Um zu verhindern, dass der Gürtel sich öffnet, hat er das Gürtelende durch die Schnalle geführt und kräftig daran gezogen. Für diesen Ablauf sprachen die *vitalen*, also zu Lebzeiten entstandenen punktförmigen Stauungsblutungen, sogenannte *Petechien*, in den Lid- und Augenbindehäuten, im Gesicht, in der Kehlkopf- und der Mundschleimhaut. Sie sind typisch für einen Drosseltod. Die Venen werden zusammengedrückt, der Blutabfluss ist unterbrochen. Über die tiefer gelegene Wirbelarterie wird aber vom Herz weiterhin Blut in den Kopf gepumpt. Es kommt in den Gefäßen zu einem Druckanstieg: Das Gesicht schwillt auf und läuft blau an. Kleinste Blutgefäße zerreißen und bilden die Stauungsblutungen.

Hertha Mahlstedt war vor mehreren Tagen gestorben. Das besagten eindeutig die an der Leiche gefundenen Merkmale. Der Todeszeitpunkt ist eine wichtige Information für mich und beeinflusst die weiteren Ermittlungen, denn je genauer die Tatzeit festgelegt werden kann, desto leichter lässt sich zum Beispiel das Alibi eines Verdächtigen überprüfen.

Es gibt mehrere Merkmale, anhand deren Kriminalisten und Rechtsmediziner die Todeszeit bestimmen können. Die sogenannten Totenflecken *(Livores)*, das Einsetzen der Totenstarre *(Rigor Mortis)* und die Abkühlung der Leiche *(Algor Mortis)*. Aber auch Fäulnis, Verwesung, Mumifizierung, Fettwachsbildung oder Tierfraß durch Insekten und Nager können uns Ermittlern sagen, wie lange ein Mensch schon tot ist.

Die Totenflecken sind das erste Todeszeichen, sie treten nach 20 bis 30 Minuten auf. Zunächst sind sie an den seitlichen Halspartien und dem Nacken festzustellen und bilden sich innerhalb von sechs Stunden auf dem ganzen Körper aus. Das Herz pumpt nicht mehr, das Blut bleibt in den Gefäßen stehen, die Schwerkraft lässt es absinken, und so entstehen Flecken.

Liegt eine Leiche auf dem Rücken, so werden sich die Totenflecken an den aufliegenden Körperpartien bilden. Hat sich jedoch ein Mensch erhängt, so finden sie sich an seinen Händen, seinen Unterarmen, den Füßen und den Unterschenkeln.

Die Totenflecke verraten uns manchmal auch etwas darüber, wie sich der Mörder nach der Tat verhalten hat. Zum Beispiel ob er die Leiche bewegt hat. Wird eine Leiche innerhalb von sechs Stunden umgedreht, so bilden sich an den jetzt unten liegenden Körperpartien neue Totenflecken, während die ursprünglichen vollständig verschwinden. Geschieht dies nach sechs Stunden, so verschwinden die zunächst entstandenen Leichenflecke nicht ganz. Die Leiche wird an ihrem Körper oben und unten Leichenflecken aufweisen, die einen etwas heller, die anderen dunkler. Nach zwölf Stunden verändern Leichenflecken sich dann gar nicht mehr.

Bald setzt auch die Fäulnis ein. Wärme und Feuchtigkeit lassen sie schnell voranschreiten, Kälte und Trockenheit verzögern sie. Beim Fäulnisprozess entsteht ein Geruch aus Ammoniak und Käse, so wie wir ihn jetzt auch im Haus und in der Wohnung von Hertha Mahlstedt vernahmen. Teile des Körpers verfärben sich durch die Fäulnis grün, nach drei bis fünf Tagen zeichnen sich die Venen wie ein Netz auf der Haut ab. Fäulnisgase treiben den Körper auf, Nägel und Haare lockern sich, die Organe zerfließen. Gleichzeitig verwest der Körper. Durch den Einfluss von Sauerstoff zerfällt das Gewebe, der Leichnam verströmt einen modrigen Geruch. Wie ein feuchter Waldboden riecht es dann.

Niemand kann ganz genau sagen, wann ein Mensch gestorben ist, wenn er selbst nicht dabei war. Und je später eine Leiche gefunden wird, desto schwieriger ist es, diese Zeit zu bestimmen. In dieser Hinsicht haben uns die Kommissare im Fernsehen einiges voraus. Manchmal wissen sie den Zeitpunkt des Todes fast auf die Minute genau. Egal wie lange die Leiche unbemerkt irgendwo gelegen hatte. Alles nur Fiktion, leider. Aber eine, die sich hartnäckig hält.

Ich bemerke das, wenn ich Drehbücher lese, die mir zur Prüfung geschickt wurden. Oft war ich dann verwundert, dass die Autoren trotz meiner Hinweise bei ihren konkreten Todeszeitangaben blieben. Bis mir klarwurde, dass ein « Tatort » nicht den Anspruch erhebt, ein Lehrfilm für den Kriminalistikunterricht zu sein. Und deshalb wird man auch weiterhin in Drehbüchern zum Beispiel den Satz lesen: « Der Tod trat zwischen 13.15 und 13.22 Uhr ein. » Zumindest aber werden nun ein paar mehr Zuschauer wissen, dass dies vielleicht am Sonntagabend um Viertel nach acht so gesagt werden mag, ganz sicher aber nicht im Alltag einer echten Mordkommission.

Bei Hertha Mahlstedt konnten wir den Zeitraum immerhin so weit eingrenzen, dass der Todeszeitpunkt vier bis sechs Tage zurücklag. Ich war dennoch damit nicht zufrieden. Konnte man den Todeszeitpunkt nicht doch etwas genauer fassen? Nicht auf die Minute, der Tag würde uns schon weiterhelfen. Wenn der Wissenschaft Grenzen gesetzt sind, muss man sich anders behelfen. An einem Tatort gibt es dafür viele Hinweise, man muss sie nur entdecken: die aufgeschlagene Fernsehzeitung, die jüngste Tageszeitung, der Poststempel auf der Stromrechnung, die noch im Briefkasten steckt, der letzte Eintrag im Tagebuch, das Datum auf dem Abreißkalender, das letzte Telefonat. Bei länger zurückliegenden Verbrechen können solche Details viel aufschlussreicher sein als die rechtsmedizinische Todeszeitbestimmung oder die Aussagen von Zeugen. Denn Zeugen können aus ganz unterschiedlichen Gründen etwas Falsches erzählen. Sie erinnern sich nicht richtig, verwechseln Termine, haben Lücken in der Erinnerung oder wollen einfach nicht die Wahrheit sagen. Der Sachbeweis ist für den Ermittler viel wertvoller als jeder Zeuge. Doch manchmal gibt es nur wenige Sachbeweise, und man ist auf Menschen angewiesen, die einem erzählen, was sie wissen und gesehen haben. Das macht die Arbeit etwas weniger kalkulierbar, aber auch umso spannender.

Auf Hertha Mahlstedts Wohnzimmertisch lag eine Fernsehzeitung, die tatsächlich aufgeschlagen war. Zu sehen war das Programm von Montag. Der älteste Brief in ihrer ungeöffneten Post im Briefkasten trug den Stempel vom selben Tag. Die geschlossenen Vorhänge waren ein Hinweis darauf, dass es draußen schon dunkel war. Auch der Bierdeckel in ihrer Socke konnte uns weiterhelfen. Sie hatte ihn wohl kaum mehrere Tage in der Socke herumgetragen. Spätestens bevor sie ins Bett gehen wollte, müsste sie ihn bemerkt haben. Das alles deutete darauf hin, dass Hertha Mahlstedt am Montag oder Dienstag der Vorwoche ermordet worden war. Diese Tage rückten nun ins Zentrum unserer Ermittlungen. Diese Tage waren der Schlüssel auf der Suche nach ihrem Mörder.

Was also hatte Hertha Mahlstedt an diesen Tagen gemacht? Wo hatte sie sich aufgehalten? Mit wem hatte sie Kontakt? Wer hatte ihr den Bierdeckel gegeben, und wo hat sie ihn sich in die Socke gesteckt? Es war spät geworden an diesem Tag. Um vier Uhr nachts fuhr ich mit meinem Wagen nach Hause. Bremen war wie ausgestorben. Das einzige, was sich bewegte, waren die Lichter der Ampeln. Im Radio lief das Nachtprogramm von Radio Bremen, Jazz, Ella Fitzgerald und Louis Armstrong, späte 50er. Ich mag diese Momente, allein im Auto, die schlafende Stadt, die beruhigende Musik, kein Gerede, kein Klingeln des Telefons. Das Adrenalin verflüchtigt sich, der Körper beruhigt sich, und die Gedanken werden grundsätzlicher.

Irgendwo da draußen, hinter einem dieser dunklen Fenster,

schläft der Mörder von Hertha Mahlstedt. Vielleicht ist er auch noch wach und grübelt, wann es wohl an seiner Tür klingeln wird. Die meisten Mörder werden überführt, und das wissen sie auch. Wohl keiner lebt nach seiner Tat so weiter, als sei nichts geschehen. Um halb fünf Uhr liege ich im Bett. Die Müdigkeit ist schließlich stärker als die Gedanken an diesen Fall, doch sie hält nur bis halb acht an, ich wache vor dem Klingeln des Weckers auf.

Zur Frühbesprechung im Konferenzraum ist nun die gesamte Mordkommission versammelt, 21 Männer, eine Frau. Der Kaffee schmeckt bitter, leichter Nieselregen fällt gegen die Scheiben, das gedämpfte Licht von draußen lässt unsere grauen Behördenmöbel noch trauriger erschienen. Wir bringen uns gegenseitig auf den neuesten Stand, berichten noch einmal detailliert die Fakten und verteilen die Aufgaben. Es geht um Montag und Dienstag, an einem dieser beiden Tage beging der Mörder seine Tat.

Zurück in meinem Büro, wartet dann die erste Überraschung dieses jungen Tages. Das Telefon klingelt, der Wirt einer Kneipe ist dran. Er ist offenbar volltrunken, auch schon zu dieser morgendlichen Zeit. Er gibt sich alle Mühe, dies zu überspielen, doch es gelingt ihm nicht recht. Dem Gelalle kann ich dennoch eine gewisse Brisanz entnehmen: Hertha Mahlstedt war in seiner Kneipe öfter zu Gast, dem «Pottkieker», der nur ein paar Minuten von ihrer Wohnung entfernt liegt. Zuletzt war sie vor ein paar Tagen da, und der Wirt erinnert sich sogar genau: Es war der Montag! Sie habe mal wieder viel zu viel getrunken, erzählt er, einen Korn nach dem anderen. Ein Problem, um das offenbar Wirt und Gäste gleichermaßen wissen und das die meisten von ihnen teilen.

Das Gespräch zieht sich in die Länge. Die Sprache des Wirtes wird immer langsamer, als würde er schon am Telefon beginnen, seinen Rausch auszuschlafen. Ich versuche, freundlich zu bleiben und geduldig. Ich presse den Hörer immer fester gegen mein Ohr, um ihn noch zu verstehen. Das Ohr wird am Ende des Gespräches puterrot sein.

Hertha Mahlstedt, erzählt der Mann, war eine fröhliche Frau. Sie «schnackte» gern und lachte viel. Mit dem Flirten am Tresen hielt sie sich meist zurück, nur an diesem Abend war es anders. Sie ist schnell mit einem gewissen Rolf ins Gespräch gekommen. Rolf ist etwa dreißig Jahre alt, klein und hat dunkle Haare. Er ist wohl früher zur See gefahren, er gibt sich zumindest als Steward aus. Je länger das Gespräch dauert, desto absonderlicher gerät die Geschichte. Rolf stehe im Verdacht, eine Straftat begangen zu haben, erzählt der Wirt. Er soll in einer anderen Gaststätte einen Hund gestohlen haben. Rolf bestreitet dies und behauptet, sein Zwillingsbruder sei es gewesen. Es geht noch einige Minuten lang um das verschwundene Tier, bis es mir gelingt, den Wirt gedanklich wieder in sein eigenes Lokal zu versetzen. Ich werde plötzlich hellhörig. «Die haben miteinander getuschelt», sagt der Wirt, und auch seine Stimme wird plötzlich leiser und mein Ohr noch röter. «Dann habe ich gesehen, wie Rolf Hertha heimlich einen Bierdeckel zusteckte. Hertha hat ihn uns aber gleich gezeigt. Mensch, ist der verlegen geworden. Wir haben uns tüchtig amüsiert, und ich hab noch gefrotzelt: Hertha, pass bloß auf, so einen Jungen kriegst du so schnell nicht wieder ab!»

Ich weiß nicht, wie lange wir nun schon telefonieren. Doch der Wirt kommt immer mehr ins Plaudern, und seine Stimme wird wieder ein wenig klarer. Hertha und Rolf haben bald das Lokal verlassen, erzählt er. Aber getrennt, erst Rolf, dann Hertha. Das Spiel funktionierte aber nicht. Als die Gäste und der Wirt aus dem Fenster guckten, sahen sie, wie sich Hertha bei Rolf unterhakte und beide torkelnd losstolzierten. Eine halbe

Stunde später habe dann das Telefon geklingelt, erzählt der Wirt weiter. Hertha sei dran gewesen und habe sich beklagt, dass der Typ bei ihr in der Wohnung sei und nicht verschwinden wolle. Er habe ihr dann ein paar Tipps gegeben und gesagt, sie könne sich ja wieder melden, falls noch was wäre.

Vermutlich weiß der angetrunkene Mann am anderen Ende der Leitung gar nicht, welch große Hilfe er ist. Ich verabschiede mich und hätte beinahe vergessen zu erwähnen, dass der Wirt demnächst ins Präsidium kommen müsse, um die Aussage zu Protokoll zu geben. Möglichst nüchtern, will ich noch sagen, doch da hat er schon aufgelegt.

Es gibt eine Eigenschaft, die ich mir im Laufe der Jahre intensiv antrainiert habe: Gelassenheit. Sie kämpft gegen das an, was man vielleicht Instinkt nennt oder Jagdfieber. Natürlich würde ich am liebsten ins Auto springen und zu Rolf Harms fahren. Ich würde ihn so lange mit Fragen nerven, bis er heulend den Mord gestehen würde. Ich würde die Wohnung nicht früher verlassen, bis ich seine Unterschrift auf dem handschriftlich notierten Geständnis hätte. Es wäre gelogen, würde ich behaupten, nie solche Gedanken zu haben. Aber Hitzigkeit ist Gift in unserem Beruf, das Gegengift ist Gelassenheit. Also setze ich mich aufs Fensterbrett und schreibe folgende Fragen in den Stenoblock:

Warum hat der Täter Hertha Mahlstedt ermordet?

Warum hat er die Frau gedrosselt und final erstochen?

Was bedeutet für ihn das Abschneiden des Ohres?

Die besten Antworten auf solche Fragen geben einem selten Verdächtige oder Menschen, die Verdächtige kennen. Die besten Antworten gibt ein stummer Zeuge: der Tatort. Er steht im Mittelpunkt meiner Arbeit als Fallanalytiker. Er ist meine Grundlage, er ist das Material, mit dem ich arbeite. Was das

Holz für den Schreiner ist, ist für mich der Ort, an dem der Täter Entscheidungen trifft, unglaublich viele in kürzester Zeit. Spuren an einem Tatort dokumentieren die Bedürfnisse eines Täters. Man muss lernen, die Spuren zu lesen. Das ist die größte Herausforderung für einen Profiler.

Die wesentlichen Informationen einer Tat sind aus dem Handeln des Täters und den Reaktionen des Opfers abzulesen. Dabei ist das Tatgeschehen ein dynamischer Prozess. Der Täter agiert, das Opfer reagiert, darauf kontert wiederum der Täter usw.

Das Ziel des Profiling ist, am Ende eine möglichst klare Vorstellung davon zu haben, was am Tatort geschehen ist. Wie ein Film muss es sich vor den Augen abspielen, und meine Aufgabe ist es, für diesen Film das Drehbuch zu schreiben. Dafür muss ich mir viele Fragen stellen. Die wichtigste ist: *Wie* hat der Täter die Tat begangen, und *was* hat er *warum* getan? Ist es mir erst einmal gelungen, mich dem tatsächlichen Tatablauf zu nähern, so ergibt sich daraus das Motiv des Täters. Und wenn es gut läuft, auch sein Profil.

Eine dieser Fragen kann zum Beispiel sein: Wie geht der Täter mit der Leiche um? Wir haben in der Operativen Fallanalyse dafür einige Kategorien aus Merkmalen gebildet, die wir immer wieder vorgefunden haben. Täter können aus unterschiedlichsten Motivationen heraus ähnliche Verhaltensweisen an den Tag legen. Dessen müssen wir uns immer wieder bewusst sein. Oft aber handeln sie sehr ähnlich, gerade weil sie gleiche Motive haben. Zum Beispiel wenn sie nach dem Töten ihr Opfer bedecken.

Das Abdecken einer Leiche nach der Tat kann unterschiedliche Gründe haben. Für einen dieser Gründe gibt es im Englischen ein treffendes und kurzes Wort: undoing. Der Versuch, die Tat emotional ungeschehen zu machen, sie wird symbolisch zurückgenommen, der Täter entschuldigt sich sozusagen posthum. Er hat ein schlechtes Gewissen.

Wir kennen das übrigens alle: Es gibt Situationen, die einen überfordern. Ein Streit, der sich hochschaukelt. Ärger oder Wut, die man nicht mehr im Griff hat. Man reagiert heftiger als sonst, man wird laut, brüllt, vielleicht rutscht die Hand aus. Und in diesem Augenblick höchster Erregung stellt sich ein anderes Gefühl ein: Schock und Betroffenheit über die eigene Reaktion. Man nimmt den anderen in den Arm, tröstet ihn und entschuldigt sich. Gleiches können im übertragenen Sinne auch die Täter tun, die einen nahestehenden oder vertrauten Menschen aus höchster Erregung heraus getötet haben. Und es im selben Augenblick schon wieder bereuen.

Findet man eine abgedeckte Leiche, kann man also möglicherweise ableiten: Es gab eine tiefere Beziehung zwischen Täter und Opfer, das Opfer war möglicherweise jemand ganz Besonderes für den Täter und das Motiv persönlicher Natur. Die Suche nach dem Täter muss also in der Familie oder dem Bekanntenkreis des Opfers erfolgen.

Es wäre allzu schön, würde Kriminalistik so einfach funktionieren. Aber nie gibt es klare Eindeutigkeiten, auch nicht bei einer abgedeckten Leiche. So zu handeln kann auch einen ganz anderen Grund haben: Der Täter möchte das Opfer verbergen, er will nicht, dass man es gleich findet. Oder er besitzt einen Rest von Anstand und bedeckt den toten Menschen aus Pietät, aus einem Gefühl der Würde heraus.

Der Täter kann also aus pragmatischen Gründen handeln oder aus speziellen, solchen Gründen, die sich aus dem Verhältnis zwischen Opfer und Täter ergeben. Genau in diese beiden Kategorien teilen wir die Entscheidungen des Täters am Tatort auf. Diese Art von Kategorisierung kann uns das Analysieren etwas leichter machen.

Bei den *pragmatischen* Entscheidungen steht die Frage nach dem Wie im Mittelpunkt, der *modus operandi*. Der Täter will die Tat ausführen, danach unerkannt bleiben und fliehen können. Um das zu erreichen, orientiert er sich an seinen bisherigen Erfahrungen. Er wird versuchen, seine Vorgehensweise zu optimieren und erfolgreich praktizierte Tatabläufe in seinem Repertoire zu bewahren. Unproduktive und risikoreiche Handlungen hingegen wird er nicht weiter anwenden. Er wird, wenn alles aus seiner Sicht gut läuft, von Mal zu Mal besser. Aus vielen echten und erfundenen Kriminalgeschichten wissen wir aber, dass eine solche Dynamik für den Täter auch gefährlich werden kann. Wie oft haben wir von Serienmördern gelesen, die sich am Ende ihrer Sache so sicher waren, dass sie übermütig wurden und Fehler machten.

Unter den *speziellen* Entscheidungen sind Handlungen des Täters am Tatort oder am Opfer zu verstehen, die z. B. für einen Mord oder eine Vergewaltigung nicht notwendig sind, für den Täter aber eine besondere Bedeutung haben. Im Fall von Hertha Mahlstedt haben wir es mit einer Reihe solcher Entscheidungen zu tun: Der Täter trennte ihr das Ohr ab, zerschnitt die Unterhose, spreizte ihre Beine. All das war nicht notwendig, um sie zu töten. *Warum* also hat der Täter es dann getan?

Auch um darauf eine Antwort zu bekommen, können wir auf alte Fälle zurückblicken. Wir können gleiche Motive erkennen und Kategorien bilden. Und dabei immer im Hinterkopf haben, dass jeder Täter auch wieder einzigartig ist. Viele Täter handeln aus einem inneren Zwang heraus, dem sie sich nicht entziehen können: Wut, Aggressionen, Hass, Reue, Macht, sexuelle Phantasien. Wenn ich aus den Spuren am Tatort ein solch ungewöhnliches Täterverhalten feststelle, dann sprechen wir Fallanalytiker von der *Personifizierung* des Täters. Zeigt der

Täter wiederholt das gleiche Verhalten, nennen wir es seine *Handschrift*.

Ich fahre noch einmal zur Wohnung von Hertha Mahlstedt. Ich will den Tatort ein zweites Mal auf mich wirken lassen und versuchen, mich in den Abend hineinzuversetzen, als Hertha Mahlstedt betrunken nach Hause zurückkehrte. Ich werde einige Stunden in der Wohnung verbringen, ich werde versuchen, ein wenig so zu sein wie der Täter, mich ein wenig so zu fühlen wie er.

In der Wohnung ist es still, der Gestank ist noch nicht aus den Räumen hinausgezogen. Nur einige schwarze Flecke zeugen davon, was hier in den letzten Stunden los gewesen ist: Das Rußpulver der Spurensicherung, mit dem Fingerabdrücke sichtbar gemacht werden. Ich setze mich auf das Sofa und blicke ins Zimmer. Dann versuche ich, einen Film vor meinen Augen abspielen zu lassen. Nach und nach nimmt das Szenario Gestalt an.

Hertha Mahlstedt hat nach dem Gaststättenbesuch den Täter mit in ihre Wohnung genommen. Dafür sprechen die Aussage des Wirtes, der Bierdeckel in der Socke, die aufgeschlagene Fernsehzeitung vom Montag, die am selben Tag abgestempelte Post im Briefkasten, die zugezogenen Gardinen, die fehlenden Spuren eines Einbruchs. Beide Personen hatten im Wohnzimmer am Couchtisch gesessen, Bier getrunken und mehrere Zigaretten geraucht. Auch diese Spuren sind eindeutig. Zu irgendeinem Zeitpunkt war es dann im Verhalten des Täters zu einer Veränderung gekommen. Das Geschehen eskalierte.

Ich notiere mir folgende Überlegungen in meinen Block:

Hatte sich der Täter von Hertha Mahlstedt Geschlechtsverkehr erhofft und deshalb das Präservativ bereitgelegt?

War deshalb der Streit entbrannt, sodass Hertha Mahlstedt beim Kneipenwirt anrief?

Hatte der Täter sofort zugeschlagen, sein Opfer missbraucht und getötet?

Diese Fragen kann ich noch nicht beantworten. Es sind Fragen, die ich Verdächtigen wie Rolf Harms stellen werde, sofern ich überhaupt mit ihm sprechen kann. Ich bin mir allerdings jetzt schon sicher, dass der Täter Hertha Mahlstedt mit voller Wucht ins Gesicht und gegen ihren Oberkörper geschlagen hat. Vermutlich verlor sie durch die Schläge sofort das Bewusstsein. Und vermutlich merkte sie so gar nicht, wie sie den Gürtel um ihren Hals geschlungen bekam. Woher aber kam der Gürtel? Aus der Hose des Opfers? Oder suchte der Täter erst in der Wohnung nach einem geeigneten Drosselwerkzeug und fand im Schlafzimmer den Metallbügel mit den Gürteln? Beim Umschlingen des Gürtels um den Hals war der Täter sehr überlegt vorgegangen. Er hatte das Gürtelende so durch die Schnalle gezogen, dass es sich nicht von allein lösen konnte.

Ich hielt die zweite Version für wahrscheinlich, da der offene Bügel mit den Gürteln in der ausgekippten Schublade auf dem Bett lag. Zog der Täter vielleicht erst danach Hertha Mahlstedt die Hose aus? Hatte er es mit Bedacht getan, da der Knopf der Hose am Bund nicht abgerissen war? Schob er dann Hertha Mahlstedt die Oberbekleidung über die Brüste, holte aus der Küche die Geflügelschere und das Messer und zerschnitt mit der Schere die Unterhose? Auch dabei war der Täter nicht überstürzt, sondern eher bedächtig und überlegt vorgegangen. Er hatte sich Zeit genommen. Zeit, die das Risiko erhöhte, entdeckt zu werden. Diese Handlungen mussten für den Täter eine besondere Bedeutung gehabt haben. Hatte ihn das langsame Schneiden sexuell erregt? Setzte der Täter sadistische

Phantasien um und stellte sich dabei vor, die Frau würde noch leben und sich wehren?

Dann spreizte er die Beine der Toten und positionierte die Füße auf die Sofalehne und den Rundhocker. Wollte er Hertha Mahlstedt damit zum sexuellen Objekt degradieren? Das müsste man als spezielle Entscheidung ansehen, denn sie war für die eigentliche Tat – die Tötung – nicht von Bedeutung. Hatte er sie aber so positioniert, um sie sexuell zu missbrauchen, dann wäre es als eine pragmatische Entscheidung zu bewerten. Der sexuelle Missbrauch gehört zur Tat. Wie ging es dann weiter? Öffnete der Täter nun seine Hose, riss die Präservativpackung auf, streifte sich das Kondom über und legte die Hülle auf dem Tisch ab?

Je näher ich dem möglichen Tatgeschehen komme, desto mehr Fragen ergeben sich. Es ist wie mit dem Felsen des Sisyphos. Der Berg, der zu erklimmen ist, scheint keinen Gipfel zu haben. Ich greife zum Stenoblock:

Weshalb benutzte der Täter überhaupt ein Kondom?

War zunächst doch einvernehmlicher Geschlechtsverkehr ausgemachte Sache gewesen?

Oder wollte der Täter Spermaspuren vermeiden?

Hatte er Angst vor AIDS?

Hatte er die Frau vergewaltigt, oder begnügte er sich mit dem Anblick des nackten Unterkörpers? Reichte ihm der Anblick der gespreizten Beine? Spuren eines sexuellen Missbrauchs waren bei der Obduktion nicht gefunden worden. Das heißt nicht, dass es keine Vergewaltigung gab. Ich kenne genügend Fälle, bei denen eine Frau vergewaltigt wurde, ohne dass sie erkennbare Verletzungen davontrug. Es gibt auch Täter, die Macht und Dominanz ausleben, ohne in den Körper des Opfers einzudringen. Manche macht der Stress impotent, sie befriedigen sich dann selbst, noch am Tatort oder zu Hause, wenn sie die Tat im Kopf noch einmal geschehen lassen.

Der Täter traf dann eine weitere Entscheidung. Zwischen den Beinen der Frau kniend oder hockend, beugte er sich über sie und stach ihr sechsmal mit der Geflügelschere in den Oberkörper. Das ergab sich aus dem Verlauf der Stichkanäle, die von oben nach unten in Richtung der Bauchhöhle gingen.

Konnte der Täter das Röcheln der sterbenden Frau nicht mehr ertragen?

Wollte er ganz sichergehen, dass sie starb?

Er veränderte seine Position, kniete sich neben den Kopf der Sterbenden und schnitt ihr das Ohr ab. Die Leiche ließ er liegen, wie sie war, die Beine gespreizt, in entwürdigender Stellung.

Wollte er Hertha Mahlstedt auf diese Weise erneut degradieren und zum Ausdruck bringen, dass sie nichts weiter als nur ein Sexualobjekt war?

Wollte er, dass gerade dieser Eindruck entstand, wenn die Tat entdeckt wurde?

Welches Bedürfnis stand dahinter?

Irgendwann hatte der Täter dann ein Glas Wasser zwischen die Beine von Hertha Mahlstedt gestellt. Auch dies ist eine Entscheidung, die der Täter getroffen hat. Auch sie hat einen Grund. War er praktischer Natur, oder war die Handlung eine Art Symbol?

Hatte er mit der Flüssigkeit die Scheide der Frau angefeuchtet, um leichter in sie eindringen zu können? Oder hatte er damit vielleicht symbolisieren wollen, dass Hertha Mahlstedt eine Trinkerin war? War es die Bewertung eines Lebensstils? War der Täter ein Moralapostel?

Das Wasserglas erinnert mich an einen anderen Fall. Auch da hatte der Täter eine Frau getötet, es war seine Lebensgefährtin. Auch er hatte ihre Beine gespreizt. Dann hatte er neben die Leiche eine geöffnete Flasche Bier gestellt und ihr eine Zigarette zwischen die Finger gesteckt. Es war Ausdruck seiner Verachtung für die Frau, die nach seinen Worten nur « rumhurte, soff und qualmte ».

Schließlich brachte der Mörder von Hertha Mahlstedt die Ohrmuschel und die blutigen Tatwerkzeuge in die Küche. Hier legte er die Geflügelschere und das Messer in die Spüle, wickelte dann das abgeschnittene Ohr sorgsam in das Handtuch und legte das Bündel auf die Tatwaffen.

Zum Schluss schien alles sehr schnell gegangen zu sein: Der Täter durchsuchte in großer Eile das Schlafzimmer nach Wertsachen, raffte seine Beute zusammen, verließ die Wohnung und schloss die Tür zweimal ab. Ich notiere in meinem Block nur ein einziges Wort: Warum?

Das abgeschnittene Ohr ist das große Rätsel in diesem Fall, es ist sein Geheimnis. Ich habe keine Erklärung dafür und kann mich auch an keinen Fall erinnern, in dem etwas Ähnliches passiert ist. Das Einwickeln des Ohres jedenfalls war auch eine bewusste Entscheidung des Täters. War es nur ein roher Akt der Verstümmelung? Vermutlich nicht. Es musste für ihn eine tiefer gehende Bedeutung gehabt haben. Handelte es sich um eine Bestrafung im weitesten Sinne? Andererseits könnte man das Einwickeln eher als Fürsorge verstehen, vielleicht sogar als Zeichen von Zuneigung? Wie aber passte das zu der entwürdigenden Lage, in der das Opfer zurückgelassen wurde? Und zum brutalen Abtrennen des Ohres? War das Einwickeln ein Akt der emotionalen Wiedergutmachung? Eine Art Entschuldigung? Das Rätsel war noch nicht gelöst. Aber ich spürte, dass wir die richtige Antwort immer enger umkreisten.

Es gibt weitere Fragen, die man als Fallanalytiker bei jeder Tat stellt. Sie waren auch wichtig im Fall von Hertha Mahlstedt. War es eine Neigungstat oder wurde sie eher spontan begangen? War sie von Wut und Alkoholkonsum geprägt? Von welchem Motiv gehe ich aus? Suche ich den Täter im Bekanntenkreis des Opfers? Gehe ich von einem Sexual- oder einem Raubmörder aus? Oder tötete er zur Verdeckung eines anderen Verbrechens, damit ihn das Opfer später nicht identifizieren konnte?

Alles sprach für eine ungeplante Tat. Das Geschehen in der Wohnung war eskaliert, aus welchem Grund auch immer. Die leeren Flaschen und Gläser, die Zigarettenkippen auf dem Couchtisch, all das sah nach einem gemütlichen Beisammensein aus und nicht nach einer ausgetüftelten Verbrechensplanung. Auch die Tatwaffen sprechen für diese Theorie. Sie stammten aus der Wohnung des Opfers, der Täter hat sie nicht mitgebracht. Wir nennen sie « Waffen der Gelegenheit ». Der Täter hatte auch keine Anstalten gemacht, die Tatspuren zu vernichten. Falls der in der Socke des Opfers steckende Bierdeckel von ihm stammte, bemühte er sich nicht einmal, seine Identität zu verbergen. Er hat weder Fingerabdrücke weggewischt noch die leeren Bierdosen, die Zigarettenkippen oder die Kondomhülle beseitigt. Vermutlich war auch er betrunken.

Mit einem Mord befriedigt der Täter in der Regel mehrere Bedürfnisse. In der Fallanalyse sprechen wir dann von einem Motivbündel. Die Art und Weise, wie sich der Täter mit dem Opfer auseinandersetzt, geben einen Hinweis auf sein vorrangiges Motiv. Welche Handlungen am Tatort oder an der Leiche sind für den Täter besonders wichtig gewesen? Mit welchen Tatsequenzen hat er sich besonders lange beschäftigt?

Der Täter hat Hertha Mahlstedt heftig ins Gesicht geschlagen. Das spricht eigentlich für eine sehr persönliche Motivation, für maßlose Wut und unbändigen Hass. Trotzdem glaubte ich nicht daran, dass es um heiße Emotionen des Täters gegangen war. Er hatte nichts persönlich gegen das Opfer. Die Tötung war zwar voller Gewalt, aber nicht exzessiv. Der Täter war nicht blind vor Wut. Er hat nicht wahllos auf sie eingeprügelt, das hätte man an den Verletzungen gesehen. Die Kleidung des Opfers war fein säuberlich zerschnitten, nicht wie im Kampf zerrissen. Die Schläge in das Gesicht sollten den Widerstand der Frau brechen und sie unter Kontrolle bringen. Es war nicht so, wie ich es aus einem anderen Fall kenne. Ein Täter, der seiner um viele Jahre älteren Lebensgefährtin das Gesicht zu einer blutigen Masse geschlagen, sie gewürgt, gedrosselt und mit sehr vielen Stichen getötet hatte, formulierte es so: «Ich wollte sie zerstören. Nichts an ihrem Gesicht sollte mich daran erinnern, wie sie einmal aussah.» Liegt ein solches exzessives Ausmaß von Gewalt vor, sprechen wir vom *Übertöten*, vom *overkill*.

Bei Hertha Mahlstedt wollte der Täter sicher sein, dass sie starb. Deshalb hat er sie erdrosselt und zusätzlich erstochen. Hatte er das Stöhnen und die einsetzenden Krampfanfälle der Sterbenden nicht länger ertragen? Oder wollte er verhindern, dass Hertha Mahlstedt ihn später als Täter identifizieren konnte? Ich gehe von beiden Möglichkeiten aus.

Auch die hochgeschobene Oberbekleidung, der entblößte Unterleib, die sorgsam zerschnittene Unterhose, die leere Präservativhülle und die beschämende Stellung des Opfers mit den gespreizten Beinen sagen etwas über den Täter aus. Es hat etwas mit devianter Sexualität zu tun, mit dem Ausleben von Macht, Dominanz und Erniedrigung. Warum sollte er sich sonst so viel Zeit genommen haben, die Unterhose so vorsichtig und zeitaufwendig zu zerschneiden? Vielleicht hatte er sich dabei vorgestellt, er würde es bei einem noch lebenden Opfer tun. Mich erinnert das an sexuellen Sadismus.

Welches Motiv aber überwog? Der klassische Sexualmörder ist der Täter nicht. Schon eher jemand, dem es möglicherweise Spaß bereitet, Frauen zu quälen. Und jemand, der schon mal einen Einbruch begangen hat, der Erfahrung damit hat. Wer sonst würde nach einer solchen Tat noch nach Wertgegenständen suchen?

Ich kann die tiefe Bedeutung dieser Tat noch immer nicht erkennen. Nach vier Stunden einsamen Grübelns verlasse ich den Tatort. Zu Hause glaube ich in meiner Nase und meiner Kleidung noch immer den Geruch von Fäulnis und Verwesung zu haben, der in Hertha Mahlstedts Wohnung liegt.

Am nächsten Morgen entdecke ich auf dem Schreibtisch die Akte von Rolf Harms, die Kollegen haben sie besorgt. Es sind die Ermittlungsunterlagen über die Tötung eines Jugendlichen. Im Urteil gegen Rolf Harms lese ich, dass er in einer kleinen Stadt an der Ostsee geboren ist. Er lebte dort bis zu seiner Festnahme Mitte der 90er Jahre. Seine Eltern schienen sich nicht besonders um ihn gekümmert zu haben, von Missbrauch und Alkoholismus ist die Rede. Als der Sportlehrer blaue Flecken und Kratzer auf Rolf Harms' Körper sah, wurde der schulpsychologische Dienst eingeschaltet. Es half nichts, die Eltern schlugen ihn weiterhin. Als Zehnjähriger lief er das erste Mal von zu Hause fort, es blieb nicht bei einem Versuch. Er übernachtete im Wald und in Scheunen, sammelte Beeren und Früchte, beging die ersten Diebstähle und holte nachts aus dem Stall der Eltern Tiere, die er schlachtete und im Wald aß. In der Schule fiel ihm das Lernen schwer, seine Mitschüler hänselten ihn. Einmal warfen sie ihn in eine Mülltonne und zündeten sie an. Er konnte sich gerade noch retten. Nachdem Rolf Harms in eine Schule für Lernbehinderte wechselte, wurden seine Noten besser. Er verließ die 9. Klasse mit einem Abgangszeugnis.

Sein weiteres Leben war geprägt von Alkohol und kleinkriminellen Vergehen. Er fand eine Clique, mit der er abends loszog und in Häuser einbrach. Er wurde zu mehreren Arrest- und Jugendstrafen verurteilt und lernte das Gefängnis kennen. Nach mehreren missglückten Versuchen, eine Lehre zu absolvieren, wurde er Seemann und arbeitete kurze Zeit als Steward auf einem Lotsenschiff. Schließlich fand er eine Anstellung als Decksmann auf einem Schiff, das auf dem Rhein Güter transportierte. Er gab sie jedoch recht schnell wieder auf, weil er sich mit dem Kapitän zerstritt. Danach hatte er keine neue Arbeit gefunden, er lebte von nun an von Sozialhilfe. In dieser Zeit steigerte sich sein täglicher Alkoholkonsum auf bis zu zwei Flaschen Korn. Als Rolf Harms 18 Jahre alt war, lernte er eine 16-jährige Sonderschülerin kennen, die bald von ihm ein Kind erwartete. Bis zur Geburt des zweiten Kindes lebte die Familie bei seinen Schwiegereltern, danach bezog sie eine eigene Wohnung.

Die Tat geschah kurz vor der Hochzeit: Rolf Harms tötete einen 16-jährigen Jungen. Er war allein zu Hause gewesen, als er vom Sozialamt die Sozialhilfe abgeholt und für seinen Schwager einen Wurfstern gekauft hatte. Er suchte eine Gaststätte auf, trank dort bis Mitternacht, ehe er sich ziemlich betrunken auf den weg nach Hause machte. Gegen halb zwei in der Nacht kam er an dem Gelände einer Kfz-Werkstatt vorbei, auf dem der Jugendliche und ein älterer Freund versuchten, Autos aufzubrechen.

Rolf Harms überraschte die beiden, schüchterte sie mit seinem Fahrtenmesser und dem Wurfstern ein und verlangte von ihnen, sich ihm anzuschließen und ihn auf einer nächtlichen

Beutetour zu begleiten. Er nannte seinen Namen und behauptete, sich in der Gegend gut auszukennen. Nachdem mehrere Versuche misslungen waren, Autos und Zigarettenautomaten aufzubrechen, klappte es schließlich bei einem Opel Rekord, die Beute waren allerdings nur Kleinigkeiten. Die Jungen waren trotzdem von Rolf Harms fasziniert, gleichzeitig hatten sie Angst vor ihm. In der späteren Gerichtsverhandlung sagte der Ältere: «Ich hatte so etwas vorher noch nie erlebt. Ich kannte das nur aus Filmen. Richtig lässig ist der aufgetreten.» Der Ältere hatte aber bald die Lust an weiteren Unternehmungen verloren. Er ging nach Hause, während Rolf Harms den Jüngeren aufforderte zu bleiben. Die beiden fuhren zu einem Baggersee, wohl um zu baden und mit dem Wurfstern zu üben. Ich frage mich, ob Homosexualität eine Rolle spielte? Die Situation war dann aus irgendeinem Grund eskaliert: Rolf Harms erdrosselte seinen Begleiter mit einem Seil und warf ihn ins Wasser.

Die Leiche war bereits wenige Stunden später, am frühen nächsten Morgen, gefunden worden. Recht schnell war den Polizisten klar, dass es kein Badeunfall gewesen sein konnte. Sie entdeckten die sogenannte Drosselmarke am Hals, Fesselspuren an den Waden und eine stark blutende Wunde am linken Handgelenk, drei Zentimeter tief, quer zu den Adern verlaufend. Es sah so aus, als habe der Täter in die Pulsadern des jungen Opfers geschnitten, um es verbluten zu lassen. Die Polizei suchte ein Jahr lang vergeblich nach dem Täter. Erst als sich der Freund des toten Jungen bei der Polizei meldete und sich plötzlich an den Namen des nächtlichen Bekannten erinnerte, geriet Rolf Harms unter Tatverdacht.

In der Vernehmung hatte Rolf Harms zunächst über Gedächtnislücken geklagt, nachweislich das eine oder andere Mal gelogen und war nur bereit, das zuzugeben, was ihm ohnehin bewiesen werden konnte. Schließlich hatte er jedoch einge-räumt, dem Jugendlichen ein Lasso über den Kopf geworfen und dieses versehentlich zugezogen zu haben. Es sei ein Aben-teuerspiel gewesen, eine harmlose Sache an sich. Er habe es dann nicht mehr rechtzeitig geschafft, die Schlinge zu öffnen. Was danach noch alles passiert sei, daran könne er sich nicht er-innern. Er sei sich aber sicher, dass der Junge noch gelebt habe, als er gegangen sei. Den Tod des Jungen habe er nicht gewollt, versicherte Rolf Harms. Ein tragischer Unfall sei das gewesen.

Auch in der Gerichtsverhandlung blieb Rolf Harms bei der Version des Unfalls. Er behauptete, die Kriminalbeamten hätten seine Angaben «falsch aufgeschnappt». Das Gericht glaubte ihm nicht und verurteilte ihn wegen Totschlags zu neun Jahren Gefängnis. Ausschlaggebend war der Sachverständige aus der Rechtsmedizin: Mindestens drei Minuten, sogar eher länger, sei das Seil um den Hals des Jungen zugezogen gewesen. Das sei nur mit großem Kraftaufwand möglich gewesen. Und alles spreche dafür, dass Rolf Harms den Sterbenden ins Wasser ge-worfen habe.

Nach seiner Haftentlassung ist Rolf Harms nach Bremen ge-kommen. Hier lebte er zunächst in einem Heim für entlassene Strafgefangene und bestritt seinen Lebensunterhalt mit So-zialhilfe. Sechs Monate vor dem Mahlstedt-Mord ist ihm eine eigene Wohnung zugewiesen worden.

Die Kollegen holen mich zum Mittagessen ab. Ich habe gar nicht bemerkt, wie schnell die Zeit vergangen ist. Aktenlesen ist manchmal wie die Lektüre eines spannenden Buches. Man verliert sich in der Phantasie, in Bildern, in Vorstellungen. Wäh-rend ich auf einem etwas zähen Stück Wiener Schnitzel herum-kaue, denke ich weiter über Rolf Harms nach. Gibt es zwischen diesen beiden ungewöhnlichen Verbrechen Parallelen? Spre-chen wir von ein und demselben Täter?

In beiden Fällen geht es um Erdrosseln oder, wie es in der kriminalistischen Fachsprache heißt, um einen Angriff gegen den Hals. Hatte Harms das langsame Sterben des Jugendlichen nicht mehr ausgehalten, die einsetzenden Krampfanfälle, die Schnappatmung? Wollte er den Tod beschleunigen? Hatte er deshalb versucht, den jungen Mann durch den Schnitt in den Unterarm verbluten zu lassen? Hatte er ihn ins Wasser geworfen, damit er ertrank? War dies alles nicht ganz ähnlich wie der Tod von Hertha Mahlstedt? Wollte nicht auch hier der Täter den Tod durch die Stiche erzwingen, nachdem er sein Opfer zunächst zu erdrosseln suchte? War es das Muster, wie Rolf Harms tötete? War es seine Handschrift?

Wie aber war Rolf Harms beizukommen? Er würde, sofern er tatsächlich der Täter war, in einer Vernehmung die Tat bestreiten. So wie er es auch vor vielen Jahren gemacht hat und einen tragischen Unfall vorgeschoben hat. Wie konnte ich erreichen, dass er überhaupt mit mir sprach, von einem Geständnis ganz zu schweigen? Wo musste ich bei Rolf Harms ansetzen, damit ich überhaupt eine Chance hatte? Wie war die beste Taktik?

Meist entscheiden die ersten Minuten einer Vernehmung darüber, ob ich mit einem Verdächtigen ins Gespräch komme oder nicht. In Filmen gibt es dafür den bad cop und den good cop. Sie spielen den Verdächtigen mit ihrer Gut-und-Böse-Strategie an die Wand, sodass er nach ein paar Minuten zusammenbricht und alles gesteht. So ist das im Film. In der Wirklichkeit ist es anders. Da bin ich zum Beispiel oft alleine, wenn ich einen Verdächtigen oder einen Zeugen vernehme. Und ich versuche, immer ruhig und freundlich zu sein, selbst wenn die Vernehmung stundenlang dauert. Ich will eine Beziehung zu meinem Gegenüber aufbauen, und dafür sind Aggression und Konfrontation keine guten Methoden.

Beschuldigte, manchmal auch Zeugen, haben in der Regel ein anderes Interesse als die Polizei. Während ich die Tat aufklären möchte, ist dem Beschuldigten selten daran gelegen, die Tat einzugestehen. Doch oft spielen auch Schuldgefühle oder Reue eine Rolle. Und wenn diese Gefühle bei meinem Gegenüber überhaupt erkennbar sind, muss ich sie noch stärker hervorlocken. Deshalb muss ich eine Gesprächsatmosphäre schaffen, in der sich der Beschuldigte verstanden fühlt, als Mensch respektiert, egal was er getan hat. Ich versuche, auch meinen Tonfall, die Stimmlage und mein nonverbales Verhalten meinem Gegenüber anzupassen. Mein Ziel ist es, den Beschuldigten zum Reden zu bringen und das Gespräch andauern zu lassen. Verweigert ein Beschuldigter die Aussage, ist die Vernehmung nach wenigen Sekunden vorbei. Der New Yorker Vernehmungsspezialist Gennaro Giorgio hat es einmal so formuliert: «Je entspannter Beschuldigte sind, desto mehr reden sie, und je mehr sie reden, desto eher geraten sie in Schwierigkeiten – desto schwieriger ist es, eine Lüge aufrechtzuerhalten.» Lügen sind anstrengend, besonders wenn sich der Täter merken muss, was er bereits alles gelogen hat.

Die psychologische Forschung hat herausgefunden, welche Methoden bei Vernehmungen funktionieren und welche nicht. Die Gründe, warum ein Täter gesteht, hängen ganz entscheidend von der Art seines Verbrechens ab. Sexualstraftäter und Kinderschänder bewegen sich häufig zwischen Gefühlen von Schuld, die sie zu einem Geständnis drängen, und schlechtem Gewissen, die dies verhindern. Um ihnen zu helfen, ihre Scheu zu überwinden, muss ich mich sensibel verhalten, Menschlichkeit zeigen, auf ihre Gefühle und Bedürfnisse eingehen und vor allem wertende Äußerungen über die Tat vermeiden. Das ist nicht immer leicht, denn eine grausame Tat hinterlässt immer Gefühle, auch bei Polizisten, die schon lange im Dienst sind.

Doch diese Emotionen dürfen mich nicht leiten, ich muss sie abschalten. Wenn sich der Täter nicht von mir verstanden fühlt, wird er kein Geständnis ablegen. Und auch nicht, wenn er sich vor mir fürchtet.

Zuallererst aber muss Rolf Harms damit einverstanden sein, sich mit mir abzugeben. Es geht gar nicht darum, dass er sogleich die Tat gesteht. Wenn er mit mir spricht, wird er vermutlich Ausreden und Erklärungen suchen, die ich dann überprüfen kann. Menschen, die komplexe Geschichten erfinden, verstricken sich häufig in ihren Lügen. Lügen haben kurze Beine, das kann ich aus meiner Praxis durchaus bestätigen.

Ich setze mich kurz mit meinen Kollegen der Fahndung zusammen und bitte sie, nach Rolf Harms zu suchen. Es dauert nicht lange, bis er in den frühen Abendstunden in seiner Wohnung vorläufig festgenommen werden kann. Er öffnet in Unterhosen die Tür. Er habe geschlafen und die Klingel nicht gehört, erzählt er. Als ihn die Beamten in mein Zimmer bringen, bin ich über sein Aussehen erstaunt. Ich kenne zwar das Foto seiner erkennungsdienstlichen Behandlung und weiß, dass er nur knapp 1,70 Meter groß ist, doch so schmächtig und unscheinbar habe ich ihn mir nicht vorgestellt. Zugleich ist er sportlich und drahtig. Der Pony seiner dunklen Haare fällt ihm in sein schmales Gesicht, der Oberlippenbart ist kurz geschnitten. Er trägt ein rotes Sweatshirt, Jeans und Turnschuhe. Dieser unscheinbare Mann soll zwei Menschen getötet haben?

Sein Blick ist lauernd, er mustert mich abschätzend, es ist kein offenes Gesicht. Wird es mir gelingen, zu Rolf Harms genau diese persönliche Beziehung aufzubauen, die ich für ein Geständnis brauche? So, wie es mir bei anderen Verdächtigen schon oft gelungen war? Ich habe meine Zweifel. Ich muss an ein in die Enge getriebenes Raubtier denken, wenn ich mein

Gegenüber so ansehe. Die tiefbraunen Augen starren mich an und lassen mich nicht aus dem Blick. Jede meiner Bewegungen, jede Änderung meiner Mimik wird von ihnen sofort erfasst. Gleichzeitig scheint mir Rolf Harms eine Art Schutzwall um sich aufgebaut zu haben, hinter dem er nur ab und an hervorlugt.

Die Vernehmung ist geprägt von Misstrauen und Vorsicht. Ich überlege, wie ich mich diesem Menschen nähern kann, wie ich sein Misstrauen überwinden und seine Bereitschaft wecken kann, sich mit mir zu unterhalten. Doch seine Antworten bleiben einsilbig, selbst dann, als ich ihm sage, er sei verdächtig, Hertha Mahlstedt getötet zu haben. «Nö! Kenne die Frau nicht! Was wollt ihr von mir?»

Ich erkläre ihm seine Rechte. Es ist meine Pflicht, das zu tun. Die Strafprozessordnung schreibt vor, dass man dem Beschuldigten zunächst erklären muss, welches Delikt man ihm vorwirft. Ein solcher rechtlicher Hinweis ist wichtig, damit der Beschuldigte die Bedeutung des Vorwurfs begreift. Bei Rolf Harms ist es Mord, genauer gesagt der Vorwurf eines Sexual- und Raubmordes. Ich gebrauche ganz einfache Worte: «Wir werfen Ihnen vor, Hertha Mahlstedt getötet zu haben.» Jeder Beschuldigte kann sich dann entscheiden: Ob er aussagt oder die Aussage verweigert. Er kann sich jederzeit mit einem Anwalt besprechen, auch vor dem Beginn der Vernehmung. Bereits jetzt und nicht nur vor Gericht hat er das Recht, Beweiserhebungen zu beantragen, die seine Unschuld untermauern könnten. Polizei, Staatsanwaltschaft und Gericht sind verpflichtet, diese Hinweise objektiv zu überprüfen. Es scheint fast ein Widerspruch zu sein: Diejenigen, die den Beschuldigten aufgrund von Indizien verfolgen, sind zugleich auch eine Art Anwalt für ihn: Sie müssen zumindest alles, was zu seiner Entlastung beitragen könnte, genauso ernsthaft und vehement verfolgen wie jene Beweise, die für seine Schuld sprechen. Denn das höchste Ziel eines Ermittlungsverfahrens ist nicht die Verurteilung. Das höchste Ziel ist, so genau wie möglich die Tatumstände festzustellen; die Wahrheitsermittlung. Wir leben in einem Rechtsstaat.

Rolf Harms macht von seinen Rechten Gebrauch. Er kennt sie ja bereits aus dem letzten Verfahren gegen ihn. Und so fordert er, während er noch immer lauernd auf dem Holzstuhl vor mir sitzt, seinen Rechtsanwalt zu informieren. Nach einer halben Stunde klopft es an der Tür des Vernehmungszimmers, und ein Mann in dunklem Anzug tritt ein, es ist der Jurist. Ich führe die beiden in ein Nebenzimmer und lasse sie allein. Die Unterredung dauert nur wenige Minuten. Rolf Harms sagt, er werde unsere Fragen beantworten. Aber nur mündlich, «sonst schreibt ihr ja doch nur, was ihr wollt». Ich verstehe die Logik seiner Erklärung nicht, doch jetzt kann ich ihm Fragen stellen. Mehr hatte ich zunächst nicht erhofft.

Was aber ist die beste Methode, um von einem Menschen, der eigentlich nicht reden will, möglichst viele Informationen zu bekommen? Ich versuche es mit der freien Rede. Ich bitte Rolf Harms, einfach zu erzählen, was er zu jener Zeit getan und wo er sich aufgehalten hat. Ich denke, so würde ich am schnellsten mit ihm ins Gespräch kommen. Ich liege falsch. Statt einer freien Rede von Rolf Harms höre ich mich plötzlich selbst reden, eine Frage nach der anderen. Die Antworten sind kurz und stereotyp. Rolf Harms sagt, er kenne weder das Opfer noch die Gaststätte: «Bin viel in Kneipen unterwegs, aber den Laden kenn ich nicht. Und die Frau auch nicht!» Ich zeige ihm ein Foto von Hertha Mahlstedt und achte auf seine Reaktion. Sie ist wie alle anderen: ein Blick, abweisend und lauernd. Nach einigen Minuten räumt er ein, dass er irgendwann einen Bierdeckel mit seinem Namen und der Bitte, ihn doch anzurufen, geschrieben habe. Er habe ihn aber einer jungen und attraktiven Friseurin zugesteckt, die auf ihn abgefahren sei. «Ich hab keine Probleme, jemanden fürs Bett zu kriegen. Zuletzt war's eine Kollegin von dir!» Darauf reagiere ich mit einem Blick, leer und abweisend. Es wird Rolf Harms nicht gelingen, mich so plump zu provozieren. Wie Hertha Mahlstedt in den Besitz des Bierdeckels gekommen ist, kann er nicht erklären. «Ihr glaubt doch wohl nicht, dass ich mit einer solch alten Dame losgehen würde!»

Das Gespräch ist nicht ergiebig, aber es fällt eines auf: Sind die Fragen allgemeiner Natur, so äußert sich Harms ausführlich und gestenreich. Geht es um die Tat, fallen die Antworten knapp aus. Seine Körpersprache reduziert sich auf ein Minimum. Die Stimme verrät mehr Spannung, die Stimmlage wird höher. Rolf Harms fühlt sich offensichtlich nicht wohl in seiner Haut, wenn ich diese Fragen stelle. Und er lügt.

Es gibt keinen wissenschaftlichen Beweis dafür, dass Lügner eindeutig an nonverbalen Signalen erkannt werden können. Es gibt leider keine Nase, die länger wird, wenn jemand nicht die Wahrheit sagt, wie bei Pinocchio. Aber es gibt ähnliche Hinweise. Obwohl sich Rolf Harms bei seinen Antworten um Gelassenheit und Unerschrockenheit bemüht, gelingt es ihm nicht. Er bemüht sich zu viel. Je länger die Vernehmung dauert, desto mehr beginnt er zu zittern. Er raucht eine Zigarette nach der anderen. Im Zimmer steht bereits der Qualm. Ich gehe in die Offensive und spreche ihn darauf an. Warum er so zittere? Warum er so viel rauche? Ob ihn wohl die Situation so sehr belaste? Ob er unter Entzug leide? Ich frage ganz freundlich, ganz unbefangen. Die Antworten klingen fast gereizt. Rolf Harms sagt, er habe schon seit zwei Tagen keinen Alkohol mehr getrunken. Ich frage ihn, ob er einen Kaffee möchte. Harms bejaht. Und tatsächlich, sein Zittern schwindet. Vielleicht auch weil ich die unangenehmen Fragen kurz gehalten habe. Rolf Harms beruhigt sich.

Als wir nach seinem Alibi fragen, überlegt er nicht lange: «War bei meinem Stiefvater. Eigentlich ist er nur der frühere Freund meiner Mutter. Der wird mir schon aus der Patsche helfen.» Den Namen will er uns nicht nennen: «Ich will ihn da nicht mit hineinziehen.» Erst als sein Anwalt interveniert, ist er dazu bereit. Doch dann fügt er hinzu: «Es kann sein, dass ich auch gegen 22 oder 23 Uhr gegangen bin.» Er sei blau gewesen, so sehr, dass er sich an seinem Fahrrad festhalten musste.

Er sei auf jeden Fall direkt nach Hause gegangen. Nein, eine Gaststätte habe er nicht mehr besucht. Den Vorschlag, mit dem Wirt und den Gästen eine Gegenüberstellung zu machen, lehnt Rolf Harms ab. Er behauptet auf einmal, für die kritische Zeit einen Filmriss zu haben. Er könne sich an nichts mehr erinnern. Dieses Verhalten kommt mir bekannt vor. Auch bei der Vernehmung nach dem Tod des Jugendlichen hatte er bei seiner Vernehmung so argumentiert. Sitzt also vor mir ein Mörder? Ich informiere meine Kollegen über den bisherigen Verlauf der Vernehmung und bitte sie, den angeblichen Stiefvater zur Dienststelle zu holen.

Weitere Fragen machen keinen Sinn, wir drehen uns nur noch im Kreis. So beende ich gegen 21 Uhr unser Gespräch. Auch wenn Rolf Harms kein Geständnis abgelegt hat, so ist seine Vernehmung nicht ohne Sinn gewesen. Er hat Angaben gemacht, die wir nun überprüfen können. Zusammen mit einem Kollegen bringe ich Rolf Harms zum Polizeigewahrsam in einem Nebengebäude des Polizeipräsidiums. Ich brauche jetzt erst einmal frische Luft. Die Zellen sind zu dieser Uhrzeit noch allesamt leer. Hier soll Rolf Harms die Nacht verbringen. Am nächsten Tag wird ein Richter entscheiden, ob gegen ihn ein Untersuchungshaftbefehl erlassen wird.

Harms' Stiefvater ist inzwischen eingetroffen. Während ich mich im Polizeigewahrsam von Rolf Harms verabschiede und ihm die Hand gebe, beginnen meine Kollegen damit, mit dem Zeugen das Alibi zu besprechen. Mit wenig Erfolg, denn auch dieser Mann hat ganz offensichtlich ein massives Alkoholproblem. Wie sehr er sich auch anstrengt, den Tattag zu erinnern, es gelingt ihm nicht. Er zittert, er schwitzt und bittet um ein Bier. Wir können ihm keines geben. «Vielleicht war er da, vielleicht aber auch nicht. Ist doch ständig gekommen, und die Tage sehen alle gleich aus. Häufig ist er auch nachts geblieben, wenn wir gut zugelangt hatten. Was er sonst so macht, weiß ich nicht. Er fährt viel mit seinem Fahrrad umher.» Dann blickt uns der Mann aus rot unterlaufenen Augen treuselig an. Es ist nicht gerade der Tag der grandiosen Vernehmungen.

Was haben wir nun am Ende dieses Tages? Die Aussage eines mehr oder weniger betrunkenen Gastwirtes, die zum Bierdeckel aus der Socke von Hertha Mahlstedt passt. Einen Beschuldigten ohne festes Alibi. Und einen Zeugen, der sich an nichts erinnern kann. Kein Geständnis. Wir brauchen Beweise, keine Frage.

Ich überlege, welche Ansätze es gibt, diese Beweise zu finden. Was ist zum Beispiel aus dem Schmuck geworden, der aus der Wohnung von Hertha Mahlstedt zu fehlen scheint? Liegt er bei Rolf Harms? Das erfahren wir nur, wenn wir seine Wohnung durchsuchen. Die Wohnung ist ein geschützter Raum, der dem Einzelnen im Hinblick auf seine Menschenwürde die freie Entfaltung seiner Persönlichkeit ermöglicht. Niemand darf ungefragt die Wohnung eines anderen betreten, das legt sogar das Grundgesetz fest. Außerdem gelten für uns Polizisten weitere Beschränkungen: Vom 1. April bis 30. September darf ich eine Wohnung von 21 Uhr abends bis vier Uhr morgens – in den anderen Monaten sogar bis sechs Uhr morgens – nur dann durchsuchen, wenn ein Täter auf frischer Tat verfolgt wurde und die Gefahr besteht, dass ohne Hausdurchsuchung Beweise verloren gehen könnten, oder zum Beispiel ein entwichener Gefangener festgenommen werden soll. « Gefahr in Verzug » heißt diese Ausnahmegenehmigung. In allen anderen Fällen muss ein Richter genehmigen, dass man ungefragt eine Wohnung betritt. Das Ergebnis ist ein Durchsuchungsbeschluss. Auch das kennt man aus dem Fernsehen, wenn der Kommissar mit einer Menge von Kollegen vor einer Tür steht, dem verdutzten Beschuldigten einen roten Zettel vors Gesicht hält und, ohne abzuwarten, die Schwelle der Haustür übertritt.

Ich habe Glück, zu dieser späten Stunde noch einen Richter zu erreichen. Und so dauert es nur wenige Minuten, bis der Jurist entscheidet, dass wir die Wohnung durchsuchen dürfen. Zwei Stunden später kehren meine Kollegen zurück zur Dienststelle. Sie sehen zufrieden aus. Auf einem Sideboard haben sie einen Bierdeckel mit dem Namen des Wirtes und der Telefonnummer vom « Pottkieker » gefunden. Unter dem Teppich neben dem Bett lagen drei noch originalverpackte Präservative. Sie tragen die Chargennummer CH: D059362, Gen. Nr. 204–015. Es ist derselbe Code, der auf der Präservativhülle am Tatort stand. Es ist wieder einmal einer dieser Durchbrüche, die jeder Fall braucht, damit man nicht die Motivation verliert. Obwohl es mittlerweile schon später Abend ist, bitte ich einen Kollegen aus der Kriminaltechnischen Untersuchungsstelle, kurz KTU, ins Büro, damit er die beiden Verpackungen untersucht. Wenig später klopft er an meine Tür. Er grinst. Bei der mikroskopischen Untersuchung der Hüllen hat er festgestellt, dass sich an einer der beiden Abrisskanten noch ein kleiner Rest einer anderen Hülle befand. Genau dieses Stück fehlt bei der Verpackung vom Tatort. Beide Hüllen waren also ursprünglich verbunden gewesen.

Auch der daktyloskopische Sachverständige ist noch spät am Abend zurück ins Büro gekommen, der Mann, der sich mit Fingerabdrücken auskennt. Auch er hat Erfolg. Er vergleicht den gesicherten Handballenabdruck, den man auf dem Couchtisch gefunden hat, mit der Handfläche von Rolf Harms. Treffer: Rolf Harms hat die Spur seiner linken Hand am Tatort hinterlassen. Er ist in der Wohnung von Hertha Mahlstedt gewesen, ohne Zweifel.

Obwohl Fingerabdrücke als Beweismittel etwas altmodisch erscheinen, sind sie noch immer einer der besten und sichersten Beweise einer Ermittlung. Durch das Berühren von Gegenständen mit der Haut entsteht ein sichtbares oder unsichtbares Abbild der Hautleisten. Bei der Spurensuche macht der Polizist, der darauf spezialisiert ist, mit Rußpulver den für das menschliche Auge nicht immer erkennbaren Abdruck sichtbar. Das Abbild wird mit durchsichtiger Klebefolie von dem Gegenstand abgezogen und auf eine Spurenkarte geklebt. Die Natur hilft uns Ermittlern in diesem Fall mit dem Nachweis.

Die Hautleistenbilder eines Menschen oder *Papillarleistenbilder*, wie sie in der Fachsprache heißen, bleiben von der Geburt bis zum Tod immer gleich. Sie sind individuell und nicht vererbbar. Es gibt keine zwei Menschen mit identischen Hautleistenbildern. Selbst eineiige Zwillinge haben unterschiedliche anatomische Merkmale auf Fingern, Händen, Zehen und Füßen. Es ist wie ein individueller Barcode, den uns die Natur mitgegeben hat.

Dass Rolf Harms also zweifelsfrei in der Wohnung von Hertha Mahlstedt gewesen war, ist noch kein Beweis dafür, dass er die Frau auch getötet hat. Aber der Verdacht lag auf der Hand. Deshalb erlässt ein Haftrichter am nächsten Morgen Haftbefehl gegen Rolf Harms, wegen des Verdachts auf Totschlag.

Rolf Harms wird vom Polizeigewahrsam in die Untersuchungshaft verlegt. Das gibt uns mehr Zeit und Ruhe, weitere Beweise
gegen den Beschuldigten zu suchen. Uns muss dies in den
nächsten Tagen gelingen, denn sicherlich wird sein Anwalt die
Rechtmäßigkeit der Haft prüfen lassen.

Ich erinnere mich an einen Fall, der ganz ähnlich war. Alles
sprach für einen der Beschuldigten als Täter, überführen konnten wir ihn dennoch nicht. Das sollte mir nicht noch einmal
passieren. Damals hatte am Bremer Hauptbahnhof ein älterer
Mann in den frühen Abendstunden einen Strichjungen angesprochen und war mit ihm zu einer Bushaltestelle gegangen.
Das war von zwei anderen Männern beobachtet worden, die
ebenfalls ein Auge auf den Jungen geworfen hatten. Wenige
Stunden später wurde der ältere Mann totgeschlagen in seiner
Wohnung aufgefunden. Unsere Ermittlungen ergaben, dass er
gegen Mitternacht noch eine Gaststätte aufgesucht und Bier getrunken hatte. Er war alleine gewesen. In der Wohnung des Toten fanden wir den Abdruck einer Handfläche, genauso wie in
der Wohnung von Hertha Mahlstedt. Er ließ sich keiner Person
zuordnen. Als Täter sahen wir den unbekannten jungen Mann
vom Bahnhof an, dessen Namen wir nicht ermitteln konnten.
Wir konnten den Fall damals zu keinem Ende bringen. Jahre
später überprüfte ein daktyloskopischer Sachverständiger erneut die Tatortspuren. Dieses Mal mit Erfolg. Der Abdruck war
identisch mit der Handfläche eines Mannes aus der Stricher-
szene, der viele hundert Kilometer von Bremen entfernt lebte.
Als wir sein Foto den beiden Zeugen von der Bushaltestelle
zeigten, erkannten sie ihn als den Begleiter des Ermordeten
wieder. Der Fall schien klar, obwohl der Verdächtige in der Vernehmung behauptete, noch nie in Bremen gewesen zu sein und
erst recht nicht das Opfer zu kennen.

Als ich ihm erklärte, dass sein Handflächenabdruck in der Wohnung des Opfers gefunden wurde, änderte der junge Mann seine Taktik. Auf einmal behauptete er, dort gewesen zu sein, bestritt aber, den Mann getötet zu haben. Sein Gastgeber habe Sex mit ihm haben wollen, während er nur Essen und einen Schlafplatz gesucht hatte. Gegen Mitternacht sei der Mann ohne ihn in eine Kneipe gegangen. Er sei in der Wohnung geblieben. Allerdings nur kurz. Er habe nach Geld gesucht, es gefunden und sei abgehauen. Ich konnte damals diese Version nicht widerlegen, obwohl ich sicher war, dass sie nicht stimmte. Aber außer dem Handflächenabdruck hatte ich keine weiteren Beweise. Ich musste den jungen Mann gehen lassen. Die Tat ist bis heute nicht aufgeklärt.

Die Orte, an denen wir den entscheidenden Beweis finden können, sind nicht so zahlreich. Die Wohnung von Rolf Harms steht im Mittelpunkt. Wir müssen sie nochmals durchsuchen, und diesmal will ich dabei sein. Mit drei Kollegen fahre ich spät am Abend in Harms' Wohnung. Ein größeres Zimmer mit Kochnische und Bad. Spartanisch möbliert, ein Bett, Tisch, Sessel, zwei Stühle, ein offener Raumteiler, alles aufgeräumt und erstaunlich sauber. In dem Raumteiler stecken mehrere zusammengefaltete Zettel. Sie tragen das Datum vom Vortag des Verbrechens. Auf einem steht:

«Liebe Mutti, Hilde und Renate! Es tut mir sehr leid, dass ich heute Euch das letzte mal schreibe! Mama < Ich > mak Dich sehr gehrne, auch meine Geschwister! < Ich > sage danke für alles! In Liebe Dein Sohn Rolf Harms.

P. S.: Das < Ich > Rolf Harms in mein Todesfall eine Seebeerdigung haben möchte.»

In seiner Hilflosigkeit rührt mich der Text. Die ersten Zeilen sind noch gut zu lesen, dann verschlechtert sich die Schrift von Seite zu Seite. Offenbar war der Schreiber betrunken, von Minute zu Minute mehr. Noch etwas fiel auf: Immer wenn der Verfasser von sich sprach, hatte er das Wörtchen Ich in Anführungszeichen gesetzt. Wollte Rolf Harms sich selbst umbringen? War dies der Entwurf eines Abschiedsbriefs? Er hatte von Lebensmüdigkeit nichts erwähnt in seiner Vernehmung. Er hatte ja auch nicht depressiv gewirkt, ganz im Gegenteil. Fast krampfhaft war er darum bemüht, Optimismus und Lebensfreude zu bekunden.

Nachdenklich stehe ich mit den Zetteln in der Hand am Raumteiler, während meine Kollegen das kleine Zimmer durchsuchen. Einer von ihnen stößt auf einen aufgerissenen Plastikbeutel, der auf dem Kleiderschrank liegt. Darin stecken ein Silberputztuch und ein goldener Ohrstecker mit einer Perle. In einer Plastikschale im oberen Fach des Kleiderschranks liegt noch anderer Schmuck: mehrere Silberketten, zwei Herrenarmbanduhren, ein Medaillon mit einem türkisfarbenen Stein. Rolf Harms klaute, daran gibt es keinen Zweifel. Aber ist dies der Schmuck der Ermordeten? Dann machen wir noch einen anderen Fund: In einem Sessel finde ich zwischen Sitzkissen und Rückenlehne ein Bund mit vier Sicherheitsschlüsseln. Wir stecken sie in das Haustürschloss, sie passen nicht. Sollte es sich hier um Hertha Mahlstedts verschwundene Schlüssel handeln? Ist das der endgültige Durchbruch?

Es wäre gelogen, würde ich behaupten, in solchen Momenten nicht unglaublich aufgeregt zu sein. Ich kann mich noch heute erinnern, wie ich vor Hertha Mahlstedts Wohnungstür stand und mit zitternder Hand einen Schlüssel nach dem anderen ausprobierte. Beim dritten schnappte das Schloss auf. Ein Sachverständiger für Werkzeugspuren stellt später noch fest, dass ein weiterer Schlüssel zu dem von den Spurensuchern ausgebauten Schloss der Wohnungstür passt. Der Kreis hat sich geschlossen: Rolf Harms muss etwas mit dem gewaltsamen Tod von Hertha Mahlstedt zu tun haben.

Als ich in Harms' Wohnung zurückkomme, zeigen mir die Kollegen, was sie noch gefunden haben. Sie hatten begonnen, die Möbel auseinanderzubauen. In einem Hohlraum unter dem Bodenbrett des Raumteilers fanden sie weiteren Schmuck: eine Perlenkette, einen Ohrstecker mit drei kleinen Türkiskugeln und einen dazu passenden Kettenanhänger mit 17 Perlen. Ich rufe die Geschwister der Toten an und bitte sie, sofort ins Präsidium zu kommen. Ich zeige ihnen den Schmuck, doch ihre Kommentare sind enttäuschend. «Ja, doch, so ähnlichen Schmuck hatte sie!» Ähnlich ist eine Kategorie, die man als Kommissar nicht mag. Ähnlich ist eine Ahnung, aber kein Beweis. Mit ähnlich kann ich nichts anfangen

Vielleicht hat Hertha Mahlstedt die Quittungen von dem Schmuck aufgehoben, vielleicht konnte man so den Nachweis führen. Ich fahre also wieder in ihre Wohnung. Ich finde keine Quittungen, nicht einmal den Kassenzettel eines Supermarktes. Ich finde dafür etwas anderes. Im Schrank liegen mehrere Fotoalben: Relikte aus besseren Zeiten. Die Bilder zeigen eine fröhliche Frau, deren frisches Gesicht noch nicht vom Alkohol gezeichnet ist. An ihrer Seite sieht man oft einen Mann, die beiden wirken glücklich zusammen. Auf mehreren Bildern trägt Hertha Mahlstedt Schmuck. Er ist dem sehr ähnlich, den wir bei Rolf Harms sichergestellt haben. Ich rufe den Polizeifotografen an. Er nimmt die Bilder mit ins Labor und macht von ihnen Ausschnittsvergrößerungen. Zusammen mit dem gefundenen Schmuck zeige ich die Detailbilder einem Juwelier, der als Sachverständiger für das Gericht arbeitet. Kurze Zeit später meldet sich Hertha Mahlstedts Schwester und bringt ein weiteres Schmuckstück vorbei, das sie beim Ausräumen der Wohnung gefunden hat: einen zweiten goldenen Ohrstecker mit drei Türkisperlen. Der Gutachter arbeitet schnell, sein Ergebnis ist eindeutig: «Die beiden Ohrstecker bilden ein Paar.» Und auch der fotografische Nachweis gelingt. «Bei dem Anhänger auf dem Foto handelt es sich mit großer Wahrscheinlichkeit um den vorliegenden Kettenanhänger. Die drei Schmuckstücke bilden ein Ensemble.»

Es ist wie in einer Zirkusarena, in der wir nach und nach Gitter für Gitter um Rolf Harms zu einem Käfig herumbauen. Für ihn wird es von Minute zu Minute schwerer werden, einen Ausweg zu finden. Am Ende wird er hoffentlich erkennen, dass es keinen mehr gibt. Der Käfig ist dann fertig gebaut. Doch noch sind wir nicht so weit.

Wir besuchen den Wirt, der sich betrunken bei mir gemeldet hatte. Und auch bei einigen Gästen, die an jenem Abend in der Kneipe waren, klingeln wir an der Haustür. Wir zeigen ihnen nacheinander neun Fotos von Männern, die sich einigermaßen ähnlich sehen. Alle zeigen auf das Bild von Rolf Harms und sagen, dies sei der Mann gewesen, der Hertha Mahlstedt den Bierdeckel zugesteckt und vor der Kneipe auf sie gewartet hatte.

Rolf Harms aber erkennt den Käfig nicht, der sich nach und nach um ihn schließt. Er bestreitet die Tat. Ich besuche ihn zweimal in der Untersuchungshaft und erzähle ihm von den neuen Beweisen. Er bleibt einsilbig und schweigt irgendwann ganz. Über seinen Anwalt beantragt er dennoch die erwartete Haftprüfung. Sein Ziel ist es, aus der Haft entlassen zu werden. Dafür muss er den Richter überzeugen, dass der Verdacht gegen ihn gar nicht so groß ist, wie wir ihn darstellen.

Der Anwalt führt in seiner Eingabe an, dass der auf dem Couchtisch gefundene Handflächenabdruck auch bei einem früheren Besuch seines Mandanten in der Wohnung zurückgeblieben sein könnte; auch der in der Socke gefundene Bierdeckel sowie die leere Kondomhülle seien keine eindeutigen Beweise, da sein Mandant das Präservativ der Frau « in einer suffseligen Stimmung » in der Kneipe zugesteckt haben könnte. Doch die Einwände zeigen in der mündlichen Anhörung keine Wirkung. Der Richter entscheidet, dass der Beschuldigte weiterhin in der Untersuchungshaft bleiben muss. Harms wird unruhig. Er entwickelt eine neue Idee, dem fast geschlossenen Käfig doch noch zu entfliehen.

Von der neuen Idee erfahre ich nur, weil sich ein Mithäftling bei uns meldet, dem sich Harms anvertraut hat. Es kommt eher selten vor, dass die Lösung eines Falles im Gefängnis geschieht; normalerweise verhindert dies das ungeschriebene Knastgesetz des Schweigens. Und darauf dürfte Harms auch vertraut haben. Die Insassen fühlen sich unter Gleichen, sie haben viel Zeit zum Nachdenken und brauchen, wie wohl jeder Mensch, andere, denen sie ihre tiefsten Gedanken anvertrauen können. Vielleicht wollen sie sich auch nur in den Vordergrund spielen, wenn sie über ihre Taten sprechen. Dabei vergessen sie, dass Knastfreundschaften nicht unbedingt echte Freundschaften sind. Wer für sich einen Vorteil herausholen kann, wird die Freundschaft gering achten oder sogar verraten.

Auch Harms' Knastkumpel erhofft sich Vorteile, als er sich kurz vor seiner Entlassung aus dem Gefängnis mit einem Beamten des Betrugskommissariats in Verbindung setzt. Als ich zur Vernehmung hinzugezogen werde, erklärt mir der Exhäftling, dass Harms und er gemeinsam eine Zelle bewohnten. « Er war gar nicht mein Typ! » Dennoch hätten sie sich nach und nach über die Taten ausgetauscht, die ihnen vorgeworfen wurden. Und dann erzählte Harms von einem Plan und bat seinen neuen Knastfreund um Hilfe. « Ich sollte nach meiner Entlassung seinen Stiefvater und Zechkumpan aufsuchen und ihn zwingen, ein Geständnis zu unterschreiben.» Darin sollte dann geschrieben stehen, dass der Mann eine Frau mit einem Gürtel erdrosselt und auch erstochen habe. Der Freund aus dem Knast sollte dafür 2000 Mark bekommen, die er sich aus der Wohnung des Stiefvaters holen sollte. Harms habe ihm noch erzählt, dass er aufpassen müsse: Neben der Wohnungstür sei ein Baseballschläger deponiert, unter dem Couchtisch ein Revolver mit Klebeband befestigt.

Der Mann erzählt weiter, welche Geschichte uns Rolf Harms nun präsentieren wollte: Er habe zunächst bei seinem Stiefvater Bier getrunken. Irgendwann seien die Vorräte ausgegangen. Er habe sich auf den Weg gemacht, um Nachschub zu holen. Zufällig sei er in einer Kneipe gelandet, in der « ordentlich was los» gewesen sei. Eine Frau habe wohl Gefallen an ihm gefunden und mit ihm geflirtet. Mit ihr sei er gegen Mitternacht auf dem Weg zu ihrer Wohnung gewesen, als sie auf der Straße seinen Stiefvater trafen. Der sei auf der Suche nach ihm gewesen, nachdem ihn der Bierdurst nach draußen getrieben hatte. In der Wohnung der Frau sei dann die Party weitergegangen. Als er dann bemerkt habe, dass die Frau den Stiefvater interessanter gefunden habe als ihn, sei er schließlich nach Hause gegangen. Den Schmuck der Frau habe « der wahre Mörder» später dann in Harms' Wohnung versteckt, heimlich, versteht sich.

Die Geschichte ist absurd. Und doch ist es rein theoretisch möglich, dass es genauso passiert ist. Das ist ein Problem für uns Ermittler. Denn in unserem Rechtsstaat gilt das Prinzip: Nicht der Angeklagte muss seine Unschuld beweisen, sondern Polizei und Staatsanwaltschaft müssen seine Schuld nachweisen. Täter, die ein Verbrechen leugnen oder die Aussage darüber verweigern, können häufig nur dann überführt werden, wenn die Summe aller Beweise keine Zweifel an ihrer Schuld zulässt. Ein Gericht darf einen Angeklagten nur dann verurteilen, wenn es nach der Bewertung aller Beweise zu der Überzeugung gekommen ist, dass es absolut keinen Zweifel an der Schuld des Angeklagten gibt. Gibt es begründete Zweifel, darf das Urteil nur Freispruch lauten.

Gibt es kein Geständnis oder Zeugen, die die Tat eindeutig beobachtet haben, versuchen wir Ermittler eine sogenannte Indizienkette zu erarbeiten. Die einzelnen Beweise werden dabei wie die Glieder einer Kette miteinander verbunden. Es darf keine Lücke geben. Am Ende muss ein logisches Bild der Tat entstehen, das keine Zweifel mehr zulässt. Eine solche Kette zusammenzubauen ist sehr anspruchsvoll. Wir dürfen uns dabei nur von Fakten leiten lassen, nicht vom Jagdeifer. Gewinnt der Jagdeifer die Oberhand, kann man sich leicht in eine Idee verrennen, und die Ermittlungen enden in einem «kriminalistischen Supergau». Ich habe das selbst in einem Fall schmerzlich erlebt. Besser gesagt ein von mir zu Unrecht verdächtigter Mann.

Eine über 70 Jahre alte Geschäftsfrau war in ihrem Tante-Emma-Laden erdrosselt und sexuell missbraucht worden. An ihrer Kleidung fanden wir eine geringe Menge von Sperma und blaue Fasern einer Jeanshose. Bald war ein Nachbar der Ermordeten der Hauptverdächtige. Er hatte häufig bei ihr Bier und Schnaps gekauft und hatte Schulden bei ihr. Seine Blutgruppe stimmte mit den Spuren am Tatort überein. Die DNA-Analyse war erst im Entstehen und half uns bei der Beweisführung zunächst nicht weiter. Als auch die Fasern seiner Jeans dieselben Merkmale wie die am Tatort gesicherten Stoffreste aufzuweisen schienen, war für mich der Fall klar: Der Nachbar hatte die Frau getötet. Ich war überzeugt, wir hätten genügend Beweise, um auf das Geständnis des Täters verzichten zu können.

Der Mann kam für mehrere Wochen in Untersuchungshaft.

Daran änderte auch ein DNA-Test nichts, den ich in England in Auftrag gegeben hatte. Es war das erste Mal, dass in Deutschland dieses Verfahren in einem Strafprozess angewendet wurde. Das Ergebnis entlastete den Verdächtigen. Doch das Labor machte einige methodische Fehler, was mich an der Seriosität des Untersuchungsergebnisses zweifeln ließ, so auch den Haftrichter des Amtsgerichts. Dennoch konnten wir nicht genügend Beweise finden, der Mann wurde wieder aus der Haft entlassen. Er blieb weiterhin der Hauptverdächtige für mich. Erst fast zwanzig Jahre später kam die Wahrheit ans Licht: Der Mann war unschuldig. Als überraschend noch unverbrauchtes Spurenmaterial gefunden wurde, hatte ich nochmals eine DNA-Analyse in Auftrag gegeben, deren Zuverlässigkeit heute unbestreitbar ist. Wir erstellten eine neue Fallanalyse, und die Kollegen von der Mordkommission ließen einen DNA-Massentest unter den damaligen männlichen Nachbarn durchführen. Der Test lieferte einen Treffer. Der Täter war der Enkel der besten Freundin des Opfers. Er wurde festgenommen und wegen Mordes zu lebenslanger Haft verurteilt.

Ich hatte mich geirrt und einem Unschuldigen fast 20 Jahre lang das Leben schwergemacht. Es ist das, was einem Ermittler eigentlich nicht passieren darf. Was aber dennoch passiert, da wir auch nur Menschen sind, die manchmal mehr auf ihr Gefühl als auf ihren Verstand hören. Es war ein wahrer Gang nach Canossa, als ich mich damals mit einem Präsentkorb, Bier und Zigaretten zu ihm auf den Weg machte, um Abbitte zu leisten und mich bei dem Mann und seiner Frau entschuldigte. Ich war überrascht und gerührt von seiner Reaktion: keine Vorwürfe, keine Wut. Stattdessen nur die Bitte, den Balkon mit Blumen zu bepflanzen. Ein paar Tage später leuchteten rote Geranien in den Kästen.

Sieben Monate nach dem Mord an Hertha Mahlstedt findet vor dem Landgericht Bremen die Verhandlung gegen Rolf Harms statt. Ein würdiger Ort, um über Schuld oder Unschuld eines Menschen zu entscheiden. Das 1895 im Historismus fertiggestellte Gerichtsgebäude fällt schon von der Straße aus durch seine aufwendigen und schönen handwerklichen Arbeiten auf. Während Häupter von griechischen Göttern, Löwen und regenwasserspeienden Drachen auf dem Dachgesims dem Betrachter zunächst einen bedrohlichen Eindruck vermitteln, zeugen wuchtige Rundtürme aus Sandstein, Bogenfenster, Reliefs und Glasmosaiken sowie Ornamente von dem baulichen Verständnis der kaiserlichen Zeit. Über dem Eingang sind in Glasmosaik die Zehn Gebote dargestellt, auch Symbole der Schifffahrt und des Handels sowie das Hansewappen geben dem Gebäude eine historische Schwere und Würde.

Obwohl ich schon so oft in dieses Gebäude gegangen bin, überkommt mich jedes Mal ein Gefühl der Ehrfurcht, wenn mir ein Wachtmeister die schwere Eichenholztür zum Saal 218 öffnet. Der Schwurgerichtssaal ist das Prunkstück dieses Monumentalbaus. Auf gut 200 Quadratmetern konnte sich im Saal verewigen, wer als Handwerker im damaligen kaiserlichen Bremen Rang und Namen hatte. Und so entstand ein architektonisches Kleinod mit Kassettendecke, dekorativer Tuchware mit wiederkehrender und in sich verschlungener Ornamentik als Tapetenersatz. In die mannshohe Eichenvertäfelung sind Darstellungen geschnitzt, die die sieben Todsünden Wollust, Zorn, Neid, Habgier, Völlerei, Neid und Hochmut sowie die Tugenden Weisheit, Tapferkeit und Fürsorge kunstvoll symbolisieren. Zwei reifenförmige Deckenleuchten mit acht Glaskugelpaaren sowie die feine Bleiverglasung mit den Butzenscheiben spenden warmes Licht in dem gut fünf Meter hohen Raum.

Doch für diese Schönheiten habe ich an diesem Tag keinen

Blick. Ich konzentriere mich stattdessen auf die Stimmung im Gerichtssaal. Ich versuche zu erahnen, was hier bisher thematisiert wurde. Ich durfte bislang nicht teilnehmen, da ich ein Zeuge des Verfahrens bin. Zeugen dürfen vor ihrer Aussage nichts über die Inhalte der Verhandlung wissen, bis sie befragt werden.

Mein Platz ist in der Mitte des Raumes. Ich sitze auf einem ebenso bequemen wie schlichten Eichenstuhl. Vor mir steht auf einem Tisch ein Mikrophon. Ich schaue mich im Saal um: Zu meiner Linken sitzt auf einer einfachen Bank Rolf Harms, hinter ihm und eine Stufe höher als er seine Verteidigerin. Harms schaut mich interessiert und nachdenklich an, sein Blick ist nun weniger lauernd als vielmehr gespannt. Ihm gegenüber, zu meiner Rechten, ist der Vertreter der Staatsanwaltschaft platziert, ebenfalls erhöht auf einer Stufe. Vor mir und etwa zehn Meter entfernt thronen die mit schwarzen Roben bekleideten Vertreter des Schwurgerichts, drei Berufsrichter und zwei Schöffen sowie – ein wenig abgesetzt – der Protokollführer. Sie überragen mich, den Angeklagten und die Anwälte, da sie noch eine Stufe höher sitzen. Auf gleicher Höhe wie die Zuschauer. Es ist eine psychologisch ausgefeilte Sitzordnung. Das Volk ist der Souverän. In seinem Namen werden die Urteile gesprochen werden. Deshalb sitzt es am höchsten.

Nur wenige Zuschauer sind gekommen. Ich erkenne einige Gäste aus dem « Pottkieker ». Andere sind Stammgäste im Gerichtssaal, Rentner zumeist, die sich so ihre Zeit vertreiben. Ich kenne sie aus anderen Verfahren.

Der Vorsitzende Richter fragt nach meinen Personalien, dem familiären Verhältnis zum Angeklagten und erinnert mich an meine Wahrheitspflichten als Zeuge. Er fordert mich auf, einfach zu erzählen. Ich berichte von unseren Ermittlungen, den Vernehmungen, den Beweisen, die wir zusammengetragen haben. Danach haben Verteidiger und Ankläger das Recht, Fragen zu stellen. Der Staatsanwalt hat keine. Die Anwältin von Rolf Harms lässt sich von mir noch einmal schildern, unter welchen Umständen ich den Wohnungsschlüssel des Opfers gefunden habe. Das ist ihre einzige Frage.

Das Gericht verzichtet darauf, mich zu vereidigen. Bei Polizeibeamten wird das ohnehin selten gemacht. Man geht wohl davon aus, dass sie eher die Wahrheit sagen als andere Zeugen. Ich bin mir allerdings nicht sicher, was ich von dieser Einschätzung halten soll. Ich kann nun als Zuhörer bei der Verhandlung bleiben. Wenn ich Zeit habe, nutze ich diese Möglichkeit gerne. Denn es ist eine Chance dazuzulernen. Ich erfahre, wie meine Beweisführung von den anderen Verfahrensbeteiligten gesehen wird. Wo sie schlüssig ist und wo es Brüche gibt. Ob ich Schwächen übersehen habe, ob gewisse Indizien auch anders interpretiert werden können, als ich und meine Kollegen das getan haben.

Ich hoffe vor allem, spätestens vor Gericht eine Antwort auf die immer noch ungelöste Frage zu bekommen: Warum hat Rolf Harms seinem Opfer das Ohr abgeschnitten? Doch meine Hoffnung wird nicht erfüllt. Die Verstümmelung wird vom Staatsanwalt als ein « völlig sinnloses Vorgehen » bezeichnet, der Psychiater möchte einen « sadistischen Hintergrund » nicht ausschließen. Die Antworten finde ich nicht überzeugend.

Im Laufe der Verhandlung erkenne ich aber, welche Prozessstrategie die Verteidigerin gewählt hat. « Ich habe die Frau nicht angefasst », sagt Rolf Harms, und das nicht nur einmal. Er räumt nun ein, Hertha Mahlstedt in einer Gaststätte zufällig getroffen und sie nach Hause begleitet zu haben. Sie habe ihn gebeten, mit in die Wohnung zu kommen, da sie Angst vor ihrem Freund gehabt habe. Doch in der Wohnung sei kein anderer Mann gewesen. Wenige Minuten später habe ihn die Frau gebeten zu gehen, da sie noch Besuch erwarte. « Als ich ging, da hat sie noch gelebt », sagt Rolf Harms.

Die Verteidigerin fügt in ihrem Plädoyer hinzu, dass Hertha Mahlstedt häufiger Männer mit nach Hause genommen habe. Für den Abend habe sie tatsächlich noch den Besuch ihres Freundes erwartet. « Warum soll nicht einer ihrer Männer auch einen Wohnungsschlüssel gehabt haben? » Sie fordert deshalb Freispruch für ihren Mandanten. Die Staatsanwaltschaft aber hält die Höchststrafe von 15 Jahren für Totschlag für angemessen. Größer könnte der Unterschied in der Bewertung der Beweise nicht sein.

Einen Tag später verurteilt das Schwurgericht Rolf Harms wegen Totschlags zu 15 Jahren Freiheitsstrafe. Die Richter sind davon überzeugt, dass Rolf Harms die Frau getötet hat. Die Indizien hätten für sich gesprochen. Unsere Kette hatte gehalten. Obwohl die Verteidigung kräftig daran gezerrt hatte, war sie nicht gerissen.

Gegen dieses Urteil legt die Verteidigerin beim Bundesgerichtshof Revision ein, mit Erfolg. Doch die neue Verhandlung entwickelt sich zu einem Fiasko für ihren Mandanten. Das neue Gericht bewertet die Tat am Ende als Totschlag in einem besonders schweren Fall. Der Täter habe sein Opfer vernichten wollen, die Tat sei besonders verwerflich, sagen die Richter in ihrem Urteil. Ein Schuldspruch, der nach dem Gesetz mit einer lebenslangen Freiheitsstrafe zu ahnden ist. Doch die Richter halten Rolf Harms zugute, dass er wegen des Alkohols im Blut nicht genau wusste, was er tat. Man spricht von einer « erheblich eingeschränkten Steuerungsfähigkeit », ein Täter ist dann nur bedingt schuldfähig. Das Strafmaß wird auf 15 Jahre reduziert. Die Richter ordnen außerdem die Unterbringung in einem psychiatrischen Krankenhaus an. Es ist eine Alternative zum regulären Gefängnis, für jene Menschen, die aufgrund einer psychischen Erkrankung die Tat begangen haben. Im Urteil ist zu lesen, Rolf Harms sei «als Folge seiner Kindheitsgeschichte neurotisch gestört und in diesem Sinne psychisch krank». Fortan gilt Rolf Harms außerdem als Mann, der für die Allgemeinheit gefährlich ist und dem weitere vergleichbare Taten zuzutrauen sind.

Damit folgt das Gericht den Gutachten von zwei psychiatrischen Sachverständigen. Sie fanden bei Rolf Harms zwar keine Anzeichen von Schwachsinn, Schizophrenie, affektiven Psychosen oder hirnorganischen Erkrankungen vor, jedoch eine äußerst ausgeprägte Form der dissozialen Persönlichkeitsstörung. Rolf Harms empfindet wenig Empathie für andere Menschen, missachtet alle sozialen Regeln, gesteht nie selbst Schuld ein, sondern verschiebt die Verantwortung gerne auf andere und ist unfähig, aus eigenen Erfahrungen zu lernen. Zwei Aspekte der psychiatrischen Diagnose finde ich besonders spannend: Frauen erlebe Harms als überlegen; seine Mutter als übermächtig. Das Abschneiden des Ohres weise auf eine stark sadistisch-sexuelle Störung hin.

Rolf Harms nimmt das Urteil scheinbar gelassen hin. Er verzichtet auf weitere Rechtsmittel, sodass es bereits eine Woche nach dem Richterspruch rechtskräftig wird. Juristisch gesehen ist der Fall abgeschlossen, für uns ist es ein Erfolg. Unsere Indizienkette hat ein zweites Mal gehalten, der Mörder von Hertha Mahlstedt hat seine Strafe bekommen.

Und dennoch lässt mich der Fall nicht los. Es ist das abgeschnittene Ohr, das immer wieder in meine Gedanken zurückkehrt. In den folgenden Jahren absolviere ich meine Ausbildung als Fallanalytiker und interessiere mich immer mehr für das Verhalten von Tätern bei Tötungsdelikten. Es reicht mir nicht mehr, Täter zu überführen und den Fall mit seinem Geständnis abzuschließen. Ich will mehr über die Motive erfahren, über das Was und Warum einer Tat. Gleichzeitig fasziniert mich die Vorstellung, dass das Motiv des Täters an den Spuren am Tatort zu erkennen sei. Nach über zehn Jahren als Fallanalytiker kann ich heute sagen, dass dieser Ansatz im Wesentlichen stimmt: Wer die Spuren am Tatort lesen kann, wird viel über den Täter und sein Motiv erfahren.

Als ich meine ersten Erfahrungen als sogenannter Profiler gemacht habe, lasse ich mir eines Tages die Akten von Rolf Harms noch einmal kommen. Ich will sie mit den neuen Ansätzen begutachten, die ich in der Fallanalyse gelernt habe. Ich suche noch immer die Antworten auf zwei Fragen: Warum hat der Mann auf diese ungewöhnliche Weise zwei Menschen getötet? Und welche Symbolik stand hinter dem abgeschnittenen Ohr? Ich hoffe, die Antworten von ihm selbst zu bekommen.

Als ich Rolf Harms das erste Mal in der forensischen Psychiatrie aufsuche, liegt die Tat mit Hertha Mahlstedt gut zehn Jahre zurück. Mit meinem Besuch komme ich auch seinem Wunsch nach, den er mir einige Zeit zuvor bei einem zufälligen Treffen in der Klinik mitgeteilt hatte: «Kommen Sie doch mal vorbei; ich möchte etwas mit Ihnen besprechen!»

Rolf Harms lebt seit der Revisionsverhandlung mit über hundert Patienten in der auch als Forensik bezeichneten Einrichtung. Seine Abteilung ist in eine Krankenhauslandschaft mit Einrichtungen für Unfallchirurgie, Anästhesie, Geriatrie, Innere Medizin, Neurologie und Psychiatrie eingebunden. Die Forensik ist von den anderen Kliniken allerdings räumlich abgesetzt. Sie liegt inmitten einer großzügigen Parkanlage mit altem Baumbestand.

Die Klinik kann auf eine lange Tradition zurückblicken: 1909 wurde das «Verwahrhaus für verbrecherische Geisteskranke» gebaut, damals noch vor den Bremer Stadttoren. Der Name drückte ganz gut die damalige Haltung gegenüber gefährlichen Straftätern aus: Man wollte sie aus der Gesellschaft für immer entfernen, wegschließen, verwahren. Es ist interessant, dass vor einigen Jahren der damalige Bundeskanzler Gerhard Schröder genau diese Haltung wieder zum Leben erweckte. Er forderte, Sexualstraftäter wegzusperren, « am besten für immer ». Er ignorierte, dass die Gesellschaft ihren Umgang mit psychisch kranken Straftätern längst verändert hatte: Besserung bewahrt vor Rückfällen, heißt die psychiatrische Devise. Es geht um weit mehr als nur um Verwahrung.

Dieser Wandel führte dazu, dass 2006 die Forensische Klinik erweitert wurde. Nun können die Patienten ihren Schulabschluss nachholen oder Angebote der Beschäftigungs- und Arbeitstherapie wahrnehmen. Auch das Gebäude hat sich in seinem Aussehen den neuen Ansprüchen angepasst: Es ist nun ein Kubus im Bauhausstil und in warmem Terrakottaton gestrichen. Der obligatorische Stacheldraht ist sogenannten Glasabweisern gewichen – die Umschreibung für unzerstörbares Panzerglas, eine fünf Meter hohe, erdfarben gestrichene Mauer wurde als Schutz gebaut. Büsche und Rosenbeete wurden überall auf dem Klinikgelände gepflanzt und säumen das Areal ein.

Rolf Harms kann diesen schönen Anblick nur selten direkt erleben. Er gilt als therapieresistent, als einer, « bei dem Hopfen und Malz verloren ist », wie er selbst es beschreibt. Sein Leben beschränkt sich deshalb seit mehreren Jahren auf die Räumlichkeiten der sogenannten Long-Stay-Station; eine Einrichtung für Patienten, die wegen ihrer Gefährlichkeit wahrscheinlich nie wieder in die Freiheit entlassen werden können: Wohntrakt, Werkstatt, Innenhof. Dieser ist großzügig mit Rasen, Beeten und Palmen in Kübeln gestaltet, dazu eigene Werke aus den Werkstätten.

Bei meinem ersten Besuch verfliegt auf einmal die Distanz von zehn Jahren. Rolf Harms hat sich nicht sonderlich verändert, er ist drahtig wie eh und je. Vor allem sein Blick ist noch immer der gleiche. Lauernd und mich fixierend, und wieder muss ich an ein Raubtier beim Anblick seiner Beute denken. Ich frage mich, ob Gespräche mit ihm überhaupt sinnvoll sind: Was mag nur in diesem Kopf vorgehen? Ich frage ihn selbst, was er sich von dem Gespräch erwartet. Als er antwortet, nimmt sein Gesicht freundliche Züge an. Er erhoffe sich, mehr über seine Taten zu erfahren. Vor allem wolle er sie verstehen. Wir haben den gleichen Ansatz, das ist gut. Ich erzähle ihm, dass ich über sein Leben und seine Fälle vielleicht einmal in einem Buch berichten werde. Rolf Harms ist einverstanden. Dann einigen wir uns darauf, uns zu duzen.

Rolf Harms ist beim ersten Gespräch nicht ganz bei der Sache. Er ist besorgt, weil sein Kanarienvogel «Twieti» krank ist. Auch bei meinen späteren Besuchen spricht er gerne von seinen Tieren. Er bringt Fotos von dem Vogel mit. Als «Twieti» stirbt, lässt er sich gleich am nächsten Tag einen jungen Wellensittich kommen. Er tauft ihn «Whity». Er ist stolz darauf, dass das Tier gleich aus seiner Hand frisst.

In den kommenden Monaten besuche ich Rolf Harms einige Male. Wenn wir verabredet sind, steht er am Fenster des Gemeinschaftsraumes und wartet auf mich. Ich bin sein einziger Besuch. Sobald er mich auf dem Parkplatz sieht, lässt er sich schnell zu unserem Besprechungsraum bringen und hat stets zwei Flaschen Wasser dabei, später sogar selbstgemachten Kuchen. Die Atmosphäre ist freundlich, auch wenn ich mir bei seinen Schilderungen nicht immer sicher bin, was ich davon glauben kann. Von vielem glaube ich kein Wort. So berichtet er mir abenteuerliche Geschichten über seinen Vater. Dieser habe als Fotograf bei Einsätzen der Fremdenlegion Hunderte von

Fotos mit Tötungsszenen aufgenommen. Einmal habe er sogar im Garten einen Verräter erschossen, angeblich im Auftrag des Bürgermeisters und Polizeipräsidenten seiner Stadt. Ich merke, dass es mir nur langsam gelingt, mich in seine Psyche einzufühlen. Ich beschließe, zunächst nicht über die Verbrechen mit ihm zu reden. Ich will die Basis dafür festigen. Ich frage, wie sein Alltag in der Forensik aussieht. Gemeinsam mit 15 Patienten lebt Harms schon seit einigen Jahren auf der Langzeitabteilung. Viele von ihnen sind Sexualstraftäter oder haben gemordet. Auf der Station gibt es keine Therapie im herkömmlichen Sinne. Stattdessen versuchen Ärzte und Betreuer, die Persönlichkeit der Bewohner mit einem geregelten Tagesablauf zu fördern, mit einer festen Struktur und klaren Regeln. Wecken um sechs Uhr, gemeinsames Frühstück gegen 7.30 Uhr, von 8 bis 11.30 Uhr Arbeitstherapie, bis 13 Uhr Mittagspause und danach bis 16 Uhr wieder Arbeitstherapie. Den Rest verbringen die meisten zusammen, mit Kochen, Spielen oder Fernsehen. An jedem Montag findet die Stationsversammlung statt. Hier werden die alltäglichen Probleme des Zusammenlebens besprochen. Der nächste Tag ist für den Psychologen reserviert. Für eine Stunde bespricht er mit Harms dessen persönliche Situation. Gelegentlich wird dann auch über die Tat gesprochen. Was mir in den Schilderungen auffällt: Untereinander scheinen die Patienten über ihre Delikte nicht zu sprechen. Ganz anders als im regulären Knast, wo es eine Rangliste gibt, je nach Art des Verbrechens. Im Maßregelvollzug ist dies offenbar ein Tabu.

Einmal zeigt mir Rolf Harms eine Fotoserie über den Bau eines Kanus, das er im Auftrag eines Arztes herstellen sollte. Mit leuchtenden Augen schildert er mir die einzelnen Arbeitsgänge und reagiert erstaunt, dass ich nicht sein Fachwissen über Schiffsbau habe. Er scheint Vertrauen zu mir zu entwickeln, denn nach und zeigt er mir weitere Bilder aus seinem täglichen

Umfeld: Fotos seines Zimmers und anderer Werkstücke. Eine elektrisch betriebene Windmühle, eine Wassermühle für einen Gartenteich, beides im Miniaturformat. Zum Schluss Fotos seines größten Triumphes: die Probefahrt seines auf Hochglanz polierten Kanus.

Bei diesen Erzählungen ist Rolf Harms entspannt. Das ändert sich mit einem Schlag, als ich mich nach seiner Kindheit und dem Verhältnis zu seinen Eltern erkundige. Sein Mienenspiel spricht Bände: Der Kehlkopf springt aufgeregt hin und her; die Augenlider sind zusammengekniffen, seine Stimme bekommt einen belegten Tonfall. Der Vater spielte in der Familie offenbar keine Rolle, über seine Mutter berichtet er mir wenig Gutes. Mein Stenoblock ist schnell voll.

« Sie war eine schwere Alkoholikerin », beginnt Rolf Harms. « Ich wusste nie, ob sie mich mochte oder nicht. Wenn sie betrunken war, hat sie herumgeschrien, getobt und mich geschlagen: keine Geborgenheit, keine Liebe, keine Zuneigung. Aber das Schlimmste war, dass sie mir nie zuhörte. Sie schnitt mir ständig das Wort ab und meinte, dass ich nichts könne und tauge. Wenn sie nicht trank, dann arbeitete sie in verschiedenen Einrichtungen oder ging putzen. Ich konnte das Leben zu Hause nicht mehr ertragen. Suchte Aufmerksamkeit und Hilfe. Ich denke, dass ich deswegen auch von zu Hause abhaute, die Schule schwänzte, die ersten Einbrüche verübte. »

Er gerät nahezu ins Schwärmen, als er von seinen ersten kriminellen Erfahrungen spricht. Er sieht sich als gerissenen Einbrecher, den man nur selten überführen konnte. Begeistert erzählt er von seiner Zeit im Hamburger Gefängnis Santa Fu. « War im Haus 2. Dort, wo die schweren Jungs sitzen. Da war auch einer von der RAF. Mit ihm habe ich mich ein wenig angefreundet. War eine echt gute Zeit. »

Als wir uns über seine Familie unterhalten, wirkt Rolf

Harms wehmütig. Es fällt ihm schwer, über seine beiden Kinder zu sprechen, obwohl er mittlerweile seit zwanzig Jahren keinen Kontakt mehr zu ihnen hat. Es gibt Momente, da tut mir Rolf Harms leid, auch wenn ich solche Gefühle nicht an mich heranlassen will.

Allmählich beginnen wir, über die beiden Verbrechen zu reden. Ich spüre, dass er darauf nur gewartet hat. Zugleich fällt es ihm noch immer schwer zu akzeptieren, dass er für den Tod von zwei Menschen verantwortlich ist. Ich weiß nicht, warum er reden will. Ob es nur der Wunsch ist, Unerklärbares zu verstehen? Mir fällt auf, dass er sehr genau über die rechtsmedizinischen Einschätzungen zum Sterben eines Menschen informiert ist. Das bringt mich auf den Gedanken, ein Experiment zu wagen.

Ich erkundige mich nach seinen Erinnerungen an das Geschehen am Badesee. Ohne zu zögern, beantwortet er meine Fragen. Rolf Harms wird plötzlich sehr gesprächig. Ich lausche ihm fast atemlos. Ich lasse mir meinen Schrecken nicht anmerken. Noch nie hat mir jemand so detailliert den Tod eines Menschen beschrieben. Ich muss mich konzentrieren, um wortwörtlich die Antworten auf meine Fragen zu notieren.

Kennst du die körperlichen Reaktionen eines Menschen, wenn er erdrosselt wird? «Ja. Aus den Gutachten, aus der Ermittlungsakte und das, was der Sachverständige in der Gerichtsverhandlung gesagt hat. Nach ein paar Sekunden, bis zu 30 Sekunden kann das dauern, kommt die Ohnmacht. Dann tritt der Tod ein. Nach drei, vier Minuten. Dazwischen kämpft man um sein Leben. Fängt an zu zittern. Panik des Körpers.»

Was bedeutet das? «Angstzustände. Der Körper will nicht sterben.

Wie reagiert der Mensch noch? «Er röchelt. Er will Luft haben. Läuft rot an. Zittert die ganze Zeit.»

Wie war das bei dem Jugendlichen? «Er saß ja auf dem Boden. Ich stand hinter ihm. Hatte ihm die Schlinge um den Hals gelegt und zugezogen. Er griff zum Hals und röchelte. Weiß nicht, wie lange ich das gemacht habe. Ich habe ihn angestarrt. Ich sah, wie seine Hände am Knoten dran waren. Dann wurde er ohnmächtig. Seine Hände sind einfach weggefallen, und seine Füße begannen zu zittern. Die Hände auch. Der ganze Körper. Wie lange es dauerte, weiß ich nicht. Es kam mir wie eine Ewigkeit vor. Ich war apathisch und habe irgendwann geschnallt, dass es ums Leben geht. Habe erst noch ein paar Sekunden so gestanden und dann versucht, den Knoten zu lösen. Das ging nicht so schnell. Irgendwann habe ich das Seil von seinem Hals abgekriegt. Da lebte er aber noch.»

Die Schilderung ist erschreckend. Solch einen Reichtum an Details findet man in keinem Urteil, in keinem Lehrbuch. Es ist für mich eindeutig die Wiedergabe von Selbsterlebtem. Vorsichtig lenke ich das Gespräch auf die andere Tat, den Mord an Hertha Mahlstedt. Ich will wissen, ob er auch in diesem Fall ähnliche Erinnerungen hat. Mein Vorstoß aber ist vergeblich. Rolf Harms weiß angeblich nichts mehr über die letzten Minuten der Tat. Eifrig fügt er hinzu: «Ob ich das mit Hertha Mahlstedt getan habe, weiß ich nicht. Aber ich könnte es mir vorstellen.»

Es ist ein erster Fortschritt, Rolf Harms beginnt, die Tat aufzuarbeiten. Er wendet sich ab von seinem konsequenten Leugnen, das er über Jahre hin aufrechterhalten hat. Etwas Ähnliches hat er in einer Gesprächsrunde auch einem Psychiater mitgeteilt, erfahre ich später. Bei unserem nächsten Treffen möchte ich von Rolf Harms wissen, ob er sich vor den Taten außergewöhnlichem Stress ausgesetzt fühlte. Stress ist bei Serienmördern oft das ausschlaggebende Moment. Von einem latenten Tatbereiten werden sie zum Täter. Sie kommen mit einer spezifischen belastenden Situation nicht anders klar.

Es dauert ein paar Minuten, bis mir Rolf Harms eine Antwort gibt. Er ist mit seinen Gedanken ganz woanders. Er erzählt mir von einem Mitpatienten, den ich auch kenne. «Der Mann hat vor über 35 Jahren nach einem Diskothekenbesuch eine Frau ‹bestialisch abgeschlachtet›.» Zumindest lauteten so die Schlagzeilen der Zeitungen. Weil neben der Toten ein Rosenstrauß lag, den er ihr zuvor in einem Tanzlokal gekauft hatte, hatte ihm das in den Medien den Namen des Rosenmörders eingebracht. Ich kann mich an diesen Fall noch gut erinnern, ich war damals noch in der Ausbildung und absolvierte gerade meine Station bei der Mordkommission. Er weckt mich aus meinen Gedanken, als er meint: «Mit dem kann man überhaupt nichts mehr anfangen. Der kriegt nichts mehr mit, völlig durchgeknallt. Hoffentlich werde ich nie wie er.»

Ich begreife nicht, warum er mir diese Geschichte erzählt. Erst jetzt kommt er auf meine Frage zurück. Ja, er habe unter großem Stress gestanden. Er habe die Situation selbst verschuldet: keine Arbeit, zwei Kleinkinder, die zu versorgen waren. Die überforderte Mutter, die anstehende Hochzeit: «Ich hab das nicht mehr gepackt. Und dazu noch das tägliche Saufen; an dem Tag mit dem Jugendlichen, da hab ich sogar die ganze Sozi-Kohle versoffen.»

Bei diesen Worten schaue ich mir Rolf Harms an. Er sitzt zusammengesunken vor mir. Von seinem manchmal großspurigen Auftreten ist nicht mehr viel zu spüren. «Beim zweiten Mal war das ähnlich. Ich hatte so viel Hass in mir. Das Gesundheitsamt hatte die Kostenübernahme für meine Entziehungskur abgelehnt. Ich wollte doch wieder trocken werden und einen Neuanfang nach dem Knast schaffen. Gleich danach bin ich zu meiner Mutter, und da war es noch schlimmer. Sie hat mich sogar gegenüber ihrem neuen Freund verleugnet. Stell dir mal vor, sie hat behauptet, mich nicht zu kennen. Ich hab sie dafür gehasst. Jedenfalls bin ich dann voll sauer nach Bremen zurück, habe mein Geld zusammenkratzt, 'ne Flasche Korn besorgt und mich volllaufen lassen. Besoffen war ich ja sowieso die ganze Zeit.»

Wir nähern uns erneut dem zweiten Verbrechen, dem Mord an Hertha Mahlstedt. Ich bin gespannt, ob sich Rolf Harms dieses Mal äußern wird. Ich merke, wie sein Kehlkopf wieder auf und ab hüpft, als ich ihn bitte, mir die Wohnung von Hertha Mahlstedt zu beschreiben. Schnell wird klar, dass er sich ganz gut an den Abend erinnern kann. «Ich sehe uns beide auf der Couch sitzen. Gleich neben der Tür. Wir trinken Bier, rauchen und reden. Über ihre Arbeit bei der Altenpflege.» Was geschah dann? Rolf Harms zieht sich wieder zurück, er hat noch nicht den Mut zu erzählen, was geschah. Er erzählt nun, er habe eine Nase Koks genommen. «Hatte das Zeugs im Präser.» Ich sage ihm, dass ich ihm das nicht glaube. Er wolle sich nur nicht eingestehen, Hertha Mahlstedt sexuell missbraucht zu haben. Er sei zu feige, zu seiner Tat zu stehen.

Nun ist eine Situation eingetreten, die ich so nicht will. Das Gespräch nimmt die Form einer Vernehmung an. Ich aber will in dieser Situation kein Vernehmungsbeamter sein. Ich will nicht so wirken, als gehe es mir nur um ein spätes Geständnis. Ich beende das Gespräch und sage Rolf Harms, ich würde mich wieder melden. Dieser hat damit nicht gerechnet. Bevor er den Raum verlässt, sagt er noch: «Ich würde jetzt gerne über den Abend sprechen. Aber ich habe wirklich keine Erinnerung. Ich könnte eine Lügengeschichte erzählen, aber das möchte ich nicht.»

Ich denke nach und bleibe im Besucherraum sitzen. Was soll es noch für einen Sinn haben, Rolf Harms zu den Taten zu interviewen? Er wird die Schwelle nicht überschreiten. Ob er es nicht will oder tatsächlich nicht kann, ist eine andere Frage. Dann habe ich eine Idee.

Ich bitte das Aufsichtspersonal, einen anderen Patienten zu fragen, ob er Lust zu einem Gespräch mit mir hat. Ich kenne den Mann gut. Es ist Herbert Ritter. Vor vielen Jahren konnte ich ihn als Serienmörder überführen, der drei Prostituierte getötet hat. Bei den Taten hatte er versucht, seine bizarren Phantasien zu verwirklichen. Auch er wollte die Frauen verstümmeln und sie noch quälen, als sie bereits tot waren. Auch mit ihm hatte ich mich über viele Monate getroffen und dabei viel über die Ausgestaltung seiner Phantasien erfahren. Ihn will ich fragen, ob er eine Erklärung für das abgeschnittene Ohr hat.

Es dauert nur wenige Minuten, bis der Patient vor mir steht: Groß, gut 125 Kilo schwer, stumpfe Haut, sehr kurz geschnittene silbergraue Haare. Noch im Stehen schildere ich ihm meine Gedanken und bemerke, wie ein Lächeln über sein Gesicht huscht. Dann wird er nachdenklich. Er setzt sich auf einen Stuhl, verharrt für einen Moment, blickt mich an, ehe er meint: «Da hat jemand nicht zuhören können!»

Da konnte jemand nicht zuhören, sollte die Erklärung wirklich so einfach sein? Wie ein Blitz taucht ein Bild in meiner Erinnerung auf. Ich sitze mit Rolf Harms im Besucherzimmer. Er erzählt, dass es für ihn die schlimmsten Momente waren, wenn seine Mutter ihm nicht zuhörte und ständig das Wort abschnitt. Ich bedanke mich bei dem Hünen. Er scheint sich zu freuen, dass er mir weiterhelfen konnte. Ich bitte das Personal, mir noch mal Rolf Harms zu schicken. Er ist verblüfft, als er wieder vor mir sitzt und ich ihn frage: «Hat dich Hertha Mahlstedt vielleicht an eine Person aus deinem Umfeld erinnert?» Rolf Harms schweigt ein paar Sekunden, dann antwortet er mit ruhiger Stimme. «Es kann sein, dass die Frau mich an meine

Mutter erinnert hat. Was genau das war, keine Ahnung. Vielleicht ihr Alter, ihre Arbeit als Altenpflegerin oder die Art, wie sie mit mir sprach. Vielleicht weil sie in einer Tour redete und mir nicht zuhörte.»

Es ist nun Zeit, Rolf Harms die Frage zu stellen, die mich vom ersten Tag des Falles an beschäftigt hat: «Warum hast du der Frau das Ohr abgeschnitten?» – «Ich kann mir das nur so erklären, dass auch meine Mutter mir nie zugehört hat. Aber warum das auf einmal bei mir so herauskam, dafür habe ich keine Erklärung.» Ist das jetzt die volle Wahrheit? Vielleicht weiß sie Rolf Harms tatsächlich selbst nicht. Aber es ist das erste Mal, dass er über das Ohr spricht. Ich befürchte, mehr werde ich von ihm darüber nicht erfahren. Ich erzähle ihm nun, wie ich die Taten sehe. Für ihn sei der langsame Tod beider Opfer anregend gewesen. Auch meine Stimme ist nun ruhig. Es ist vielleicht der Moment der größten Ehrlichkeit zwischen uns. Ich merke, wie sehr ihn meine Aussage berührt. Er wird nachdenklich und bleibt die nächsten Minuten still. Er beendet das Schweigen mit einer Frage: «Kannst du dir vorstellen, dass das damit zusammenhängt, das ich bei der Geburt meinen Zwillingsbruder mit der Nabelschnur erdrosselt haben soll?» Nun bin ich der, der schweigt. «Ich weiß es nicht», sage ich ihm. «Ich habe darauf keine Antwort.»

Als ich mich von Rolf Harms verabschiede, möchte er noch etwas sagen: «Die Taten machen mich traurig. Ich werfe mir das vor und würde gerne alles wieder rückgängig machen. Heute kann ich alles gar nicht mehr fassen, dass ich alles zerstört habe. Das Leben des Jungen und das der Frau. Und meins natürlich auch. Innerlich laufen mir die Tränen herunter, wenn ich an die beiden denke. Nach außen kann ich das aber nicht zeigen. Ich kriege das einfach nicht rüber und mag auch nicht mehr darüber sprechen.»

Mir wird bewusst, dass es manchmal Grenzen gibt, die man auch mit größter Geduld und der schlauesten Strategie nicht überwinden kann oder sollte. Ich werde von Rolf Harms nicht mehr zu den Hintergründen seiner Taten erfahren. Ich kann nicht sagen, ob er die Schwelle gerne überschreiten würde, es aber nicht kann. Oder ob er vielleicht einen Teil seiner Erinnerung an damals verloren hat. Möglich ist beides.

Wir sind uns einig, dass wir weitere Gespräche über die beiden Verbrechen erst einmal aussetzen. Ich verspreche, ihn trotzdem weiterhin zu besuchen. Ich bin ja sein einziger Besuch.

Dank Google weiß ich wieder, wie der Vogelpfleger-Film mit Burt Lancaster heißt: « Der Gefangene von Alcatraz ». Burt Lancaster spielt dort den Mörder Robert Stroud, der während seiner mehr als 50-jährigen Haftzeit vom autodidaktischen Vogelpfleger zum anerkannten Vogelkundler wurde. Diese Geschichte des Robert Stroud ist nicht fiktiv; sie ist wahr. Kein sentimentaler Quatsch, wie ich vermutet hatte. Ich habe mich kräftig geirrt. Geirrt habe ich mich auch bei der Einschätzung von Rolf Harms. Ihm, der zwei Menschen tötete, hatte ich so viel Fürsorge für seine kleinen Vögel nicht zugetraut.

KALTBLÜTIG

────────────────────── Eine unfassbare Tat

Die Tote liegt in der ersten Etage des Mietshauses auf den rot-
braunen Fliesen des Treppenhauses. Eine junge Frau, schlank,
gerade einmal 165 Zentimeter groß, vielleicht 60 Kilogramm
schwer. Sie ist nackt, bis auf einen hochgeschobenen leuchtend
gelben Plisseerock und einen weißen Slip. Ihr Kopf ist zur Seite
gedreht, die Hände ruhen unter dem Gesäß, die Beine sind lang
ausgestreckt. Die hellblonden Haare umrahmen das Gesicht
wie eine Löwenmähne, die Augen sind weit aufgerissen, die
Nasenwurzel ist aufgeplatzt. Aus den Nasenlöchern und beiden
Ohren ist Blut geflossen und hat das Gesicht verschmiert.

Ich beuge mich über die Leiche. Ich schätze das Alter der
Frau auf Ende dreißig. Ihr Teint ist dunkel. Im trüben Licht des
Treppenhauses denke ich im ersten Moment an eine Farbige.
Erst als ich genauer hinsehe, erkenne ich die dunklen Totenflecken. Mir fallen die vielen dunkelvioletten Einblutungen
auf, so genannte Vibices. Die kleinen Blutgefäßzerreißungen
sind ein eindeutiger Beweis dafür, dass die Halsgefäße kompri-
miert wurden. Oberhalb des Kehlkopfes unterbricht ein etwa
vier Zentimeter breiter heller Hautstreifen die dunkle Haut. Er
sieht aus wie eine eng anliegende Halskrause. Mediziner sprechen von einer Abblassung. Sie ist nicht sehr tief in die Haut
eingedrückt und steigt zum Nacken an. Der Täter muss sich

in erhöhter Position hinter dem Opfer befunden haben, als er die Frau mit einem weichen und breiten Tuch erdrosselte. Zwischen den Brüsten der Toten unterbricht ein schmaler und etwa 15 Zentimeter langer weißer Streifen die Totenflecken. Er führt senkrecht nach unten und mündet in einen zweiten Streifen unterhalb des Busens. Dieser sieht genauso aus wie der am Hals und verläuft ebenfalls einmal um den ganzen Körper. Auch an beiden Handgelenken gibt es diese hellen Erscheinungen, die wie Armreifen auf der Haut aussehen. Die gleiche Erscheinung findet sich an den Oberschenkeln und den Fußgelenken. Die Spuren sprechen eine klare Sprache: Die Frau war gefesselt, als sie starb.

Eine Hausbewohnerin hatte die Leiche gefunden. Sie lag direkt vor ihrer Wohnungstür, beinahe wäre sie darüber gestolpert. Die Bewohnerin dachte zunächst an eine Betrunkene, den letzten Gast einer ausschweifenden Party, den die Müdigkeit überwältigt hatte. Doch dann sah sie, dass die Frau nicht mehr lebte. Sie rief die Polizei.

Es ist eine gutbürgerliche, ruhige Gegend in der Bremer Innenstadt, nur wenige Autominuten vom Polizeipräsidium entfernt. In der Nähe eines Parks mit altem Baumbestand entstand vor einigen Jahren eine Anlage mit Eigentumswohnungen der gehobenen Klasse. Ich ermittle hier zum ersten Mal. Gewalttaten oder gar Morde waren in dieser friedlichen Gegend schon lange nicht mehr geschehen.

Die Beamten der Schutzpolizei haben bereits die ersten Bewohner befragt und herausgefunden, dass die Frau nicht im Hause zu wohnen schien. Sie muss zwischen 9 und 10.30 Uhr im Flur abgelegt worden sein, möglicherweise ziemlich genau um 9.30 Uhr, als einige Mieter einen «dumpfen Knall» aus dem Treppenhaus gehört hatten. Niemand aber hatte nach gesehen, was der Grund dafür war. Eine Wohnungstür öffnet sich.

Vor mir steht die Nachbarin und möchte an der Leiche vorbei nach draußen gehen. Ich bitte sie, bis zum Ende der Spurensuche in der Wohnung zu bleiben.

Ein Poltern und das Schreien eines Säuglings reißen mich kurze Zeit später aus meinen Gedanken. Oben auf der Treppe entdecke ich eine zierliche, gut aussehende Frau mit schwarzen, hochgesteckten Haaren. Eine Asiatin, ich schätze sie auf Mitte dreißig. Sie müht sich vergeblich ab, einen Kinderwagen die steile Treppe hinunterzutragen. Mit leiser Stimme und in leidlichem Deutsch bittet sie mich, ihr zu helfen.

Für einen kurzen Moment meine ich, die Frau zu kennen. Ich würde auch sie am liebsten bitten, mit dem Kind in der Wohnung zu bleiben und die Tatortarbeit nicht zu stören. Doch das Kindergeschrei wird lauter, und die Frau sieht aus, als würde sie jeden Augenblick in Tränen ausbrechen. Vielleicht ist es die Hitze dieses Tages, 33 Grad im Schatten, oder das Schreien des Säuglings, mein Mitleid siegt über die Vernunft. Ich verkneife mir den harschen Kommentar, der mir auf der Zunge liegt, und steige die Stufen nach oben, um ihr zu helfen, den Kinderwagen die Treppe hinunterzutragen. Danach ist mein Hemd klitschnass.

Am Fuße der Treppe müssen wir den Kinderwagen anheben und über den leblosen Körper steigen. Die Asiatin sieht die Leiche nur flüchtig an, dann blickt sie scheu zur Seite. Ich bin erstaunt, dass sie gar nicht fragt, was hier passiert ist. Sie scheint die tote Frau jedenfalls nicht zu kennen. Unten an der Haustür stellt sich die Frau als Suwati Arroro vor. Sie lebe seit mehreren Monaten mit ihrem Verlobten in der Atelierwohnung. Sie sagt, sie habe nicht mitbekommen, was im Treppenhaus geschehen war. Das Kind habe in der Nacht wenig geschlafen, sie habe auf gar nichts anderes achten können. Ich schaue in den Kinderwagen. Der Säugling steckt in einer übergroßen gelben Mütze und

Jacke. Er schreit noch immer wie am Spieß. Die Frau versucht, ihn mit einem Schnuller zu beruhigen. Sie wirkt hilflos. «Wie alt ist denn das Kleine?» – «Es ist nicht mein Kind. Es ist von einer Freundin. Ich bringe es gerade zurück.» Sie winkt einer jüngeren Asiatin zu, die hinter der Polizeiabsperrung steht. «Meine Nichte Any. Sie wartet!» – «Eine Frage noch: Kennen Sie die Frau?» – «Nein, gar nicht. Tut mir leid.»

Ich gehe zurück in die erste Etage und lasse die Spuren auf mich wirken: die Fesselungsmarken, alle gleich breit. Die symmetrischen Abstände strahlen in gewisser Weise Ruhe aus: Der Täter ist sehr überlegt vorgegangen. Er hat sich für das Fesseln Zeit genommen, die akkurate Anordnung der Bänder scheint für den Täter eine besondere Bedeutung zu besitzen. All das erinnert mich an «Zierbondage», eine Sonderform sadomasochistischer Fesselungspraktiken, bei der die Fesselung als ästhetisches oder dekoratives Element zur Betonung bestimmter Körperteile dient und die sexuelle Erregung der Partner steigern soll.

Ich fotografiere die Fesselmarken, bevor mein Blick weiter über den toten Körper gleitet. Außer zwei unterbluteten Druckmarken an den Schultern finde ich keine weiteren Verletzungen. Vermutlich lag das Opfer auf dem Bauch, als es erdrosselt wurde. Der Täter hat dabei zusätzlich mit einem Knie den Oberkörper zu Boden gepresst. Liege ich richtig mit dieser Vermutung, müsste ich eine entsprechende Druckstelle am Rücken finden, wenn später die Tote auf den Bauch gedreht wird. Mir fällt auf, dass beide Ellenbogen, der rechte Oberschenkel, die Knie und die Zehen ebenfalls auffällig weiß aus dem Dunkel der Totenflecken leuchten. Warum gibt es an diesen Stellen keine Flecken? Es kann nur eine Antwort darauf geben: Die Frau wurde nicht im Treppenhaus getötet, der Täter hat die Leiche erst viele Stunden nach dem Mord bewegt und hierhergebracht. Wieder einmal sind es die stummen Zeugen eines Verbrechens, die mir verraten, wie sich der Mörder nach der Tat verhalten hat.

Die Totenflecken sind das früheste Todeszeichen. Sie treten 20 bis 30 Minuten nach dem Sterben auf. Allerdings bleiben an den Stellen, auf denen der Körper aufliegt, weiße Aussparungen zurück. Im Fall der toten Frau an ihren Ellenbogen, den Knien, dem linken Oberschenkel, den Zehen und den Fesselungsmarken. Wird die Position des Toten innerhalb von sechs Stunden verändert, so bilden sich neue Flecken, nämlich an den Körperpartien, die nun unten liegen. Die ursprünglichen Flecken verschwinden vollständig. Wird die Lage danach verändert, verblassen die ursprünglichen Leichenflecken nicht mehr ganz. Der Körper weist dann oben und unten Leichenflecken auf, die einen etwas heller, die anderen dunkler. Nach zwölf Stunden verändern sich die Flecken wie gar nicht mehr, so wie bei der Toten im Treppenhaus. Man kann an den Leichenflecken nicht nur das Verhalten des Mörders nach der Tat ablesen, man kann auch den ungefähren Todeszeitpunkt bestimmen. Auch die Leichenstarre und die Temperatur des Körpers sind dafür Indizien. Die Frau im Treppenhaus ist demnach vor zwölf bis zwanzig Stunden gestorben. Danach hat sie der Täter hierhergebracht. Es ist nur eine erste grobe Annäherung an den tatsächlichen Todeszeitpunkt. Ich muss außerdem berücksichtigen, dass die Hitze des Tages das Einsetzen der Totenstarre beschleunigt hat.

Ich arbeite schon seit einiger Zeit nach den Methoden der Fallanalyse. Und so stelle ich mir auch bei diesem Verbrechen die Kernfragen: Was verraten mir der Tatort und die Leiche über den Täter? Welche Entscheidungen hat der Täter getroffen? Und warum? Eine dieser Entscheidungen war, die Leiche vom

Tatort wegzuschaffen und woanders abzulegen. Warum aber hat der Täter sich keine Mühe gemacht, die Leiche zu verstecken? Wo war der Mord geschehen? Und warum hatte er gerade diese junge Frau als Opfer ausgewählt? Die zweite Kernfrage der Analyse: Wer und weshalb?

Ich setze mich auf eine der Stufen im Treppenhaus und starre einen schwarzen Fleck auf der weißen Wand an. Er hilft mir, mich zu konzentrieren. Ich muss an einen Mord denken, der vor nicht allzu langer Zeit geschehen ist. Eine drogenabhängige Prostituierte war eines Abends von einem Freier auf dem Straßenstrich angesprochen worden. Sie ging mit ihm weg. Ihre Kolleginnen hatten diesen Moment beobachtet, sodass wir eine gute Beschreibung des Mannes hatten. Am nächsten Tag wurde die Frau tot im Treppenhaus des Freiers gefunden. Sie lag fast nackt mit freiem Oberkörper und geöffneter Jeans vor der abgeschlossenen Kellertür. Wir fanden schnell heraus, dass sie erwürgt und erdrosselt worden war. Eine typische Tötungsart, wenn Täter und Opfer eine gewisse Nähe hatten. Zuvor hatte sie der Täter mit massiven Schlägen ins Gesicht wehrlos gemacht.

Für uns in der Mordkommission war das ein klarer Fall: Der Freier musste der Täter sein. Wir nahmen an, dass er bei seinem Versuch, die Tote in den Keller zu tragen, gestört worden war. Er hatte die Tote deshalb einfach liegen gelassen. Die Ernüchterung folgte schnell. Zwar räumte der Freier in seiner Vernehmung den sexuellen Kontakt mit der Frau ein, bestritt aber vehement die Tötung. Er sei betrunken gewesen und sofort nach dem Sex eingeschlafen. Als er am Morgen völlig verkatert aufwachte, sei die Frau nicht mehr in seiner Wohnung gewesen. «Weshalb hätte sie auch bleiben sollen, eine Prostituierte?» Trotz umfangreicher Ermittlungen fanden wir keinen Beweis, der unsere Vermutung unterstützt hätte. Die Tat blieb ungeklärt, und ich erinnere mich daran, als ich auf der Treppe sitze und über das Schicksal der jungen Frau im Treppenhaus nachdenke.

Vielleicht hat auch diese Frau auf dem Straßenstrich gearbeitet. War auch sie drogenabhängig? Wohnt der Freier von damals vielleicht jetzt in diesem Haus? Hat er erneut eine Prostituierte vom Straßenstrich getötet? Die Frau scheint im Haus nicht bekannt zu sein, und auch ihr halbnackter Zustand könnte dafür sprechen. Der Name des Freiers aber steht auf keinem der Klingelschilder. Es wäre auch zu schön gewesen: zwei Fälle an einem Tag gelöst. Ich wundere mich, wie ich noch immer auf solche Versuchungen hereinfalle. Für einen Augenblick hatte ich tatsächlich gehofft, wir hätten es mit ein und demselben Täter zu tun.

Ich sehe mir die Leiche nochmals an. Die Frau sieht nicht so aus, als hätte sie es nötig gehabt, auf dem Strich zu arbeiten, schon gar nicht gleicht sie dem typischen Bild einer Drogenabhängigen. Die Fingernägel sind dezent rosa lackiert; ebenso die Fußnägel. Ein Blick in den Mund zeigt mir zwei vollständige weiße Zahnreihen. Doch ich will sichergehen und untersuche erneut beide Arme der Toten. Sie sind abgesehen von der Fesselspur unauffällig. Es fehlen die typischen vernarbten und straßenförmig verlaufenden Einstichstellen des intravenösen Heroinkonsums. Eine Straßenprostituierte ist diese Frau ganz sicher nicht.

Einen anderen Rückschluss aber kann ich nach meinen Grübeleien ziehen. Die Tote ist sehr wahrscheinlich aus einer Wohnung der oberen Etagen heruntergetragen worden. Wer würde schon freiwillig eine 60 Kilogramm schwere Leiche über die Treppen in ein höheres Stockwerk bringen, und das in einem Treppenhaus, in dem es keinen Aufzug gibt und nirgends eine Möglichkeit, die Leiche zu verstecken?

Ich bitte meine Kollegen zu einer kurzen Besprechung vor das Haus. Wir erörtern die ersten Maßnahmen am Tatort. Das ist Routine, und so bedarf es nicht vieler Worte. Jeder von uns weiß, was zu tun ist. An diesem Sonntagmorgen sind wir allerdings nur zu sechst; normalerweise sind wir bei einem Mord in den ersten Wochen an die zwanzig Ermittler. Aber bei den tropischen Temperaturen der letzten Tage sind viele ans Meer gefahren, deshalb bei der ersten Alarmierung auch nicht per Handy zu erreichen.

Als Leiter der Mordkommission teile ich zunächst einen Kollegen als sogenannten Hauptsachbearbeiter ein. Solche Begriffe erinnern mich immer wieder daran, wo ich arbeite: in einer großen Behörde. Der Hauptsachbearbeiter führt die Akte, veranlasst kriminaltechnische Untersuchungen, wertet alle Hinweise zum Verbrechen aus und legt auch die Spurenakten für die Ermittler an. Einen zweiten Ermittler bitte ich, den Tatortbefundbericht zu schreiben. Darin werden alle Spuren und Hinweise notiert, auch die Lage der Leiche, ihr Aussehen, die Umgebung. Das Bild des Tatortes wird sozusagen verschriftet. Ich bitte ihn außerdem, den Hausmüll der gesamten Wohnanlage zur Mülldeponie bringen zu lassen. Dort wird man ihn nach tatrelevanten Beweisen durchsuchen. Viele Täter werfen sofort nach dem Verbrechen die Tatwaffe oder ihre blutige Kleidung weg und sind sich dabei nicht bewusst, dass sie damit den ersten Hinweis auf sich selbst geben.

Zwei weitere Kollegen werden die Befragungen der Hausbewohner und der Nachbarn durchführen, während der sogenannte Mordsachbearbeiter den Transport der Leiche in die Pathologie begleiten und an der Obduktion teilnehmen wird. Gemeinsam mit einem Mitarbeiter der Spurensicherung wird er dann versuchen, die Tote zu identifizieren: Er wird ihre Fingerabdrücke sichern, Porträtfotos schießen und individuelle Merkmale an der Leiche und der Bekleidung aufschreiben. Er hat außerdem die unangenehme Aufgabe, die Angehörigen zu informieren. Später dann wird er sich für sie um die Freigabe der Leiche kümmern, damit sie baldmöglichst bestattet werden kann. Die Identifizierung der Toten hat absolute Priorität. Ich bin mir sicher, dass wir uns der Klärung des Falles ein gutes Stück nähern, sobald wir wissen, wer das Mordopfer ist. Das ist bei jedem Verbrechen so.

In der Glut des Mittags fahre ich ins Präsidium. An diesem Sonntag herrscht eine angenehme Ruhe im Gebäude. Ich bin froh, dass die dicken Sandsteinmauern die Hitze erst gar nicht in die Räume lassen. Ich suche die Kriminalbereitschaft auf, um mich beim Kommissar vom Dienst nach Neuigkeiten zu erkundigen. Doch es gibt keine neuen Hinweise. Es liegt auch keine aktuelle Vermisstenmeldung aus Bremen oder dem niedersächsischen Umland vor. Es scheint so, als stehe die Welt an diesem heißen Sommertag still.

Während die Kaffeemaschine in meinem Büro vor sich hin blubbert, lade ich die Tatortfotos auf meinem Rechner hoch. Aus Erfahrung weiß ich, wie wichtig es nun ist, unaufgeregt und nüchtern die Tatortspuren zu analysieren und zu interpretieren. Das klingt einfacher, als es ist: Natürlich spürt man als Ermittler bei jedem Verbrechen einen inneren Jagdtrieb, eine Unruhe, fast Nervosität. Natürlich ist das Ziel, den Täter so schnell wie möglich zu identifizieren. Und natürlich ist es reizvoll, den erstbesten Ideen oder Theorien nachzugeben. Doch das hat schon manche Mordkommission in eine Sackgasse getrieben. Und die Zeit, die man braucht, um die Sackgasse wieder zu verlassen und eine andere Abzweigung zu nehmen, kann oft die entscheidende Zeit sein, die man bräuchte, um auf der richtigen Spur erfolgreich zu sein. Überhitzte Fehlentscheidungen kosten Zeit, Energie und Lust. Die drei wichtigsten Bestandteile für eine erfolgreiche Ermittlung.

Seit Beginn meiner Ausbildung zum Fallanalytiker verwende ich das Vier-Phasen-Modell des FBI. Die Amerikaner waren die Vorreiter des Profilings und teilen Verbrechen dabei in die folgenden Sequenzen ein:
1. Tatplanung und tatauslösende Faktoren
2. Tötungshandlung
3. Beseitigung der Leiche
4. Verhalten des Täters nach der Tat

Dieses Verfahren wurde ursprünglich für sexuelle Gewaltdelikte entwickelt. Insofern könnte es in diesem Fall besonders gut passen. Nach der Fundsituation mit der halbnackten Leiche und den individuellen Fesselungen muss ich auch hier zunächst von einem Sexualverbrechen ausgehen. Die vierstufige Struktur hilft mir nun, die einzelnen Täterentscheidungen in einen chronologischen Ablauf einzuordnen. So kann ich erkennen, ob der Täter durchdacht oder eher planlos in den einzelnen Phasen der Tat vorgegangen ist. Wie und wann gewann er zum Beispiel die Kontrolle über das Opfer? Wie reagierte er auf unvorhergesehenen Stress? Wie auf möglichen Widerstand des Opfers? Wie verhielt er sich nach dem Verbrechen?

Die Tatplanung ist die erste Phase des Mordes. Sie gibt mir Hinweise auf den Hintergrund der Tat. Sie ist beeinflusst von der geistigen Verfassung des Täters, von seinem mentalen Zustand, seinen Emotionen. Diese können geprägt sein von Konflikten, etwa mit der Partnerin oder den Eltern, von finanziellen Problemen, von Schwierigkeiten bei der Arbeit. Sie können der sprichwörtliche Funke im Pulverfass sein, der latent vorhandene Aggressionen zur Explosion bringt und einen Menschen zum Täter macht. Stress ist sehr häufig das auslösende Moment.

Zu Beginn einer Analyse kann ich natürlich nicht sagen, welche Gedanken sich der Täter bei der Tatplanung gemacht hat oder wodurch er möglicherweise gestresst war. Klarheit darüber kann nur der Täter schaffen, etwa in einer späteren Vernehmung. Oder Menschen, die ihn gut kennen. Trotzdem können auch die Spuren am Tatort etwas über die Vorbereitung verraten, über ihr Ausmaß und ihre Intensität. Denn jede Spur basiert auf einer Entscheidung, die der Täter getroffen hat. Etwa der, wer das Opfer sein wird, wie er zu diesem Kontakt aufnimmt, wo der Tatort sein soll, mit welchen Waffen er tötet und was er mit der Leiche macht.

Nach welchen Gesichtspunkten hat der Täter also die Frau aus dem Treppenhaus ausgewählt? Warum hat er sie gefesselt? Warum wählte er solch breite Bänder aus? Und warum hat sich das Opfer fesseln lassen? Es spricht vieles dafür, dass die Frau nicht argwöhnisch war, als ihr Körper fixiert wurde. Wir haben keine Verletzungen entdeckt, die gezeigt hätten, dass sie sich gewehrt hatte. Auch die Gleichmäßigkeit der Fesselmarken deutet auf ein einvernehmliches Spiel mit den Bändern hin. Die Oberbekleidung der Frau wurde vor dem Fesseln ausgezogen, auch darauf deuten die hellen Marken auf der Haut hin. Die Strangfurche am Hals war nicht unterbrochen, nicht einmal durch die blonden, langen Haare der Frau. Sie wurden also nicht mit eingebunden, was der Fall wäre, wenn der Täter eilig und hektisch agieren würde. Er war also stattdessen sehr vorsichtig und behutsam vorgegangen. Die Frau hat sich nicht dagegen gesträubt. Sie hat das Fesseln gewollt.

Gedanklich bewege ich mich in meinem Modell auf die zweite Phase zu, die eigentliche Tat. Ich versuche mir die Situation vorzustellen: Die Frau ist an ihren Händen, den Oberschenkeln, den Füßen und unterhalb der Brust mit Stoffstreifen gefesselt. Obwohl die Tücher eher locker angelegt sind und nicht in die Haut einschneiden, ist sie wehrlos. Sie ist zumindest nicht in der Lage, den Täter abzuwehren, als er sie durch das kombinierte Drosseln mit dem Tuch und dem Würgen tötet.

Jemanden mit den Händen zu erwürgen erfordert vom Täter ein hohes Maß an Entschlossenheit. Denn im Todeskampf entwickelt jeder Mensch ungeahnte Kräfte. Er windet sich, versucht sich wegzudrehen, bäumt sich auf, schreit und schlägt um sich, ehe nach zwölf bis fünfzehn Sekunden die Bewusstlosigkeit eintritt. So lange muss der Täter die Kraft besitzen, den Würgegriff zu halten. Es ist eine körperliche, vor allem aber psychische Herausforderung.

Mit dem Einsetzen der Bewusstlosigkeit ist der Prozess des Sterbens nicht zu Ende. Der Tod tritt erst nach Minuten ein, Minuten, die dem Täter wie eine Ewigkeit vorkommen müssen. Das Sterben wird von Röcheln und wiederkehrenden Krämpfen begleitet. Ich kann mir deshalb die Würgemale oberhalb der Drosselspur als verzweifelten Versuch des Täters erklären, den Todeseintritt zu beschleunigen. Viele Täter reagieren so. Das weiß ich aus ihren Vernehmungen.

Der starke Wille, die Frau zu töten, zeigt sich auch an den Hautabschürfungen, die ich an beiden Schultern entdeckt habe, der Täter hat den Oberkörper der Frau offensichtlich über längere Zeit mit dem Knie auf den Boden gedrückt. So konnte er beim Drosseln mehr Kraft auf den Hals ausüben. Wie konnte sich aus einer anscheinend einvernehmlichen Situation ein derartiger Gewaltakt ergeben? Was hat diese zerstörerische Energie freigesetzt? Was wollte der Täter durch den Tod der Frau bezwecken?

Die dritte Phase eines Verbrechens ist das Verhalten nach der Tat, einer der ersten Schritte: die Beseitigung der Leiche.

Die Tote lag über zwölf Stunden lang gefesselt auf dem Rücken, ehe der Täter die Tücher löste. Das konnten wir anhand der Leichenflecken feststellen. Warum aber ließ er sich so lange Zeit? Und warum nahm er die Fesseln überhaupt ab? Wäre es nicht einfacher gewesen, die Leiche zu transportieren, als Arme und Beine noch fixiert waren? Und weshalb legte der Täter die Leiche erst viele Stunden später am helllichten Tage im Treppenhaus ab? Wäre es in der Nacht nicht viel ungefährlicher für ihn gewesen? Wollte er sich noch eine Weile mit der Leiche beschäftigen? Sie beispielsweise sexuell missbrauchen? Doch dafür habe ich keine Spuren gefunden. War er nach der Tötung und beim Transport der Leiche gestört worden? Und noch zwei Fragen drängen sich mir auf: Weshalb hat der Täter nichts unternommen, um die Identifizierung der Leiche zu erschweren? Ist er sich sicher gewesen, dass keine Rückschlüsse auf ihn möglich sind? Und warum ist die Tote nicht verstümmelt; Kopf, Arme und Beine abgetrennt? Er hätte einzelne Teile der Leiche unauffälliger aus dem Haus bringen können als einen ganzen Körper. Tatsächlich kommt es eher selten vor, dass ein Mörder die Leiche aus rein praktischen Gründen verstümmelt, etwa um sie leichter beseitigen zu können. Die Scheu, eine Leiche zu zerteilen, scheinen auch die brutalsten Täter zu spüren, vor allem dann, wenn es um das Abtrennen des Kopfes geht.

Das Nacherleben der Tat als vierte Phase geschieht als aktive oder passive Beteiligung des Täters an den Aktivitäten der Polizei, sei es, dass Täter den Tatort aufsuchen, die Arbeit der Polizei beobachten, an der Beerdigung des Opfers teilnehmen oder Presseberichte über den Mord sammeln. Andere Täter versuchen, die Ermittlungen durch Hinweise zu beeinflussen, oder bezichtigen sich selbst der Tat. All diesen Aktivitäten ist gemein: Planende Täter demonstrieren so ihre Macht und

möchten auch herausfinden, wie weit die Polizei mit ihren Ermittlungen gekommen ist.

Fragen über Fragen haben sich in meinem Kopf angesammelt.
Ich habe erst wenige Antworten darauf. Es ist wie immer am
Beginn einer Analyse, wenn erst wenige Informationen vorliegen. Allerdings scheint sich abzuzeichnen, dass sich Täter und
Opfer kannten. Die Frau zeigte Vertrauen, als sie sich auszog
und gefesselt wurde. Das Würgen erfolgte aus dem Nichts; es
gab keine Hinweise auf andere Gewaltanwendung. Der Täter
hat die Wehrlosigkeit des Opfers ausgenutzt. Nach dem Mord
passierte über viele Stunden nichts, die Leiche blieb gefesselt
liegen und wurde erst fast einen Tag später im Treppenhaus abgelegt.

Wer aber kann mir weitere Antworten auf meine Fragen liefern? Solange die Leiche noch nicht identifiziert ist, wohl am
ehesten die Bewohner des Hauses. Ich schlüpfe wieder in die
Rolle des Mordermittlers und rufe mir ihre Daten aus dem Melderegister auf. Vielleicht geben sie mir einen ersten Hinweis,
in welcher Wohnung sich die Tat ereignet haben könnte. Auf
einem Blatt Papier male ich zwölf Rechtecke auf, jedes steht für
eine Wohnung. In jedes Rechteck notiere ich die Anzahl der
Bewohner, ob es Männer oder Frauen sind. Ich notiere das Alter des Jüngsten und des Ältesten sowie das Gesamtalter aller
Bewohner einer Wohnung. Auf diese Weise erhalte ich schnell
einen Überblick über die strukturelle Zusammensetzung. Ein
alleinlebender Mann hat eher die Möglichkeit, ungestört ein
Verbrechen zu begehen, als ein verheirateter Familienvater,
dessen Kinder in der Wohnung spielen.

Ein Anruf unterbricht jäh die Vollendung meines Plans.
Beim Abnehmen fällt mir der Hörer fast aus der Hand, so sehr
hat mich das Klingeln erschreckt. Nachdem ich aufgelegt habe,

weiß ich, wer die Tote ist: Sie heißt Rebecca Schwan. Mein Kollege war wie verabredet zur Mülldeponie gefahren, um den Hausmüll der gesamten Anlage zu durchsuchen. Mit geliehenen Gummistiefeln und einer Forke hatte er in der sengenden Hitze fast sieben Kubikmeter stinkenden Unrats umgehoben. In einer zusammengeknoteten Plastiktüte entdeckte er ein Portemonnaie. Darin die Kundenkarte eines Fitnesscenters mit dem Foto einer Frau. Sie trägt die Haare wie eine Löwenmähne. Darunter stand ihr Name.

Ich rufe die Meldedaten von Rebecca Schwan ab: 38 Jahre alt, verheiratet und Mutter eines zehnjährigen Jungen und eines vier Wochen alten Mädchens. Gemeinsam mit ihrer Familie wohnt sie ganz in der Nähe des Tatortes. In dem Haus, wo die Leiche gefunden wurde, ist sie nicht gemeldet. Ich gebe ihren Namen und den ihres Ehemanns in zwei andere polizeiliche Datenbanken ein: in ein Aktenverzeichnis der Kriminalpolizei Bremen und in INPOL, ein Informationssystem, das alle Polizeien in der Bundesrepublik verbindet. Beide Namen sind nicht bekannt.

Mein Kollege macht sich auf den Weg zur Wohnung von Rebecca Schwan, er nimmt sich nicht mal die Zeit, den Gestank der Müllhalde abzuduschen. Zwanzig Minuten später ruft er an: Er hat den Ehemann angetroffen. Der Mann behaupte, nicht zu wissen, wo seine Frau ist. Mein Kollege berichtet mir, was der Mann noch alles erzählt hat. Er habe seine Frau zuletzt gestern gesehen, als er frühmorgens auf eine Baustelle gefahren sei, wo er als Dachdecker arbeite. Sie hätten zwei Kinder, einen zehnjährigen Sohn, den seine Frau aus einer früheren Beziehung mitgebracht habe, und ein Baby. Ihr zehnjähriger Sohn sei in einem mehrtägigen Trainingslager seines Sportvereins. Wo das Kind sei, wisse er nicht. Seine Frau habe ihm keine Nachricht hinterlassen und für den Säugling lediglich einige Ersatzwindeln und den Kinderwagen mitgenommen. Ihre Kosmetika und die Zahnbürste seien noch da. Vielleicht sei sie zu einer Freundin gegangen.

Eine Tote, ein verschwundenes Baby, ein ahnungsloser Ehemann: Es wäre eine klassische Konstellation für einen Intimizid, die Tötung des Intimpartners. Tötungsdelikte sind eine Männerdomäne: Neun von zehn Taten werden von Männern begangen. Töten Männer Männer, dann sind die Opfer meist Fremde, flüchtige Bekannte vielleicht. Töten Männer Frauen, dann stammen die Opfer meist aus dem familiären Umfeld, meist ist es die Partnerin oder eine frühere Liebschaft. Man kann es fast zynisch sehen: Allein der Umstand, dass eine Frau in einer Beziehung lebt oder gelebt hat, birgt für sie das größte Risiko, zu irgendeinem Zeitpunkt vom Partner oder dem früheren Partner umgebracht zu werden. Die Hälfte aller Intimizide ereignet sich in der Trennungsphase einer Beziehung, wenn der Trennungswunsch von der Frau ausgeht. Dabei sind die ersten drei Trennungsmonate für die Frauen eine besonders gefährliche Zeit. Wollte Rebecca Schwan die Beziehung zu ihrem Mann beenden? Ich lasse den Ehemann für den späten Nachmittag ins Präsidium vorladen. Ohne ihn persönlich gesehen zu haben, ist er für mich bereits ein Verdächtiger.

Das Telefon klingelt wieder. Ein anderer Kollege ist dran, jener, der die Vernehmungen der Hausbewohner durchführen sollte. Er ist außer Atem vor Aufregung. Er berichtet von einer Frau, die er soeben befragt habe. Ihr Name sei Suwati Arroro. Es ist die Asiatin, deren Kinderwagen ich die Treppen heruntergetragen hatte. Suwati Arroro hatte mit ihrer Nichte und dem Kinderwagen vor der Polizeiabsperrung gewartet, um wieder ins Haus gelassen zu werden. Der Kollege und sie seien ins Gespräch gekommen. Dabei erzählte sie, sie wollte ihrer Freundin das Kind zurückbringen, so wie es vereinbart gewesen sei. Sie habe die Freundin aber weder am Telefon noch zu Hause erreichen können. Der Name der Freundin sei Rebecca Schwan. Ich muss kurz den Hörer zur Seite halten, so verwundert bin ich. Hatte die gleiche Frau nicht vor anderthalb Stunden behauptet, sie kenne die Tote nicht? War sie nicht teilnahmslos über die Leiche gestiegen? Handelte es sich wirklich um die gleiche Person?

Ich bitte den Kollegen, auch Suwati Arroro sofort ins Präsidium zu bringen. Ich lege auf und bin noch immer erstaunt. In solchen Momenten hilft es auch nichts, dass ich bei meiner Arbeit zunächst nach dem Grundsatz vorgehe: Denke stets daran, dass das Naheliegende oft das Möglichste ist.

Ich resümiere die ersten Ergebnisse. Eine ermordete Ehefrau, ein zunächst verschwundenes Baby, das sich nun in der Obhut einer Freundin der Toten befindet. Eine Freundin, die zunächst behauptet, die Tote nicht zu kennen. Dann noch ein Ehemann, der nicht viel über seine Frau zu wissen scheint. Der Fall wird von Stunde zu Stunde interessanter.

Suwati Arroro und der Ehemann des Opfers erreichen fast gleichzeitig die Dienststelle. Beide haben einen Blick in den Sarg geworfen, der bereits im Leichenwagen zur Überführung in die Rechtsmedizin stand. Beide haben ohne Zweifel Rebecca Schwan als die Tote identifiziert. Suwati Arroro habe dabei weder verstört noch traurig ausgesehen, berichtet mir später ein Kollege. Ganz anders der Ehemann, der immer wieder ihren Namen gemurmelt und dabei ihre Hand ergriffen habe. Es ist unglaublich, wie unterschiedlich Menschen mit einer Todesnachricht umgehen. Manche brechen sofort in Tränen aus, manche zeigen keine Regung, so als sei die Botschaft noch gar nicht bis in ihr Gehirn vorgedrungen.

Der Ehemann hat noch eine Arbeitskollegin von Rebecca

Schwan mitgebracht, sie sei eine gute Bekannte. Ich bitte alle drei, noch zu warten. Jetzt ist Arbeitsteilung gefragt, und ich bemerke, dass wir an diesem Sonntag zu wenige Ermittler sind. Wir treffen uns in meinem Büro, diskutieren die bisherigen Ermittlungsergebnisse und verabreden die weitere Vorgehensweise. Der Hauptsachbearbeiter wird Suwati Arroro vernehmen. Zwei andere Kollegen nehmen sich den Ehemann und die Arbeitskollegin vor.

Die Arbeitskollegin ist sehr aufgeregt. Noch im Flur beginnt sie zu reden. Rebecca sei eine zuverlässige, ehrliche und offene Frau gewesen. Die Ehe ohne hitzige Emotionen, wohl auch ohne Leidenschaft. Von Trennungsabsichten aber habe sie nichts gewusst. Dann erzählt die Frau eine spannende Begebenheit. Bereits Tage vor ihrem Tod habe Rebecca Schwan sehr geheimnisvoll getan. Um eine Einladung sei es gegangen. Vom Buddhismus habe sie erzählt, von guten Geistern, Entspannungsübungen und rituellen Fesselungen. « Ich sollte nicht darüber sprechen. Rebecca hat sich auf das Treffen gefreut. » Auch sie selbst stehe auf solche Rituale und wäre gerne mitgefahren, erzählt die Arbeitskollegin. Doch Rebecca habe das nicht gewollt. « Außerdem hätte sie das Baby mitbringen können. »

Ich kehre vom Flur in mein Büro zurück. Fast immer bringt jedes Gespräch, jede Vernehmung ein wenig mehr Klarheit in einen Fall. Hier aber wird die Geschichte immer absurder. Was ist das für eine mystische Zusammenkunft, bei der Rebecca Schwan geheime Esoterik praktizieren wollte? Warum sollte sie das Baby mitbringen? Sollte Suwati Arroro etwas mit dem Mord zu tun haben?

Es ist klar, dass Suwati Arroro sofort vernommen werden muss. Sie ist uns einige Erklärungen schuldig. Vor allem die, warum sie die Tote nicht erkannt haben will und weshalb sie deren Kind hat. Der Hauptsachbearbeiter holt die Wartende zu sich ins Büro. Ich folge den beiden. Als ich sie länger betrachte, schleicht sich bei mir wieder der Gedanke ein, dass ich sie schon einmal gesehen hätte, lange vor unserer Begegnung im Treppenhaus. Mir fällt auf, wie klein sie ist. Die schwarzen Haare hat sie hochgesteckt, von hinten könnte man sie kaum von einem Kind unterscheiden. Doch auch das hilft mir nicht weiter. Suwati Arroro trägt ein weißes T-Shirt, eine Jeans und hellblaue Sandalen. Sie nickt mir freundlich zu, als sie mich wiedererkennt, und bedankt sich für die Hilfe im Treppenhaus. Ich muss mich beherrschen, sie nicht sofort zu fragen, warum sie geleugnet hat, Rebecca Schwan zu kennen. Doch mein Kollege leitet diese Vernehmung. Er nimmt ihre Personalien auf. Suwati Arroro sagt, sie sei in Surabaya, einer Hafenstadt in Indonesien, geboren. Als sie ihr Alter von fast 50 Jahren nennt, bin ich überrascht. Ich hätte sie deutlich jünger geschätzt.

Frau Arroro erzählt, sie habe Rebecca Schwan vor knapp zwei Jahren in einer Agentur kennengelernt. Sie habe für mehrere Wochen nach Indonesien fliegen und zuvor eine Reisegepäckversicherung abschließen wollen. Rebecca Schwan sei sehr nett und sympathisch gewesen. Die beiden Frauen freundeten sich nach ihrer Rückkehr an. Mal trafen sie sich bei Rebecca, mal bei ihr in der Wohnung. Vor einigen Monaten habe sie von Rebeccas Schwangerschaft erfahren. Die Freundin habe sich sehr auf die Geburt des Kindes gefreut, aber auch von Problemen mit ihrem Ehemann erzählt. Details habe sie aber nicht verraten wollen.

Vor zwei Tagen habe Rebecca sie völlig überraschend angerufen und ihren Besuch für den kommenden Tag angekündigt. Sie sei tatsächlich mit dem Baby gegen 14 Uhr bei ihr aufgetaucht. Rebecca habe einen abwesenden und verzweifelten Eindruck gemacht. Völlig unvermittelt habe sie gefragt, ob sie das Baby über Nacht bei ihr lassen könne: Sie wolle sich mit ihrem neuen Freund treffen. Nach einigem Zögern habe sie zugestimmt, erzählt Suwati Arroro. Zufälligerweise habe sie am Vormittag bereits Babynahrung, Windeln und Creme eingekauft. Es sollte ein verspätetes Geschenk zur Geburt sein.

Als Suwati Arroro über Rebeccas Ehemann zu sprechen beginnt, verändert sich die Atmosphäre in dem kleinen Vernehmungszimmer schlagartig. Ihre Stimme ist plötzlich aggressiv und keifend. Ein schlechter Mensch sei er, ein Spieler, der alles Geld verzocken würde. Deshalb habe sie Rebecca manchmal Geld zugesteckt. Ersparnisse, die sie ihrem Verlobten heimlich aus einem Umschlag gestohlen hatte. So habe Rebecca Schwan ihr Baby in der Wohnung zurückgelassen. Wohin sie dann ging, wisse sie nicht, sagt Suwati Arroro. Auch nicht, wie der neue Freund heißt, geschweige denn, wo er wohnt. Das Verhalten der Zeugin ist merkwürdig. Ich weiß nur nicht genau, was mich daran so irritiert. Ich frage sie, welche Kleidung Rebecca Schwan beim Weggehen trug. «Kurze Jeans und eine karierte Bluse.» – «Keinen Plisseerock?» – «Nein, definitiv nein.»

Nun ist der Moment gekommen, dass ich meine drängendste Frage loswerde. «Warum haben Sie im Treppenhaus nicht gesagt, dass Sie die Tote kennen? Sie hätten die Leiche identifizieren können!» Die Antwort ist ernüchternd: ein Achselzucken. «Ich wollte nicht hinsehen.» Mehr sagt sie nicht. Trotzdem habe ich das Gefühl, dass Suwati Arroro mich angelogen hat, doch es scheint ihr egal zu sein. Mein Kollege versucht, das Gespräch noch einmal auf die Einladung zu dem geheimnisvollen Treffen zu bringen. Zum ersten Mal reagiert die Frau unwirsch. Sie erhebt sich, geht ein paar Schritte auf und ab, schließlich zum Fenster und schaut lange auf den Hof hinaus. Sie scheint mit ihren Gedanken ganz weit weg zu sein.

Es ist ein Drahtseilakt, den wir jetzt vollführen müssen.

Auf der einen Seite brauchen wir von Suwati Arroro dringend mehr Informationen, andererseits droht die Gefahr, dass sie unter zu großem Druck nicht weiter aussagen wird. Bei der Befragung von Zeugen stößt man oft an Grenzen. Viele kennen ihre Rechte gut, auch jene Regelung, nicht aussagen zu müssen, wenn man sich selbst belastet. Viele täuschen sich bei der Wiedergabe ihrer Wahrnehmungen. Manche erzählen einfach nur wirres Zeug. Per Blickkontakt verständige ich mich mit dem Hauptsachbearbeiter. Daraufhin verlasse ich den Raum, er wartet einfach ab. Auch Schweigen ist manchmal eine Vernehmungstaktik.

In der Zwischenzeit muss ich einen anderen Ansatz wählen, der aus der Operativen Fallanalyse stammt: die Einschätzung der Opferpersönlichkeit. Je besser wir sie kennenlernen, desto näher kommen wir auch dem Täter. Welche Interessen und Vorlieben hatte Rebecca Schwan? Welche Eigenschaften waren es, die sie zum Opfer werden ließen? Gehörten Fesselspiele zu ihren üblichen Ritualen? Ich bitte zwei Kollegen, die Wohnung von Rebecca Schwan zu durchsuchen. Möglicherweise würden sich dabei Hinweise auf die geheimnisvolle Freundin und den neuen Liebhaber ergeben.

Ich selbst suche die Büros der Spurensucher auf. Ich möchte mir den Plastikbeutel ansehen, den mein Kollege im Müll der gesamten Wohnanlage gefunden hat. Gerade das, was Menschen als Unrat zurücklassen, kann viel über ihre Persönlichkeit aussagen. Der unscheinbaren weißen Einkaufstüte eines großen Kaufhauses entnehme ich den stinkenden Inhalt und breite ihn auf braunem Packpapier aus. Ein Kollege fotografiert die Gegenstände, die wir Asservate nennen:

Benutzte Haushaltstücher, Zigarettenkippen, drei Kronkorken, ein leerer Flachmann mit Weinbrandresten. Und schließlich ein schwarzes Portemonnaie, darin ein Porträtfoto einer lächelnden Rebecca Schwan, die Fotos ihrer Kinder und der Mitgliedsausweis des Fitnesscenters mit Foto und aufgedrucktem Namen. Als Nächstes entnehme ich einen Schlüsselanhänger mit drei Sicherheitsschlüsseln, acht Slipeinlagen, eine leere Nachfüllpackung mit Babyöltüchern, ein Paar weiße, offene Damenschuhe der Größe 36, einen gelben Haushaltshandschuh sowie das Netz eines Kinderwagens. Es folgen mehrere geknotete und anscheinend aufgeschnittene Stoffstreifen in den Farben Rot, Gelb, Türkis, Lila, Grün. Sie sind allesamt auf etwa vier Zentimeter Länge zusammengefaltet. Ich bin auf einmal hellwach.

Sollte mit diesen Streifen das Opfer gefesselt worden sein? Die Anzahl der Bänder entspricht der Zahl der weißen Hautstreifen an der Leiche. Auch die Breite scheint mit den Fesselspuren zu korrespondieren. Letzte Sicherheit kann nur eine DNA-Untersuchung der den Tüchern anhaftenden Hautzellen geben. Das wird einige Tage in Anspruch nehmen. Als ich zurück in mein Büro gehen will, ruft mich der Spurensucher zurück. Er zeigt auf zwei zerknitterte Papiere. «Die hast du übersehen.» Er reicht mir einen zerknüllten Briefumschlag, auf dem in zierlicher Schrift geschrieben steht: «Mein Baby heißt Tereza – 3080 – 51 cm lang». Der andere Fund ist zusammengeknülltes blau-braunes Schokoladenpapier. Ich streiche das Glanzpapier glatt und lese «Studentská Pecet». Hersteller ist eine Schokoladenfabrik in der Tschechoslowakei. Wieder steigt mein Ausstoß an Adrenalin, ich blende meine Gedanken zurück in die Vernehmung von Suwati Arroro.

Es war ein paar Minuten bevor sie sich weigerte, weiter zu erzählen. Sie sprach gerade von ihrer eigenen Familie und ihrem Verlobten, Marek Karasek. Vor gut einem Jahr habe sie ihn kennengelernt, seitdem wohne sie mit ihm im Atelier. Er sei

erst vor ein paar Tagen von einem Verwandtenbesuch zurückgekehrt, aus der Tschechoslowakei. Hat er Rebecca Schwan
also die Schokolade geschenkt? Schließlich war sie die beste
Freundin seiner Verlobten. Wie sonst ist das Papier in ihrem
Müll gelandet? Reiner Zufall? Oder haben wir es mit einem
weiteren Verdächtigen zu tun?

Die Fahrt zum Tatort dauert nur wenige Minuten. Im Haus hat
sich wieder Normalität eingestellt. Die Spurensucher haben
längst ihre Arbeit beendet. Vereinzelt kleben Spurenpfeile an
den Wänden und erinnern daran, dass hier vor wenigen Stunden
eine Tote gelegen hat. Marek Karasek öffnet gleich beim ersten
Klingeln die Tür. Seine Enttäuschung, dass wir es sind und nicht
seine Verlobte Suwati, scheint nicht gespielt zu sein. Karasek ist
ein kleiner, drahtiger Mann. Ich schätze ihn auf Ende zwanzig,
einer, dem man ansieht, dass er zupacken kann. Dunkle, schüt-
tere Haare, Oberlippenbart. Er kam als Spätaussiedler aus dem
Hultschiner Ländchen nach Deutschland und lebt seit drei
Jahren in Bremen. Er arbeitet als selbständiger Spediteur und
transportiert Waren in die frühere Tschechoslowakei und nach
Ungarn. Er scheint angetrunken zu sein, obwohl er erst vor ein
paar Minuten von der Arbeit gekommen sein kann. Deutlich ist
seine Bierfahne zu riechen.

Er lässt uns eintreten und bittet uns, im Wohnzimmer Platz
zu nehmen. Eine bunt gemusterte Sitzlandschaft nimmt fast
den gesamten Platz in dem Raum ein. Sie ist zu einem Bett
ausgezogen, ein weißes Bettlaken liegt darauf. Auf der Lehne
stehen mehrere Puppen mit ausdruckslosem Porzellangesicht
und drei kleine Stofftiere. Auf dem Boden ein Radio mit Recor-
der, daneben liegen mehrere Musikkassetten. Ich werfe einen
verstohlenen Blick auf die Cover und erkenne Interpreten der
deutschen Volksmusik. Marek Karasek muss meine Neugier

bemerkt haben: Rasch versichert er mir, dass es noch Erinnerungen aus der Tschechoslowakei seien. «Und hier hört man das ja nicht mehr.» Sein Deutsch ist nicht sehr flüssig und nur schwer zu verstehen. Trotz aller Tragik des Tages muss ich schmunzeln, wenn ich das «Böhmakeln» höre, seinen auffallend böhmischen Akzent. Es erinnert mich an den «Braven Soldaten Schwejk», eine antimilitaristische Satire aus der Zeit des Ersten Weltkriegs.

Karasek hat nichts dagegen, dass wir uns in der Wohnung umsehen. Ich betrete die Küche, sie ist mit einer Einbauzeile ausgestattet. Unter dem Fenster stehen zwei weiße Klappstühle vor einem runden weißen Campingtisch. Auf der lilafarbenen Tischdecke liegen vier schwarz-weiße Sets. In der Spüle steht noch das schmutzige Geschirr der letzten beiden Tage. Daneben ein Wasserkocher, eine halbleere Dose Bier, mehrere Schraubgläser mit Babynahrung, Fencheltee in Aufgussbeuteln, die geöffnete Großpackung einer Säuglingsmilchnahrung. In einem Topf auf dem Herd erkenne ich angebrannte Reste von Milch. In der Küche riecht es sauer.

Im Bad steht die Waschmaschinentür auf. Die Trommel ist mit gewaschener Wäsche gefüllt, auch Babykleidung ist dabei. Auf der Ablage der Maschine liegen Windeln, eine Dose Babycreme, Öltücher, mehrere Leibchen und Strampelanzüge. Ich öffne den Mülleimer, drei Windeln liegen darin. Was aber sollen so viele Babyutensilien, wenn es im Haushalt gar kein Baby gibt? Sollte Suwati Arroro das alles als verspätete Geschenke für die Geburt des Kindes der Freundin besorgt haben oder erst nachdem Rebecca Schwan sie unvermittelt gebeten haben soll, das Baby für eine Nacht zu sich zu nehmen? Als ich Marek Karasek danach frage, reagiert er mit Unverständnis: «Wieso, Suwati hat doch ein Kind!» Jetzt bin ich es, der nichts mehr versteht.

Vor gut einem Jahr lernte Marek Karasek seine künftige Lebenspartnerin in einer Nachtbar in der Bremer Innenstadt kennen. Die Frau habe ihm wegen ihres exotischen Aussehens gefallen. Er verließ das Haus seiner Mutter und zog mit Suwati Arroro in die Atelierwohnung ein. Bis heute weiß er nicht viel über die Frau, die ihm den Kopf verdreht hatte: Sie stamme aus Indonesien, sei wohl Ende zwanzig und bereits einmal mit einem Deutschen verheiratet gewesen. Auch ihre Nichte wohne in Bremen. Mehr vermag Marek Karasek nicht über seine Partnerin zu erzählen.

Vor acht Monaten habe ihm Suwati eröffnet, dass sie schwanger sei. Tatsächlich will Karasek in den nächsten Wochen Veränderungen an ihrem Bauch bemerkt haben, besonders dann, «wenn sie nackt war». Sie habe ihm auch Ultraschallbilder des Embryos gezeigt. «Haben Sie Ihre Partnerin denn nie zum Frauenarzt begleitet?», will ich von ihm wissen. – «Ich war doch ständig mit dem LKW unterwegs», erklärt er ausweichend.

Marek Karasek nimmt einen tiefen Schluck aus der Bierdose, ehe er weitererzählt. Gestern sei er am Nachmittag von einer Tour aus Dresden zurückgekehrt. Früher als geplant. Von der Spedition aus habe er bei ihr angerufen und gefragt, was er auf dem Weg noch einkaufen solle: ein paar Dosen Bier, Schokolade und Hackfleisch. Kurze Zeit später war er zu Hause. «Wir begrüßten uns mit einem Küsschen.» Er habe gerochen, dass sie Alkohol getrunken hatte, nicht zum ersten Mal. Er machte ihr Vorwürfe, weil sie doch schwanger war. Suwati habe ihn an die Hand genommen und ins Wohnzimmer geführt. Auf der Couch habe ein Baby gelegen. «Unser Kind», habe sie gesagt. «Und ich hab nur gefragt: Wie kann das sein?»

Dem Mann ist die Überraschung noch immer anzusehen. Fahrig wischt er sich mit einer Hand durch das Gesicht und nimmt einen weiteren Schluck. Suwati habe ihm erzählt, ihre Nichte sei überraschend zu Besuch gekommen. Sie hätten Sekt getrunken. Auf einmal habe sie Fruchtwasser verloren, die Wehen hätten eingesetzt. Die Nichte habe einen Arzt gerufen, der auch gleich gekommen sei. Dank seiner Hilfe sei das Kind noch in der Wohnung zur Welt gekommen. Suwati habe ihm dann einen Zettel überreicht. Tereza solle das Kind heißen, genauso wie seine Mutter. Auch das Geburtsgewicht und die Größe waren auf dem Zettel notiert. Tereza? Ich wühle in meiner Aktentasche und hole den zerknitterten Briefumschlag heraus. Karasek erkennt ihn gleich wieder und sagt, der Arzt habe die Daten notiert.

Als ich ihn frage, ob er sich ganz sicher sei, dass es sich bei dem Säugling um seine eigene Tochter gehandelt habe, reagiert er verständnislos und unwirsch: « Natürlich. Suwati war doch auf einmal ganz schlank. Sie trug eine enge Jeans und eine langärmelige Bluse. Nicht mehr die weiten Pullover und die Trainingshosen. Von wem sonst soll denn das Kind gewesen sein?» Ich nenne den Namen Rebecca Schwan, der Mann zuckt mit den Achseln. Ihren Namen habe er noch nie gehört. Ob er seine Partnerin gestern das Baby stillen sah? Der Mann schüttelt den Kopf. Dann fällt ihm etwas mit einer Allergie ein, und außerdem habe sie doch auch getrunken. Nachdenklich schaue ich mir Marek Karasek an und überlege, wie groß sein Desinteresse an der Schwangerschaft seiner Verlobten und der Geburt des Kindes wohl gewesen sein muss.

Meine Skepsis scheint ihn zu irritieren. Er steht auf und bittet uns, ihm in die obere Ebene zu folgen. Über eine steile Wendeltreppe kommen wir in das Schlafzimmer. Der Raum ist mit einem grauen Teppich ausgelegt. In hinteren Teil steht ein französisches Doppelbett. Davor eine Kommode und ein kleiner Beistelltisch, darauf der Fernseher. Unter dem Dachfenster steht ein Schreibtisch mit geordneten Papieren. Marek Karasek öffnet die Kommode und zeigt uns einen Stapel Babywäsche: «Die hat sie in den letzten Wochen gestrickt.» Ich merke, wie aufgeregt er ist und nach Worten sucht. Schnell öffnet er die Schreibtischschublade und holt zwei Bücher über Schwangerschaft und Geburtsvorbereitung hervor. Ich lese die Titel: «Spirituelle Hebammen» und «Neun Monate». Die habe sie ihm zum Lesen gegeben. Ich bitte den Mann, mir die beiden Bücher zu leihen.

Als wir im Begriff sind, wieder nach unten zu gehen, fällt mein Blick auf eine durchsichtige Plastiktüte. Sie liegt in einer Schale unter dem Fernseher auf dem Beistelltisch. In dem Beutel sind vier Tafeln Schokolade: hellblaues Glanzpapier mit brauner Kakaomasse, Nüssen und Trauben sowie dem Aufdruck «Studentská Pecet». Deswegen sind wir gekommen. Dieses Papier hatten wir im Hausmüll bei den Sachen von Rebecca Schwan gefunden. Der Kreis scheint sich zu schließen. Wie aber ist das Schokoladenpapier in die Mülltüte geraten? Hat jemand Rebecca Schwans persönliche Sachen nach ihrem Tod in den Hausmüll von Suwati Arroro und Marek Karasek gesteckt, um sie spurlos zu vernichten? War es der Täter?

Wir fahren zur Dienststelle zurück. Es ist mittlerweile kurz nach 20 Uhr, zwölf Stunden nach dem Fund der Toten im Treppenhaus. Ich bitte meine Kollegen zu einer Besprechung in mein Büro. Sich ständig gegenseitig auf den neuesten Stand zu bringen ist unerlässlich, wenn man in einem Team ermittelt. Ich sehe die Anspannung in den Gesichtern der Mitarbeiter, die jetzt seit vielen Stunden im Dienst sind. Ich weiß, dass noch fünf, sechs Stunden dazukommen werden, bevor wir Feierabend machen können. Ein umsichtiger Kollege hat bei einem Imbiss Essen für uns geholt: Bratwurst, Pommes frites,

Kartoffelsalat und Frikadellen. Es ist kein Klischee, dass sich Polizisten während der Ermittlungen nicht immer sehr gesund ernähren.

Während ich in die Gesichter der Kollegen blicke, denke ich darüber nach, dass wohl keiner in der Runde jemals solch einen Fall erlebt hat. Eine Frau betreut das Baby ihrer Freundin und spielt ihrem Verlobten vor, es sei ihr eigenes. Welche tiefe Verzweiflung steckt hinter solch einem Handeln? Welcher Wahn womöglich? Wenn man Fälle aus der Kriminalgeschichte liest, weiß man aber, wozu Frauen fähig sind, die unbedingt ein eigenes Kind haben wollen.

Entführungen von Babys im außerfamiliären Kontext kommen allerdings sehr selten vor. Höchstens ein- bis zweimal im Jahr wird in Deutschland ein neugeborenes Kind aus einer Klinik, einem Einkaufszentrum oder gelegentlich auch aus einer Wohnung entführt. Gleiche Fallzahlen gelten auch für Österreich und die Schweiz, und auch in den USA sind die Zahlen eher gering.

Was aber treibt die Täterinnen zu solchen Verbrechen an? Wie kann man sich ihr Profil vorstellen? Häufig sind es Frauen mit unerfülltem Kinderwunsch; sei es, dass sie keine eigenen Kinder bekommen können, sei es, dass sie ein Kind bei einer Fehlgeburt verloren haben. Möglicherweise ist das Kind auch erst etwas später gestorben, oder der Mutter wurde aus irgendeinem Grund das Sorgerecht entzogen.

Das Trauma einer Fehlgeburt bewältigen Frauen auf sehr unterschiedliche Weise. Eine davon ist die Strategie, den Verlust nicht wahrhaben zu wollen, die Frau lebt dann in einer Scheinwelt, sie sieht möglicherweise ein fremdes Kind als das eigene an. Ein Unrechtsbewusstsein besteht nicht. Der Raub eines fremden Säuglings kann die Frau aber auch als Wiedergutmachung für das erlittene Schicksal ansehen. Sie will andere Menschen nötigen, das ihr widerfahrene Leid zu teilen. Eine andere Erklärung ist, dass die Frau in verzweifelter Hoffnung versucht, eine Beziehung nach dieser schlimmen Erfahrung zu retten. Sie glaubt in diesem Moment ernsthaft, ein Baby aufbieten zu müssen, um den Partner zu halten. Sie manövriert sich damit selbst in eine Falle. Über Monate schwindeln solche Frauen ihren Männern eine Schwangerschaft vor, sie fälschen Beweise und schlüpfen in die Rolle einer anderen Frau.

Das Profil solcher Täterinnen ist uneinheitlich. Ihr Alter variiert von Anfang zwanzig bis hoch in die Vierziger. Manche leben in einer Beziehung, andere allein. Eine psychische Erkrankung liegt allerdings nicht generell vor, aber wie immer muss in einer psychiatrischen Untersuchung der Einzelfall geprüft werden. Bei den mir bekannten Fällen wussten die Täterinnen stets, was sie taten, und wurden entsprechend vom Gericht bestraft. Und die meisten gehen bei der Tat sehr geplant vor: Sie bereiten sich gut darauf vor, die Schwangerschaft vorzutäuschen. Sie erkunden möglicherweise genau Örtlichkeiten und Abläufe auf einer Säuglingsstation. Manche verkleiden sich als Krankenschwester, und manche sind sogar bereit zu töten, um an ein Kind zu gelangen. In den letzten Jahren haben in den USA 13 Frauen werdende Mütter überfallen und sich nicht gescheut, ihnen die ungeborenen Kinder aus dem Leib zu schneiden. Eines jedoch ist allen Frauen gemeinsam: Sie versorgen sehr gewissenhaft die geraubten Babys.

Der Hauptsachbearbeiter teilt der Runde diese wichtigste Nachricht mit: Suwati Arroro habe inzwischen ihr Schweigen aufgegeben. Sie sei zu weiteren Aussagen bereit. Unsere Taktik des Abwartens hat sich bewährt. Ich sehe, wie einige der Kollegen leise lächeln.

Sawuti Arroro ist zu unserer Hauptverdächtigen geworden.

Die Erzählungen ihres Lebenspartners haben ein sonderbares Licht auf sie geworfen. Doch hatte sie tatsächlich ihre beste Freundin ermordet, nur um an ein eigenes Baby zu gelangen? Glaubte sie wirklich, dieser Plan würde gelingen? Und vor allen Dingen, wieso sagte sie mir beim Heruntertragen des Kinderwagens schon, dass es nicht ihr Kind ist? Selbst wenn sich diese Annahme als wahr erweisen sollte, blieb eine große Frage offen: Warum hat sie ihre beste Freundin gefesselt und gewürgt? Warum hat sie so viel Aufwand betrieben, einer Mutter das Leben zu nehmen? Warum hat sie die Freundin nicht einfach erschossen? Ich hole mit das Verletzungsmuster der Leiche in mein Gedächtnis zurück.

Zwischen dem Opfer und dem Täter hat ein Vertrauensverhältnis bestanden, das haben die Spuren an dem toten Körper eindeutig gezeigt. Rebecca Schwan war völlig ahnungslos, als der Täter sie fesselte. Um genau zu sein, muss ich ab jetzt wohl von der Täterin sprechen. Ich muss an die Worte der Arbeitskollegin denken, die von «fernöstlichen Entspannungsübungen» gesprochen hatte. Die einvernehmliche Fesselung kann ein perfider Schachzug der Täterin gewesen sein: So hat sie möglicherweise ihre körperliche Unterlegenheit gegenüber Rebecca Schwan kompensiert. Trifft diese Überlegung zu, dann hat Suwati Arroro ihr Vorgehen kühl und überlegt geplant. Ich kenne dieses überlegte Verhalten von Frauen, die sich aus einer Gewaltbeziehung lösen wollen und darauf warten, dass ihr Mann oder Partner eingeschlafen oder betrunken ist, um ihn dann mit hohem Gewalteinsatz zu erschlagen oder zu erstechen, manchmal auch zu erschießen.

Die Obduktion ist inzwischen beendet. Der Bericht bestätigt: Rebecca Schwan wurde durch eine Kombination aus Würgen und Drosseln getötet. Tatsächlich befand sich in ihrem Rücken eine Druckmarke. Der Täter hatte sie auf dem Boden mit seinem Knie fixiert. Eindeutige Hinweise auf weitere Gewalthandlungen gibt es nicht: Die Verletzung der Nasenwurzel muss nicht von einem Schlag herrühren, sie kann auch beim Drosseln entstanden sein, als sie mit dem Gesicht auf dem Boden lag. Der Blutaustritt aus Nase und Ohren lässt sich durch die Halskompression erklären, die Folge des Würgens ist: In den Blutgefäßen entsteht ein Überdruck, kleinste Adern platzen. Auch zum Todeszeitpunkt hat der Rechtsmediziner Angaben gemacht: etwa zwanzig Stunden vor dem Fund der Toten.

Inzwischen ist auch der gesamte Hausmüll vom Tatort durchsucht. In zwei Beuteln haben die Spurensucher weitere Gegenstände der Toten und des Babys entdeckt: einen blauen Rucksack, in dem sich eine abgeschnittene Jeans und eine rot-blau karierte Bluse befanden, ebenso einen rot-weiß gestreiften Strampelanzug des Kindes, eine Babyflasche.

Der Kollege, der den Ehemann vernommen hat, erzählt, dass dieser die vermeintlich beste Freundin seiner Frau nicht kenne. Die beiden Frauen müssen ihre Freundschaft also geheim gehalten haben. Doch warum? Der Ehemann sagte weiter aus, er wisse nichts von buddhistischen Ritualen oder Fesselspielen und habe auch den gelben Rock, den seine Frau trug, noch nie gesehen. « Nein, sie hatte kein gelbes Kleidungsstück. Im Gegenteil, gelb empfand sie als geschmacklos », zitiert der Kollege seine Aussage. Im Laufe der Vernehmung sei der Mann nachdenklich geworden. Er erzählte, dass sich seine Frau wenige Tage vor ihrem Tod Nähutensilien und bunte Stoffe gekauft habe. Auf seine Frage, was sie damit wolle, habe sie ihm keine Antwort gegeben. Ehe der Mann geht, übergibt er dem Kollegen einen gelben Stoffrest. Er hat ihn in dem Heft gefunden, in dem die Vorsorgeuntersuchungen beim Kinderarzt notiert werden. Für diesen Fund hatte der Mann keine Erklärung.

Der Kollege zeigt uns den Fetzen: Er ist voller Blut und gleicht dem Stoff vom Rock.

Da Suwati Arroro mehr und mehr in den Fokus unserer Ermittlungen gelangt, beschließen wir, noch am Abend ihre Nichte ins Präsidium zu bestellen. Ihre Aussage wirft ein weiteres Schlaglicht auf die Persönlichkeit von Frau Arroro. Die Nichte ist die Frau, die am Tatort vor dem Haus auf Suwati Arroro gewartet hatte. Die Vernehmung beginnt allerdings mit einer Überraschung: Sie sei gar nicht die Nichte, sie sei die Tochter der Verdächtigen. Fast gelassen nehmen wir diese Neuigkeit zur Kenntnis, in diesem verrückten Fall kann uns kaum noch etwas erschüttern.

Ich merke, wie groß das Bedürfnis der Tochter ist, über die Beziehung zu ihrer Mutter zu sprechen. Doch von Aufregung keine Spur, ruhig, sachlich, geradezu abgeklärt schildert sie uns ihre Biographie. Sie stellt sich als Any vor und sagt, sie sei um die 30 Jahre alt. Sie kenne ihre Mutter kaum und habe in den letzten Jahren auch nur wenig Kontakt zu ihr gehabt, da es ständig zu Streitereien gekommen sei. «Sie hat mich nur verleugnet. Egal ob sie einen neuen Freund hatte oder ein Flug gebucht wurde: Mal war ich ihre Schwester, mal die Nachbarin, mal die Nichte und auch mal die Freundin. Aber nie durfte ich die Tochter sein. Selbst mein Kind darf zu ihr nicht Oma sagen, sondern soll sie mit Vornamen ansprechen.» Welche Zurücksetzungen muss sie seit ihrer Kindheit erlebt haben? Trotz ihres beherrschten Äußeren spüre ich die große Wut und Enttäuschung der jungen Frau. Sie bemüht sich dennoch, die richtigen Worte zu finden und ihre Mutter nicht zu verdammen. Nur einmal wischt sie sich verstohlen eine Träne aus dem Gesicht. Es kommt mir so vor, als habe sie schon lange auf den Moment gewartet, endlich über ihre Situation sprechen zu können. Der Anlass dafür ist freilich ungewöhnlich: Ihre Mutter steht unter Mordverdacht.

Schon wieder hören wir an diesem außergewöhnlichen Tag eine Geschichte, die kaum zu glauben ist. Als Any drei Jahre alt ist, gibt die Mutter sie und ihren jüngeren Bruder bei der Großmutter ab. Suwati Arroro hat einen neuen Freund, einen Seemann, den sie heiratet und ihm nach Deutschland folgt. Sieben Jahre lang hört Any nichts von ihrer Mutter, dann der erste Besuch. Doch nach zwei Tagen reist Suwati Arroro wieder ab, warum und wohin, erzählt sie ihrer Tochter nicht. Wieder vergehen mehrere Jahre, bis es zum nächsten Kontakt kommt. Suwati Arroro ist nach Indonesien gekommen, um die mittlerweile 13 Jahre alte Tochter mit nach Deutschland zu nehmen. Das Kind glaubt den Versprechungen auf ein sorgenfreies Leben in der neuen Heimat und kommt ohne Widerstände mit. Ihr Bruder bleibt zurück; angeblich bekommt er keine Ausreiseerlaubnis. Die Fahrt geht nach Bremen, wo sie zu zweit in die Wohnung eines jungen Studenten ziehen, den die Mutter kurz zuvor in Indonesien kennengelernt hatte. Nach fast einem Jahr trennt sie sich wieder von dem Mann. Sie sagt, er sei straffällig geworden, die Polizei sei irgendwann gekommen. Viel mehr weiß Any aus dieser Zeit nicht zu berichten, und mir wird klar, wie wenig sie aus dem Leben ihrer Mutter weiß. «Andauernd hatte sie neue Freunde. Vermutlich aus den Bars, in denen sie arbeitete. Angeblich war sie dort die Geschäftsführerin. Sie hatte eine unheimliche Furcht davor, dass ich sie für eine Prostituierte halten könnte.»

Das Verhältnis von Mutter zur Tochter verschlechtert sich weiter, als Any dem Werben eines früheren Liebhabers ihrer Mutter nachgibt. Kurz darauf wird sie von ihm schwanger, sie ziehen zusammen. Any sieht ihre Mutter nur noch gelegentlich. Bei diesen seltenen Treffen legt Suwati Arroro weiterhin großen Wert darauf, nicht für Anys Mutter gehalten zu werden. Auch das Enkelkind verleugnet sie. Die Entfremdung von Mutter und Tochter geht weiter.

Völlig überraschend ruft Suwati Arroro vor knapp einem Jahr bei ihrer Tochter an. Voller Freude erzählt sie, nun auch schwanger zu sein. Any ist überrascht, denn ihre Mutter geht auf die fünfzig zu. Sie besorgt einen Schwangerschaftstest und fährt zu ihrer Mutter. Der Test ist negativ. «Sie war ganz verzweifelt», beschreibt Any die Reaktion ihrer Mutter. «Das ging sogar so weit, dass sie mich bat, meine Tochter adoptieren zu dürfen.» Any glaubt im ersten Moment an einen Scherz. Sie hat noch nie davon gehört, dass eine Großmutter eine Enkelin als Tochter adoptiert. Doch der Mutter scheint es ernst mit dem Anliegen. Sie nimmt mit den indonesischen Behörden Kontakt auf, um ein Kind zu adoptieren. Doch die Bürokratie arbeitet langsam, und auch dieser Traum zerplatzt.

In den folgenden Monaten haben Mutter und Tochter wieder kaum Kontakt, abgesehen von wenigen Telefonaten. Einmal ruft Any bei ihrer Mutter an, weil sie Geld benötigt. Die Mutter sagt, sie habe keine Zeit, und vertröstet die Tochter auf den nächsten Tag. Als Any wie verabredet vor der Haustür steht, hat die Polizei bereits alles abgesperrt: Es ist der Tag, an dem Rebecca Schwan tot im Treppenhaus gefunden wird. Ich frage, ob sie Rebecca Schwan kennt. Den Namen der toten Frau hat Any noch nie gehört.

Any ruft an diesem Morgen bei ihrer Mutter an, um zu sagen, dass sie draußen wartet. Wenige Minuten später sieht sie, wie ich ihrer Mutter beim Tragen des Kinderwagens helfe. Any ist völlig überrascht, ihre Mutter mit einem Baby zu sehen. Aufgeregt fragt sie, ob sich ihr Kinderwunsch nun doch erfüllt habe. Die Mutter verneint. Sie sagt, es sei das Baby einer Freundin, die eine Nacht bei ihrem Liebhaber verbringen wollte. Sie bittet ihre Tochter, sie zu dieser Freundin zu begleiten, um ihr das Kind zurückzubringen. «Mutter war ganz hektisch und meinte, wir müssten uns beeilen.»

Auf dem Weg lacht Suwati plötzlich laut und erzählt, dass Marek, ihr Verlobter, glaube, es sei sein Baby. Er sei auf ihren Scherz voll reingefallen. Any macht ihrer Mutter Vorwürfe. «Über so was scherzt man nicht, Mama.» Die Mutter aber versteht die Aufregung nicht. Sie habe doch nur Mareks Reaktion testen wollen. Schließlich erwarte sie tatsächlich ein Kind von ihm. Im nächsten Monat solle es das Licht der Welt erblicken. Any muss in diesem Moment mindestens so perplex gewesen sein wie wir jetzt im Vernehmungszimmer. Doch dann freut sie sich für ihre Mutter. Weiß sie doch, wie sehr sie sich ein Kind wünscht.

Als sich Any nach der Vernehmung verabschieden will, bleibt sie stehen. Es scheint ihr noch etwas durch den Kopf zu gehen. «Ich sollte es nicht sagen, doch meine Mutter wollte, dass ich für sie lüge. Ich sollte ihr ein Alibi für den Nachmittag des Mordtages geben. Ich sei bei ihr gewesen und wir hätten viel getrunken, wir beide alleine. Ich kann nur sagen: So war es nicht.»

Ich merke, dass der Fall mir langsam über den Kopf zu wachsen droht. Er hat so wenig gemein mit anderen Beziehungstaten, die ich kenne. Auch mit den Methoden der Fallanalyse bekomme ich das Geschehen nur schwer zu greifen, wenn es um das Motiv geht. Es ist nicht so, dass es keine Verdächtigen gibt, auch mögliche Beweggründe zeichnen sich ab. Doch noch immer gibt es viele Widersprüche und Unsicherheiten. Vor allem aber ist für mich Suwati Arroro noch völlig undurchschaubar. Sollte sie wirklich die Freundin ermordet haben, um deren Kind zu rauben? Ich mag noch nicht daran glauben. Vielleicht verstehe ich mehr, wenn ich mir ansehe, woher sie kommt.

Ich rufe im Internet die Homepage eines fernöstlichen Instituts auf. Obwohl es schon spät am Abend ist, rufe ich eine Nummer an. Überraschenderweise hebt der Professor gleich ab. Er ist Ethnologe und spezialisiert auf Südostasien. Sekunden später fühle ich mich in meine Jugend zurückversetzt. Eine näselnde Stimme erzählt von exotischen Ländern dieser Welt, wie einst im Geographieunterricht. Der Professor hat selbst viele Jahre in dem Kulturkreis gelebt, auch in Indonesien. Er kennt sogar Surabaya, wo Suwati Arroro aufgewachsen ist.

Ich lerne, woher der Name Indonesiens stammt. Eine Wortschöpfung aus « Indo » für Indien und « Nesos » für Insel. Mit fast 240 Millionen Einwohnern auf über 17 500 Inseln ist es der größte Inselstaat der Welt. Die Hauptinseln sind Sumatra, Java, Borneo, Sulawesi und Neuguinea. Ich erfahre weiter, dass Indonesien mit über 350 Völkern ein multiethnisches Land ist. Rund 200 Millionen Indonesier sind Moslems, allerdings ist der Islam nicht Staatsreligion. Es herrscht der Monotheismus. Die Bewohner müssen sich zu einer von fünf Weltreligionen bekennen: Islam, Christentum, Buddhismus, Hinduismus oder Konfuzianismus. Trotzdem praktiziert ein Großteil der Bevölkerung den Animismus, den Glauben an übersinnliche Kräfte, Geister und Dämonen. Gute und böse Wesen, die durch Opfer, Gerüche und besondere Riten angelockt oder vertrieben werden können. Die Kraft der Geister muss auch für Krankheit, Tod, Missernten und Hungersnöte herhalten, für Naturkatastrophen und Unfälle. In diesem Teil meines schnellen Intensivkurses am Telefon horche ich auf: Hatte Rebecca Schwans Arbeitskollegin nicht davon gesprochen, es solle um Buddhismus gehen, um gute Geister und rituelle Fesselungen?

Ich nutze die verbleibenden Abendstunden, um mir einen persönlichen Eindruck von Suwati Arroro zu verschaffen. Ich habe noch immer die Situation aus dem Treppenhaus vor Augen. Dieser scheue Blick, als ich ihr beim Tragen des Kinderwagens half. Ihre Aussage, sie kenne die Tote nicht.

Der Hauptsachbearbeiter hat für die zweite Befragung das Vernehmungszimmer gewählt. Es ist ruhig und abgeschieden, beste Bedingungen für eine Vernehmung, die nicht einfach sein wird. Ich klopfe an die Tür, und der Kollege kommt heraus. Er erzählt er mir noch weitere Details aus seinem Gespräch mit der Verdächtigen. Suwati Arroro habe bestritten, jemals von ihrem Verlobten Marek schwanger gewesen zu sein. Als ihr der Kollege die Aussage des Verlobten vorhielt, wonach sie ihm Ultraschallbilder des angeblichen Kindes gezeigt habe, räumte sie ein, ihren Partner getäuscht zu haben. Sie sei aber viele Monate tatsächlich davon überzeugt gewesen, schwanger zu sein. Alle körperlichen Symptome hätten dafür gesprochen. Seit einer gynäkologischen Untersuchung vor einigen Tagen wisse sie nun aber endgültig, dass sie keine Kinder mehr bekommen könne. Ihren Verlobten habe sie im falschen Glauben gelassen, da sie ihn nicht enttäuschen wollte.

Ich setze mich still in eine Ecke des Raumes, um nicht zu stören. Ich möchte nur zuhören und beobachten. Ein Dolmetscher sitzt neben meinem Kollegen. Er übersetzt die Fragen simultan ins Malaiische, der Sprache Indonesiens.

Suwati Arroro zieht heftig an ihrer Zigarette und klopft fortwährend Asche ab, selbst wenn sich noch keine neue gebildet hat. Sie wirkt abgelenkt und scheint zu träumen. Abwechselnd mustert sie uns mit ausdruckslosem Gesicht. Die Fragen beantwortet sie monoton, ausweichend und fahrig. Ihre Sätze sind meist kurz. Bisweilen aber schweift sie ab, verliert sich in Details, vor allem dann, wenn es um Nebensächlichkeiten geht. Ich bin fasziniert von diesem fast schon schizophrenen Auftritt. Was mag im Kopf dieser Frau vor sich gehen? Versteht sie überhaupt den Sinn der Fragen? Mein Kollege konfrontiert sie mit dem Fund aus dem Hausmüll, dem Ausweis der Toten, dem Schokoladenpapier, dem Briefkuvert mit den Aufzeichnungen. Er wiederholt die Aussage ihres Verlobten, wonach es sich dabei um eine Notiz des Arztes handele. Dann belehrt er sie, dass sie die Aussage verweigern kann, wenn sie sich selbst belastet. Er eröffnet ihr, dass sie unter Verdacht stehe, für den Tod von Rebecca Schwan verantwortlich zu sein. Suwati Arroro sagt, sie werde aussagen. Einen Anwalt benötige sie nicht.

Ihr Blick wird starr, sie scheint gedanklich sehr weit weg zu sein. Nur ihr aufgeregtes Atmen ist zu hören. Schnell steckt sie sich eine Zigarette an und tuschelt dem Dolmetscher etwas in ihrer Sprache zu. Der scheint den Vorwurf meines Kollegen zu wiederholen. Während ich die Frau betrachte, überlege ich, woher ich sie kenne. Mir ist das noch immer nicht eingefallen.

Nach einer langen Pause beginnt Suwati Arroro mit leiser und emotionsloser Stimme zu erzählen: «Ich hatte Rebecca zu meinem Geburtstag eingeladen. Eigentlich ist es der Geburtstag meiner Freundin Samsiah, den ich jedes Jahr feiere. Samsiah lebt nicht mehr. Ihr Tod hat mein Leben verändert. Wir waren damals noch Kinder.» Gespannt lausche ich, als sie erzählt, wie sie eines Tages mit ihrer Cousine und besten Freundin Samsiah auf dem Heimweg von der Schule an einem buddhistischen Tempel vorbeikam. Eine alte Chinesin habe davor gebetet. Vor ihr habe eine Schale mit Früchten als Opfergabe gestanden. Samsiah habe absichtlich gegen die Schale gestoßen, die daraufhin zerbrochen sei. Die alte Frau sei sehr wütend gewesen und habe gegen die beiden Mädchen einen Fluch ausgestoßen. Tatsächlich sei wenige Tage später Samsiahs Bein angeschwollen. Auch sie selbst sei krank geworden und habe hohes Fieber bekommen, erzählt Suwati Arroro. Die Familie führte die

Erkrankungen der Mädchen auf Samsiahs Frevel zurück. Sie versuchten, sich mit der Chinesin gütlich zu einigen. Nach dem gängigen Brauch formten sie aus Reispaste eine Figur, opferten diese und baten die Frau um Vergebung. Doch die Alte war zu gekränkt, um die Entschuldigung anzunehmen. Wenige Tage später war Samsiah tot.

Suwati Arroros Vater wandte sich daraufhin an einen Imam und bat ihn um Rat. Der islamische Geistliche sah den Namen der Tochter als belastet an. Fortan musste das Kind deshalb den Namen der toten Freundin tragen. Die meisten nennen sie nun Sia. Kurze Zeit nach dem Wechsel ihres Namens sank tatsächlich das Fieber. Seitdem feierte sie den Geburtstag ihrer besten Freundin aus Kindheitstagen am 7. Juli als ihren eigenen. «Der Fluch war besiegt», erzählt Suwati Arroro. Das Erzählen dieser Geschichten scheint ihren Redefluss anzuregen. Auf einmal spricht sie sehr lebhaft, ist unruhig, ihr Kopf wippt vor und zurück. Sie erinnert mich an ein eingesperrtes Tier, das an Hospitalismus leidet. Die Frau ist jetzt kaum zu bremsen. In höchsten Tonlagen wiederholt sie immer wieder kleine Details, so aufgeregt ist sie. Ich frage mich, wie sich Suwati Arroro all die Jahre mit ihrer «zerschlagenen» Identität gefühlt haben muss. Auf einmal strafft sich Ihre Körperhaltung. Sie wird nun regelrecht ernst.

Mit überraschend kräftiger Stimme kommt sie auf die ersten Fragen meines Kollegen, die nach den Gegenständen im Hausmüll, zurück. «Es ist die Schokolade von Marek. Ein Geschenk von seiner letzten Tour.» Auch die Angaben auf dem Kuvert kommentiert sie: «Das Baby war bei der Geburt 3080 Gramm schwer und 51 Zentimeter groß. Das ist Rebeccas Schrift. Ich hatte sie darum gebeten.» Nach einer kurzen Pause, vielleicht drei, vier Atemzüge lang, spricht sie weiter, kräftig und doch emotionslos. «Rebecca besuchte mich. Ich habe sie umgebracht. Ich habe es für Marek getan. Ich wollte ihn nicht verlieren.»

Habe ich richtig gehört? Ich sehe meinen Kollegen an, der genauso überrascht ist. Er schaut zweifelnd zurück. Dann fordert er den Dolmetscher auf, Suwati Arroro auf Malaiisch zu fragen, ob sie tatsächlich Rebecca getötet hat. Mit einem Schlag erfüllen nur noch fremde Töne den Raum, unbekannte Worte, schnell und flüsternd ausgetauscht. Suwati Arroros Blick klebt förmlich an den Lippen des Dolmetschers. Kurz darauf nickt sie und spricht einige Worte. Der Dolmetscher wiederholt Suwati Arroros Geständnis. Ich bitte meinen Kollegen um eine Zigarette, obwohl ich sonst kaum einmal rauche. Es ist nun ganz still in dem kleinen Zimmer, das von immer dichter werdenden Rauchwolken erfüllt wird. Auch Suwati Arroro hat sich wieder eine Zigarette angesteckt. Ich kann es noch immer nicht fassen. Die Frau, deren Kinderwagen ich noch am Morgen die Treppe heruntergetragen habe, offenbart sich am Abend desselben Tages als Mörderin. Sie tötete, um an ein Kind zu kommen.

Eine solch abrupte Wendung in einer Vernehmung habe ich nur selten erlebt. Doch ein kriminalistischer Grundsatz scheint auch dieses Mal zuzutreffen: Beschuldigte gestehen Taten meist am Anfang einer Vernehmung, wenn die Beweislage erdrückend genug ist. Oder sie leugnen über Stunden, über Tage oder für immer das Verbrechen. Trotzdem kann ich mir den Stimmungswandel bei der Beschuldigten nicht recht erklären.

Die Ermittlung ist mit dem Geständnis aber nicht abgeschlossen. Zu viele Fragen sind für mich noch offen. Warum hat Suwati Arroro die ahnungslose Rebecca gefesselt? Nur deshalb, um sie ohne Gegenwehr erdrosseln zu können? Es scheint tatsächlich so zu sein; es ist ihre individuelle Art zu töten, ihr Modus Operandi. Was ist mit der Meditation? Mit den Entspannungsübungen? Alles nur inszeniert, um das Opfer zu sich zu locken und in Sicherheit zu wiegen?

Suwati Arroro scheint meine Gedanken zu erahnen. Ohne Nachfrage erzählt sie weiter. «Rebecca hatte zu dem Treffen mehrere verschiedenfarbige Tücher mitgebracht und bat mich, ihr beim Nähen eines Rocks zu helfen. Auch schmale Stoffstreifen waren dabei. Sie fragte mich, ob ich den Tempel ganz in der Nähe kenne. Dort würde sie meditieren und Buddha verehren. Bei den Entspannungsübungen würde man sich auch nach altem Ritual fesseln.» Während sie erzählte, habe sich Rebecca bis auf ihren Slip ausgezogen und einen mitgebrachten gelben Rock übergezogen. «Sie hat mir ein paar bunte Bänder gegeben. Alle gleich lang und breit. Buddhas Farben, wie sie sagte.» Suwati Arroro nippt jetzt an ihrem Glas Cola und zündet sich eine weitere Zigarette an. Sie scheint sich verstanden zu fühlen, auch ein bekanntes Phänomen bei Tätern, die soeben ihr Gewissen erleichtert haben. Während sie den Rauch ausstößt, fährt sie fort: «Anschließend holte sie aus ihrem Rucksack Zitronen und Limonen und ein paar Handschuhe mit Bändern. Sie nahm dann in jede Hand eine Limone, und ich sollte sie fesseln.» Sie habe ihr den Wunsch erfüllt, sagt Suwati Arroro. Schließlich sei sie in Indonesien mit Geistern, Dämonen, Hexen und Ungeheuern aufgewachsen. «Es ist nicht gut, die Geister zu verärgern.»

Ich überlege, wie die Handschuhe aussahen. Und wo sie abgeblieben sind. Im Müll hatten wir sie nicht gefunden. Suwati Arroro gibt mir auf diese Fragen keine Antwort. Sie zuckt nur mit den Schultern. Dann demonstriert sie an sich selbst, wie sie die Fesseln angelegt hatte: Sie setzt sich auf den Boden, zieht die Beine an und deutet auf die Stellen, an denen sie ihre Freundin nach deren Anweisung gefesselt hat: an den Handgelenken, der Brust, am Oberschenkel, den Füßen. Während des Fesselns habe Rebecca mit ihr über Buddhismus gesprochen. Dann sei die Stimmung plötzlich total gekippt: «Es ging um Rebeccas Kinder, und sie sagte tatsächlich, sie würde ihren Sohn mehr mögen als das Baby. Das machte mich unglaublich wütend.» Suwati Arroro springt vom Boden des Vernehmungszimmers auf, ergreift ein imaginäres Tuch und demonstriert mit ihren Händen, wie sie es in Sekundenschnelle um den Hals von Rebecca Schwan wickelte. Dann zieht sie nach oben. Für mich ist das nur ein Teil der Wahrheit. Die Spuren am Hals zeigen ein anderes Bild; sie sprechen für ein sorgsames Umlegen des Bandes und nicht für ein impulsives Vorgehen.

Mein Kollege fragt, was dann geschah. Es ist wichtig, dass Suwati Arroro das weitere Vorgehen in freier Rede schildert. Später vor Gericht darf nicht der Eindruck entstehen, sie habe auf suggestive Fragen geantwortet oder vorformulierte Antworten übernommen. Eine Gefahr, die immer dann gegeben ist, wenn Beschuldigte einen geringen Intellekt haben oder es Sprachbarrieren gibt. Ihre Darbietung auf dem Boden war anschaulich und beeindruckend, sie wird auch als Vermerk Eingang in die Ermittlungsakte nehmen. Aber dennoch ist die Beweiskraft eines solchen Dokuments schwächer als die verschriftlichte Erzählung, denn beim Beschreiben kann die Subjektivität des Beobachters eine Rolle spielen.

Bis hierher spricht vieles für einen geplanten Mord. «Ich habe von hinten zugezogen. Zwei, drei oder fünf Minuten lang. Rebecca versuchte sich zu wehren, hat sich zur Seite gedreht. Sie wurde ohnmächtig, doch ich habe weiter den Stoff zugezogen. Sie kippte nach vorne und ich von hinten auf sie drauf. Ich dachte, es würde Rebecca nichts passieren.» Suwati Arroro merkt selbst, dass ihre Erklärungen unglaubwürdig klingen. Sie überlegt einen kurzen Moment, ehe sie sich korrigiert: «Ich wusste, dass sie sterben kann. Schließlich war ich früher ja

Krankenschwester.» Sie berichtigt auch ihre Schilderung der Tat. Sie sei es gewesen, die Rebecca gebeten habe, die Zitronen in ihre Hände zu nehmen. Sie hatte die Früchte zuvor aus der Küche geholt. «Ich habe ihr dann mit einem gelben Tuch die Handgelenke gefesselt. Anschließend die Fußgelenke und die anderen Körperteile.» Dann wiederholt sie die Version, die wir bereits kennen: Streit wegen unterschiedlicher Wertschätzung der Kinder, Drosseln in höchster Erregung und Wut.

Meine Euphorie des ersten Moments ist schnell verflogen. Suwati Arroros Erklärung klingt nicht schlüssig. Ich glaube ihr einfach nicht. Inmitten einer fernöstlichen Entspannungsübung soll ein Streit wegen der Kinder zum Mord eskaliert sein? Ich denke an das Lügengebäude, das Suwati Arroro errichtet hatte. Sie spielte sich und der Welt vor, ein eigenes Kind zu haben. Sie gab einen fremden Säugling ihrem Verlobten gegenüber als ihren eigenen aus. Ist ihr selbst eigentlich bewusst, was sie da tat? Ich stelle Suwati Arroro diese Frage. Zu meiner Überraschung wiederholt sie jetzt sehr überzeugend: «Ich habe es nur für Marek getan. Ich wollte ihn nicht verlieren. Ich bin doch auch schwanger gewesen und kann jetzt keine Kinder mehr kriegen.» Die Verzweiflung, die aus ihren Worten klingt, erscheint mir authentisch und nicht gespielt. Die Frau ist betroffen und offensichtlich traurig. Ob es in ihrem Kummer aber um ihre tote Freundin geht, dessen bin ich mir nicht sicher. War sie im Treppenhaus nicht auch authentisch gewesen? Authentisch ungerührt? Sorgt nicht eher die Gewissheit, für weitere Kinder zu alt zu sein, für die Traurigkeit? Und die Erkenntnis, im Leben gescheitert zu sein? In der Zukunft ohne materielle oder rechtliche Vorteile, aber auch fehlende gesellschaftliche Anerkennung. War nicht tiefstes Selbstmitleid das Motiv für den Mord und den Raub des Kindes? Und die Unfähigkeit, Tatsachen als unveränderlich zu akzeptieren?

Suwati Arroros fast lethargisches Verhalten hat für mich beinahe pathologische Züge. Auch ihre zum Teil unstrukturierte Tatplanung spricht dafür. Ich mag einen sogenannten Schwangerschaftswahn nicht ausschließen, eine Fehlwahrnehmung der Realität, an der die betroffenen Frauen unverrückbar festhalten. Der Wahn ist nicht korrigierbar. Der Schwangerschaftswahn ist ein « Wunscherfüllungswahn », ähnlich wie die sogenannte Erotomanie, die wahnhaft ausgeprägte Liebe zu einer meist unerreichbaren Person. Ihren Ursprung haben solche Krankheiten in der biographischen Entwicklung der Betroffenen. Langfristig unerfüllte Bedürfnisse nach emotionaler Bindung und sozialer Identität werden zum Schutz der eigenen Psyche kompensiert. Trifft diese Krankheitsform auch auf Suwati Arroro zu? Ich bin auf das Ergebnis der anstehenden psychiatrischen Untersuchung gespannt. Sie wird bei Verbrechen wie Mord und Totschlag obligatorisch angeordnet, um die Schuldfähigkeit der Täter zu bewerten.

Völlig kraftlos und in sich zusammengesunken sitzt Suwati Arroro jetzt auf ihrem Stuhl. Sie erzählt, wie sie die leblose Rebecca auf den Balkon schleppte. So, wie sie es als Krankenschwester gelernt habe. Sie steht auf, greift dem Dolmetscher unter die Achseln und zieht ihn auf seinem Stuhl ein Stück nach hinten. Dann setzt sie sich wieder hin. « Es musste schnell gehen. Ich durfte keine Zeit verlieren. Marek hatte angerufen und sein Kommen angekündigt. In ein paar Minuten. Ich habe ihn zum Einkaufen geschickt. »

Suwati Arroro stand unter Stress. Sie deckte die Leiche auf dem Balkon mit einer Tischdecke ab, stellte den Wäscheständer davor, hängte frisch gewaschene Wäsche auf und zog die Vorhänge zu. Als ihr Verlobter später die Balkontür öffnen wollte, protestierte sie: « Das Baby darf keinen Zug haben. » Marek akzeptierte ihre Ausrede. Nach einer unruhigen Nacht

war sie froh, als Marek morgens in die Spedition fuhr, und überlegte, wie sie die Leiche verschwinden lassen könnte. Ihr fiel
nur der Keller ein. Sie schnitt die Fesseln auf, stopfte die Bänder, die Kleidung und die persönlichen Sachen des Opfers in
Plastikbeutel und entsorgte alles im Hausmüllcontainer. Dann
zog sie die Leiche vom Balkon durch das Treppenhaus bis in
die tiefere Etage. « Sie war ganz starr und kalt.» Ich finde, dass
sie jetzt authentisches Wissen wiedergibt; starr und kalt muss
die Leiche beim Transport tatsächlich gewesen sein. Als sie in
der Wohnung das Baby schreien hörte, ließ sie die Tote fallen,
zog sie an den Beinen noch ein Stück von der Treppe weg und
rannte nach oben. Als sie das Kind beruhigt hatte, traute sie sich
nicht mehr zurück zur Toten.

Kurze Zeit später vernahm Suwati Arroro Aufregung im
Haus. Eine Nachbarin hatte die Leiche gefunden, die Polizei
war bereits eingetroffen. Wenige Minuten später klingelte es
an ihrer Wohnungstür. Zwei Polizisten erkundigten sich, ob sie
etwas über die Tote im Treppenhaus wisse. Sie sagte, sie habe
nichts bemerkt. Ihr Gesichtsausdruck musste dabei so überzeugend gewesen sein, wie später bei mir, als ich ihr half, den
Kinderwagen herunterzutragen und sie sagte, sie kenne die
Tote nicht. Die Polizisten waren mit ihrer Antwort jedenfalls
zufrieden. Suwati Arroro schrubbte daraufhin den Balkon und
spülte mit einigen Eimern Wasser das Blut weg, das aus Nase
und Ohren der Toten gelaufen war. Danach machte sie sich mit
dem Kind auf den Weg nach unten, wo sie auf einen arglosen
Kommissar traf. Ich half einer Mörderin, einen Kinderwagen
über ihr Opfer zu heben.

Frau Arroro ist eine kaltblütige Täterin, wie ich es schon
lange nicht erlebt hatte. Welche Kraft muss sie aufgebracht haben, um ihrem Verlobten vorzuschwindeln, dass er jetzt Vater
sei, während auf dem Balkon die tote Mutter lag? Was muss sie

empfunden haben, als wir beim Heruntertragen des Wagens über ihr Opfer steigen mussten? Wie muss sie sich gefühlt haben, als sie später die Leiche identifizieren sollte? Kein Wunder, dass sie sich nach der Tat betrinken musste.

Wir nehmen Suwati Arroro noch in dieser Nacht vorläufig fest. Am nächsten Tag erlässt ein Vorermittlungsrichter gegen sie Haftbefehl wegen Verdacht des Mordes. Suwati Arroro kommt in Untersuchungshaft. In der richterlichen Vernehmung bleibt sie bei ihren Angaben sprunghaft und sucht die Schuld bei allen anderen, nur nicht bei sich. Da sie kein Kind mehr bekommen kann, habe sie Depressionen entwickelt. Ihr Verlobter sei ein Trinker, der sie zum Konsum von Alkohol angestiftet habe, auch am Tag der Tat. Sie sei so verwirrt gewesen, dass sie überhaupt nicht mehr wisse, was bei dem Treffen mit Rebecca Schwan geschehen ist.

Die Strategie der Schuldverlagerung behält sie auch bei ihrer Begutachtung durch einen Psychiater bei. Erneut schiebt sie die Verantwortung auf ihren Verlobten. Marek habe sie überrascht, als sie ihrer Freundin Rebecca gerade ein Tuch locker und spielerisch um den Hals gewickelt habe. Sie seien gerade mitten in einer rituellen Fesselung gewesen, Rebecca habe sie bei vollem Bewusstsein miterlebt und genossen. Marek habe die fast andächtige Stimmung zerstört. Deshalb habe sie ihn gebeten, ihr beim Lösen der Fesseln zu helfen. Was danach passierte, wisse sie nicht. Sie habe einen Blackout erlebt, einen Moment von Unwirklichkeit. «Es war so, als würde ich in einem Auto sitzen, das in einer Sekunde von null auf 200 Kilometer beschleunigt.» Sie sei dann auf dem Sofa eingeschlafen.

Als sie am nächsten Morgen aufwachte, sei zu ihrer Überraschung das Baby von Rebecca Schwan in der Wohnung gewesen. Von der Mutter aber habe jede Spur gefehlt. Marek habe von ihr verlangt, den Säugling zu versorgen, da er zur Arbeit musste. Rebecca habe sie nicht mehr gesehen, versichert Suwati Arroro, weder tot noch lebend. Wahrscheinlich habe Marek ihre Leiche aus der Wohnung getragen und auf dem Flur abgelegt.

Es ist eine schwierige Situation für uns. Auch wenn Suwati Arroro ihr Geständnis widerrufen hat, spricht noch immer vieles für ihre Schuld. Die simulierte Schwangerschaft, die Täuschung ihrer Umwelt, die Einladung zur rituellen Fesselung, der Kauf der Babynahrung, der Zettel mit den Geburtsangaben des Babys, das Hintergehen des Verlobten, das authentische Geständnis in der Vernehmung. Dennoch müssen wir den Schuldvorwurf noch weiter festigen. Was ist, wenn Suwati Arroro dabei bleibt, Rebecca Schwan nicht getötet zu haben, und die Schuld auf Marek Karasek schiebt? Wie würde das Gericht unsere Anhaltspunkte in der Hauptverhandlung bewerten?

Ich möchte Ordnung in den Fall bringen und damit auch in meinen Kopf. Deshalb versuche ich, die Entscheidungen unserer Beschuldigten in einen zeitlichen Ablauf zu bringen, in eine Chronologie. Anschließend will ich sie bewerten, so wie es der klassische Ansatz der operativen Fallanalyse vorgibt.

Die Tatvorbereitung von Suwati Arroro wirkt sehr stringent und geplant. Über Monate ist es ihr gelungen, ihre Umwelt und sogar ihren Intimpartner über die vermeintliche Schwangerschaft zu täuschen. Bei Marek Karasek dürfte es nicht schwer gewesen sein, hatte er bei der Befragung in seiner Wohnung sehr infantil und einfältig auf mich gewirkt. Wie waren noch seine Worte gewesen? « Sie hatte ihre Probleme und ich meine eigenen. » Jeder war mit seinem Leben beschäftigt, und das war herausfordernd genug. Dazu die trennende Sprachbarriere des Paares.

Aber auch Rebecca Schwan war über Monate auf den

Schwindel ihrer vermeintlichen Freundin hereingefallen. Sie hatte ihr sogar zwei Bücher über Schwangerschaft und die Ultraschallbilder des Embryos gegeben. Aber weshalb hätte sie auch misstrauisch werden sollen? Gemeinsamkeiten verbinden, der Austausch von Schwangerschaftserlebnissen, die Gespräche über die anstehende Geburt und spätere Erziehung des Kindes schweißen zusammen. Bei diesen Themen brauchte sich Suwati Arroro auch nicht zu verstellen, sie konnte auf die Erfahrung ihrer eigenen Schwangerschaften zurückgreifen. Und wer ahnt schon, dass er Gegenstand eines perfiden Plans ist und ermordet werden soll? Wie sehr Rebecca Schwan der Täterin vertraute, zeigte auch ihr Verhalten gegenüber ihrem Ehemann: Die Annäherung an Meditation und Buddhismus verheimlichte sie ihm. Rebecca Schwan hatte tatsächlich geglaubt, eine enge und vertraute Freundin gefunden zu haben.

Mir fallen die beiden Schwangerschaftsbücher ein, die sich Suwati Arroro von Rebecca Schwan geliehen hat. Ich hole sie aus der Schublade meines Schreibtisches. «Neun Monate» ist ein Buch mit allgemeinen Informationen über Schwangerschaft, Geburt und die ersten Monate mit dem Neugeborenen. Keine ungewöhnliche Literatur für eine Schwangere. Anders ist es mit dem Werk «Spirituelle Hebammen». Hier geht es um die Erfahrungsberichte von schwangeren Frauen in den USA zur Zeit der Hippiebewegung. Bereits auf den ersten Seiten dieses Buches ist die Nähe der Autorinnen zu buddhistischen Ideen zu erkennen. Kein Wunder, dass Suwati Arroro, obwohl Muslima, mit ihrem kulturellen Hintergrund schnell Nähe zu Rebecca Schwan aufbauen konnte, die sich für fernöstliche Religionen und Riten interessierte.

Das strukturierte Vorgehen setzt sich im Akt des Tötens fort. Unter dem Vorwand des rituellen Anlegens der Tücher gelingt es Suwati Arroro, ihre Freundin zu fixieren, sodass sie wehrlos ist. Sie erwürgt die ahnungslose Mutter. Doch dann scheint der Täterin das Verbrechen über den Kopf zu wachsen. Marek Karasek hat überraschend sein Kommen angekündigt. Sie muss die Leiche vom Wohnzimmer auf den Balkon schaffen und behauptet später gegenüber Marek, das plötzlich aufgetauchte Baby sei ihres.

Doch wohin soll der Körper in der Eile entsorgt werden? Suwati Arroro hat keine Idee. Ihr Plan gerät aus den Fugen. Sie macht den entscheidenden Fehler und lässt die Leiche am nächsten Tag einfach im Treppenhaus liegen. Als die Tote gefunden wird, ist die Täterin in Erklärungsnöten. Sie weiß, dass die Leiche bald identifiziert sein wird und auch dass es nicht lange dauern wird, bis die Polizei bei ihr nachfragen wird, als Hausbewohnerin, vor allem aber als Rebecca Schwans Freundin. Ihr Lügengebilde droht zusammenzubrechen. Hektisch versucht sie zu retten, was noch zu retten ist. Sie tut so, als wolle sie das Baby zu Rebecca Schwan zurückbringen. Sie spricht von einem Scherz, dass sie das Baby ihrem Verlobten als eigenes Kind andrehen wollte. Sie versichert ihrer Tochter erneut, selbst schwanger zu sein.

Die Spurensucher haben in Suwati Arroros Wohnung viele belastende Details entdeckt. Die Theorie des viele Monate lang geplanten Mordes erhält durch neue Funde weitere Nahrung: Im Gefrierfach des Kühlschranks ist ein Wattebausch mit Blutspuren eingefroren. Es ist das Blut von Rebecca Schwan. Ich erinnere mich an den blutigen Stofffetzen, der im medizinischen Vorsorgeheft des Säuglings gefunden worden war. Ist es eine Parallele? Doch welche Bedeutung haben die beiden Beweismittel? Soll damit eine Verbundenheit der beiden Frauen symbolisiert werden?

Im Abstellraum entdecken die Kollegen von der Spuren-sicherung drei gefüllte 5-Liter-Kanister mit Diesel und Ben-zin, die unter einer Decke versteckt sind. Wir finden heraus, dass Marek Karasek knapp vierzehn Tage vor dem Verbrechen den Diesel-Kraftstoff kaufte, im Auftrag seiner Verlobten. Sie seien für den Ölofen ihrer Nichte gedacht. Doch Suwati Arro-ros Tochter, die sie stets als ihre Nichte ausgab, hatte dafür gar keine Verwendung: Ihre Wohnung wird zentral beheizt.

Wir ermitteln, woher die beiden Benzinkanister stammen. Suwati Arroro hat sie selbst in einem Baumarkt gekauft und sie an einer Tankstelle in der Nähe ihrer Wohnung füllen las-sen. Wollte sie die Leiche von Rebecca Schwan verbrennen? Wo aber hätte die Verbrennung von Rebecca Schwan gesche-hen sollen? Im Hause sicherlich nicht. Wie aber hätte Suwati Arroro die Leiche woandershin transportiert? Hätte sie dafür nicht einen Komplizen gebraucht? Sie selbst hat keinen Füh-rerschein, ein Auto steht ihr nicht zur Verfügung, und ihr Ver-lobter benutzt ausschließlich seinen Lieferwagen. Viele Fragen, auf die nur Suwati Arroro Antworten geben kann. Doch die Beschuldigte will nicht mehr mit uns sprechen. Auf Anraten ihres Rechtsanwalts macht sie von ihrem Recht Gebrauch, die Aussage zu verweigern. Auch zu einer Tatrekonstruktion ist sie nicht mehr bereit. Und so bleibt es auch ihr Geheimnis, welche Bedeutung die eingefrorene Watte mit dem Blut von Rebecca Schwan hat.

Marek Karasek, ihr Verlobter, zeigt sich gesprächsbereiter, denn er hat sofort die Beziehung zu «dieser Frau» beendet. Wir fragen ihn, ob Suwati Arroro in der Lage gewesen wäre, die Leiche woandershin zu transportieren, um sie dort zu ver-brennen. Der Ex-Verlobte gibt uns einen wichtigen Hinweis: In der Tiefgarage parke der Wagen seines Bruders. Suwati Arroro wisse, wo der Schlüssel liegt. Außerdem sei sie durchaus in der

Lage, ein Auto zu fahren. Sie habe die Fahrschule absolviert, nur bei der Fahrprüfung war sie durchgefallen.

Obwohl wir vieles über Suwati Arroro wissen, habe ich das Gefühl, dass es noch längst nicht alles ist. Es ist wie bei einer Wand, die mehrmals übermalt wurde. Wir haben die Oberfläche angekratzt, das schon. Welche Farben sich in den unteren Schichten aber verbergen, davon haben wir keine Ahnung. Ich suche aus den Akten nochmals das Protokoll der Vernehmung heraus, in dem ihre biographischen Angaben notiert sind. Vielleicht gibt es einen kulturellen Hintergrund für die Tat, der uns bislang verborgen blieb. Vielleicht entdecke ich irgendein Detail aus dem Leben der Frau, das uns helfen könnte, sie besser zu verstehen.

Ich lese, dass Suwati Arroros Vater auf Bali geboren wurde. Er hatte teils malaiische, teils arabische Wurzeln, während ihre Mutter dem chinesischen Kulturkreis angehörte. Der Vater war muslimischen Glaubens, die Mutter Buddhistin. Die Familie lebte nach muslimischen Glaubensgrundsätzen. Kurz nach Suwatis Geburt zog die Familie in einen Stadtteil am Rande der Altstadt von Surabaya. Der Vater hatte dort eine Anstellung bei der Polizei gefunden. Nach Suwatis Worten lebte die Familie dort sehr entbehrungsreich, isoliert und entgegen den landesüblichen Gepflogenheiten in einer Kleinfamilie. Die Nachbarn feindeten die Mutter wegen ihrer Abstammung an. Chinesen sind für die Indonesier eine nicht greifbare Bedrohung. Wovor man Angst hat, das bekämpft man. Dem zugrunde liegt ein ethnischer Konflikt, wie es ihn tausendfach auf der Welt gibt.

Suwatis Vater schien nicht so recht mit dem Leben klarzukommen. Er war aufbrausend und gewalttätig, schlug seine Ehefrau und die beiden Kinder. Vielleicht basierte sein Verhalten auch auf dem Umstand, dass der Frau nach den tradierten Vorstellungen lediglich eine untergeordnete Rolle zusteht. Nach einem erneuten Gewaltausbruch flüchtete die Mutter zu ihrer Großfamilie. Die fünfjährige Suwati und ihren Sohn ließ sie zurück. Das Leben der Tochter veränderte sich von einem Tag zum anderen.

Ich merke, dass ich Schwierigkeiten habe, mir Suwati Arroros Leben und die gesellschaftlichen Strukturen vorzustellen. So rufe ich noch einmal den Ethnologen an. Er bittet mich zu sich nach Hause. Kurze Zeit später sitze ich in seinem Arbeitszimmer, der Begriff Museum würde besser passen. An den Wänden hängen Masken von Dämonen, Marionetten und Schattenspiele. Die Regale sind prall gefüllt mit Büchern aus dem südostasiatischen Kulturkreis. Der Mann freut sich, uns bei den Ermittlungen helfen zu können, und nimmt sich viel Zeit, mir die gesellschaftlichen Hintergründe der damaligen Zeit zu erläutern.

Ich erfahre, dass wir – obwohl Suwati in einer Großstadt aufwuchs – von eher traditionellen indonesischen Häusern wie auf dem Land ausgehen müssen. Viele sind noch heute mit Stroh gedeckt. Wo immer um die Häuser herum ein kleines Stück Erde zu sehen ist, wachsen dort Bananen oder Gemüse zur Eigenversorgung. Steinhäuser gibt es nur im ehemaligen Holländerviertel der Stadt, jenseits der «Roten Brücke». Sie trennt die europäische Bevölkerung von den Malaien, Chinesen und Arabern. Transportmittel sind in den 50er und 60er Jahren vor allem Rikschas und Ochsenkarren. Natürlich gab es vereinzelt Automobile, in den Hafenstädten auch LKWs.

Suwati Arroros Dorf liegt am Rande der alten Stadt. Es wird immer mehr von neuen Kampongs umkreist. Der Kampong ist eine eigene soziale Einheit, gleich einem Dorf, geprägt durch die gegenseitige Überwachung. Ich frage mich, was diese Form der sozialen Kontrolle für ein junges Mädchen wie Suwati bedeutete. Wie ist sie mit diesen Zwängen umgegangen? Waren sie überhaupt zu ertragen?

Ich berichte dem Ethnologen, dass, nachdem Suwatis Mutter wieder den Kontakt zur Familie sucht, das Mädchen in den kommenden Jahren zwischen der Großfamilie ihrer Mutter und der Kleinfamilie ihres Vaters pendelt. Für sie ist das ein Leben voller Widersprüche: einerseits die Emotionalität der Mutter in der bäuerlich geprägten Sippe, andererseits die finanzielle Absicherung über den Vater, der aber auch unbeherrschte Gewalt zeigen kann. Suwati scheint diese beiden konträren Welten auf ihre Art zu vereinen. Sie besucht die Junior High School. Bildung, Bildung, Bildung ist die Devise dieser Zeit. Die Schule ist per Fußmarsch zu erreichen. Der Professor kennt die Gegend und weiß, dass es von dort gar nicht weit bis zum Hafen, den Altstadtkneipen und Nachtbars ist. Heute noch ist es der größte Rotlichtbezirk Südostasiens, wie mir der Fachmann verrät.

Ich berichte weiter: Suwatis Vater konnte sich den Schulbesuch der Tochter leisten, denn er hatte inzwischen die Anstellung bei der Polizeibehörde aufgegeben und war Händler im Markt am Hafen geworden: die Garantie für einen bescheidenen Wohlstand in Indonesien der frühen 1960er Jahre. Wenn Suwati ihm dort nicht helfen musste, schmiss sie einen großen Teil des Haushalts. Keine Seltenheit für Neunjährige in Indonesien. Sie passte auf den jüngeren Bruder auf, wusch die Wäsche im naheliegenden Kanal, kochte von morgens bis abends. Eine Wasserleitung gab es nicht, das Trinkwasser wurde in Kanistern gekauft und ins Haus getragen. Auch Elektrizität fehlte. Alles in allem führte man ein entbehrungsreiches Leben, Ablenkung bot allein das Kino, ein Ort der Träume, denn es werden ausschließlich westliche Filme gezeigt, die ein Leben im Luxus versprechen.

Als Suwati 18 Jahre alt war, heiratete sie einen 16 Jahre älteren Nachbarn. Wie sie aussagte, hatte die Familie so entschieden, ohne auf ihre Zustimmung zu warten. Kurze Zeit später kam ihre Tochter Any zur Welt, anderthalb Jahre später ihr Sohn. Auch in dieser Beziehung schien Suwati nicht vor Gewalt geschützt zu sein. Ihr Ehemann trank und eiferte ihrem Vater im Schlagen nach. Sie flüchtete schließlich mit ihren Kindern zu ihrem Vater. Der Ehemann verlangte die Herausgabe des Sohnes und zog mit ihm an einen unbekannten Ort. In den kommenden Jahren hatte sie keinen Kontakt mehr zu ihrem Kind.

Schon in der Vernehmung hatte Suwati Arroro diesen Punkt sehr knapp gehalten. Möglicherweise ist diese Zurückhaltung ein Indiz dafür, dass sie eine erfundene Geschichte erzählt. Hatte nicht ihre Tochter Any davon gesprochen, dass sie und ihr jüngerer Bruder zu den Großeltern abgeschoben worden waren? Kein Wort über ihren Vater. Ich habe bei Vernehmungen häufig die Erfahrung gemacht, dass Selbsterlebtes stringent und mit vielen, teils für die Sache unwichtigen Nuancen wiedergegeben wird, unwahre Sachverhalte dagegen werden nur andeutungsweise und mit wenigen Details berichtet. Überzeugendes Lügen ist tatsächlich eine besondere Leistung.

Auch der Indonesienexperte mag nicht glauben, dass Suwati Arroros Lebensgeschichte so stimmt. Er begründet seine Zweifel mit einem Bild der damaligen Zeit. Das Land wird Mitte der 60er Jahre durch Aufstände, Unruhen und Konflikte zwischen Indonesiern und Chinesen erschüttert. Das Regime von Präsident Sukarno wird nach einem Militärputsch durch Maji Mohamed Suharto gestürzt. Der Vietnamkrieg ist in vollem Gange. Surabaya ist ein wichtiger Nachschubhafen für die amerikanischen Streitkräfte, die Stadt ist voller Soldaten, die Entspannung bei käuflichem Sex suchen. Rotlichtmilieu und Drogenhandel boomen, die strenge Ahndung von Rauschgiftvergehen bis hin zur Todesstrafe wird erst nach dem Abzug der Amerikaner aus Südostasien angewendet. Viele junge Frauen arbeiten in den Bars und versuchen, sich einen Amerikaner oder Europäer zu angeln, die sie unter sich abschätzig «Langnasen» nennen. Sie träumen davon, am Reichtum des westlichen Lebens teilhaben zu können. Und so mag mein Gesprächspartner es nicht ausschließen, dass Suwati Arroro von einem GI oder einem Matrosen entjungfert wurde, die Katastrophe schlechthin für eine Frau in Indonesien, gilt der Verlust der Unschuld vor der Hochzeit mit einem Einheimischen doch als große Schande, als unverzeihlicher Ehrverlust für die Familie der Frau.

Das Bild von Suwatis früherem Leben und ihre Persönlichkeit bekommen nun für mich Strukturen, als setzten sich plötzlich die Teile ihrer Biographie wie ein Puzzle zusammen. Ich vermute, der Professor hat recht, wenn er mutmaßt, auch Suwati könne natürlich als Bardame ihren Lebensunterhalt verdient haben. Sie ist 22 Jahre alt, als sie den deutschen Seemann Robert Brennecke kennenlernt. Der Mann verlässt sein Schiff, zieht zu Suwati und lässt sich von seiner ersten Frau scheiden. Ein Jahr später reisen die beiden nach Deutschland, wo sie heiraten. Die Kinder der Braut bleiben der Hochzeit fern, ihnen fehlt angeblich die erforderliche Zustimmung des Vaters. Suwati, jetzt mit dem Nachnamen Brennecke versehen, landet in einem bayerischen Dorf, erzkatholisch, das sich kaum von der Enge und der sozialen Kontrolle ihres Kampongs unterscheidet. Sie ist hier die asiatische Exotin und lebt isoliert in einer fremden Welt. Die Familie ihres Mannes meidet zu ihr jeden Kontakt.

Nach sieben Jahren Ehe lässt sich Suwati Brennecke scheiden, vielleicht weil ihr nicht das Leben geboten wurde, das sie sich erhofft hatte. Zu jener Zeit besucht sie zum ersten Mal ihre Kinder in Indonesien. Für zwei Tage, wie ihre Tochter Any in der Vernehmung anmerkte. Anschließend sucht Suwati erneut nach einem Mann, der sie versorgen kann. Doch zunächst folgt eine Enttäuschung der anderen. Sie bemüht sich redlich, sich in Deutschland zu integrieren, es mag ihr nicht recht gelingen. Nach und nach schleicht sich der soziale Abstieg in ihr Leben. Sie arbeitet in Nachtbars, beginnt zu trinken und ist stets auf der Suche nach einer tragfähigen Beziehung. Doch statt Liebe gibt es weitere Enttäuschungen. Die hoffnungsvollen Bekanntschaften scheinen nur am Sex mit ihr interessiert zu sein. Zurück nach Indonesien kann sie nicht gehen, denn dort gilt sie dann als gescheitert. Mit der Scheidung, so die Vorstellung, sei es mit dem sozialen Aufstieg zu Ende. Tatsächlich wäre sie nicht fähig, die Landsleute zu Hause mit Reichtum zu beglücken; ein Klischee, das seinen Ursprung aus der Traumwelt der westlichen Filme hat, denn dort gibt es fast nur wohlhabende Menschen.

Erst vier Jahre später fliegt sie nach Surabaya, um die inzwischen 13 Jahre alte Any nach Deutschland zu holen. Für die Flüge hat sie einen Kredit aufgenommen. Als sie ihrer Familie ihre finanzielle Unabhängigkeit vortäuschen will und sie mit Geld unterstützt, ist ihre Barschaft schnell aufgebraucht. Der Rückflug nach Deutschland ist in weite Ferne gerückt. Schließlich aber lernt sie einen jungen Touristen kennen, der ihr das Geld vorstreckt. Mit ihm fliegt sie nach Bremen. Hier ziehen die beiden zusammen, auch Tochter Any ist jetzt dabei. Nach wenigen Monaten folgt die erneute Trennung. Weitere Beziehungen folgen, zumeist oberflächlich und kurz. In einer Bar lernt Suwati Arroro einen neuen Freund kennen, der bald zu ihr zieht; ein Taugenichts und Hochstapler, wie sie es in ihrer

Vernehmung formuliert, denn er unterschlägt ihr über Monate das Geld für die Miete. Am Ende wird ihre Wohnung zwangsgeräumt. Sie erkrankt an Tuberkulose, wird für zwei Monate stationär in einem Sanatorium aufgenommen und muss nach ihrer Entlassung aus der Klinik feststellen, dass ihre Tochter mit dem ehemaligen Freund eine intime Beziehung eingegangen ist. Fortan kommt es zu Rivalitäten zwischen Mutter und Tochter, die sich noch verstärken, als Any auch noch einen Sohn zur Welt bringt. Das weitere Leben der Suwati Arroro ist von Unruhe und Komplikationen geprägt: Versöhnung mit der Tochter, Besuche in Indonesien, weitere Männerbekanntschaften mit Alkoholexzessen, körperliche Gewalt.

Ich frage meinen Mentor, was er von den farbigen Bändern hält. Könnten sie eine tiefere Bedeutung haben? Der Professor verwirft meinen Gedanken, ohne lange überlegen zu müssen. Im Animismus spielten die Farben keine Rolle. Ihm erscheine es eher wie ein willkürliches Wirrwarr an Farben, wie es auch im Buddhismus auftritt. Der gelbe Plisseerock, den die Tote trug, symbolisiere zum Beispiel die Sonne. Auch der Fesselung misst der Experte keine tiefere Bedeutung zu. Lediglich im sibirischen Schamanismus würde sie bewusst praktiziert, da sich durch das Abschnüren des Körpers die Seele vom Körper trennen soll. Im Übrigen halte er das Fesseln für esoterischen «Hokuspokus», für den die Getötete wohl empfänglich gewesen war. Und Suwati Arroro wollte sich bei ihrem Opfer wahrscheinlich einfach nur beliebt und interessant machen. Dem blutigen Stofffetzen und der Watte misst er ebenfalls keine tiefere Bedeutung zu; auch das sei Scharlanterie.

Ich bin schon fast aus der Tür, als ich den Professor noch frage, ob er sich auf die vorgetäuschte Schwangerschaft einen Reim machen könne. Von seiner klaren Antwort bin ich überrascht: «Das ist in diesen Ländern durchaus üblich. Die Frauen besprechen das offen untereinander und schieben schon mal den Langnasen Kinder unter, manchmal sogar mit einem gefälschten Vaterschaftsgutachten.» Für die Sehnsucht nach Versorgung und Wohlstand riskiere eine Frau dort durchaus auch eine Lebenslüge. Was für ein erhellendes Gespräch mit dem Fachmann! Die Schwangerschaftslüge als kulturelle Selbstverständlichkeit ist für mich vollkommen neu.

Noch immer haben wir in Suwati Arroros Biographie einen blinden Fleck. Wir wissen nicht, wie genau ihr Leben hier in Deutschland ausgesehen hat. Meine Kollegen und ich setzen nun alles daran, so viel wie möglich darüber zu erfahren. Suwati Arroro ist seit über zehn Jahren in vielen Bremer Nachtbars und den umliegenden Ortschaften bekannt. Als Tresenkraft, sagen die meisten der Barbetreiber. Fragen, ob sie sich in Separees prostituiert hat, verneinen sie. Kein Wunder, würden sie es zugeben, drohte ihnen ein Verfahren wegen Förderung der Prostitution. Hinter vorgehaltener Hand erfahren wir von Barfrauen aber dann doch, dass Suwati Arroro durchaus mit Gästen Separees aufsuchte. Sie genoss in der Szene keinen guten Ruf. «Sie log, dass sich die Balken bogen, und hat ständig für Intrigen gesorgt» ist noch die freundlichste Aussage, die wir über sie bekommen. Auch über eine aktuelle Schwangerschaft tratschten ihre Kolleginnen aus dem Milieu. Einem jungen Pakistani soll sie vorgeschwindelt haben, von ihm ein Kind zu erwarten.

Suwati Arroro ist eine ausgemachte Lügnerin, das Bild zumindest wird immer deutlicher, von Zeugenaussage zu Zeugenaussage. Wie fand sie in diesem Gespinst von Selbstbetrug und Täuschung überhaupt noch ihre eigene Orientierung? Musste sie nicht ständig in der Angst leben, demaskiert und der Lebenslüge überführt zu werden? Oder kam ihr zugute, dass die Menschen, mit denen sie maßgeblich zu tun hatte, selbst genügend eigene Probleme hatten?

Selten bin ich bei einer Mordermittlung in meinen Gefühlen so hin und her gerissen gewesen wie in diesem Fall. War ihr kultureller Hintergrund ausschlaggebend für ihre Tat? Oder tatsächlich die Vorstellung, mit dem gestohlenen Baby die Beziehung zu ihrem Verlobten festigen zu können und finanziell abgesichert zu sein? Vermutlich war es die Mischung dieser Faktoren, die Suwati Arroro zur Mörderin werden ließ.

Auch wenn sich durch die fallanalytischen Methoden allein das Motiv der Täterin nicht ganz klären ließ, bin ich doch zufrieden mit der Interpretation der Spuren am Tatort und auf der Leiche. Die Bekleidung der Toten, die fehlenden Verletzungen, die Anordnung und Ausprägung der Fesselmarken und die Lage der Totenflecken verrieten, dass sich Täter und Opfer gekannt haben mussten. Auch der Umstand, dass Rebecca Schwan erst zwölf Stunden nach ihrem Tod ins Treppenhaus transportiert wurde, zeigte, dass der Täter nach dem Verbrechen nicht frei in seinem Handeln, sondern der sozialen Kontrolle unterworfen war. Doch erst durch die Bewertung der Opferpersönlichkeit konnten wir uns dem Motiv der Tat nähern. Es war eine interessante Folge von Ermittlungsansätzen, die wir in diesem ungewöhnlichen Verfahren ausprobierten.

Knapp sieben Monate nach dem Verbrechen beginnt vor dem Schwurgericht in Bremen der Prozess gegen Suwati Arroro. Die Staatsanwaltschaft hat sie wegen des Verdachts des Mordes angeklagt. So häufig ich es einrichten kann, nehme ich als Zuhörer an den Verhandlungstagen teil. Ich hoffe, in der Hauptverhandlung noch mehr über die Frau zu erfahren, die aus einem der ungewöhnlichsten Motive tötete, das ich als Mordermittler und Fallanalytiker kenne.

Suwati Arroro sitzt in dem jahrhundertealten Schwurgerichtssaal auf einer einfachen Eichenholzbank, wie alle Angeklagten. Sie sieht müde aus. Trotz ihres gepflegten Äußeren, der hochgesteckten Haare, ihres modischen blauen Hosenanzugs und der frischgestärkten weißen Bluse kann sie nun ihr Alter von 50 Jahren nicht länger kaschieren. Ich sehe eine vom Leben tief enttäuschte und gescheiterte Frau. Nur selten treffen sich unsere Blicke. Doch die Angeklagte zeigt keine Reaktion des Erkennens. Ihre Augen sind so leer wie damals in der Vernehmung, in der sie zu träumen schien. Ich bin immer noch am Grübeln, woher ich die Frau kenne. Gespannt lausche ich ihren Worten, als sie nach und nach dem Gericht ihre Lebensgeschichte erzählt, unterbrochen nur von der Übersetzung des Dolmetschers. Als Suwati Arroro davon erzählt, unter welchen Umständen sie nach Bremen gekommen ist, werde ich hellhörig, und auf einmal fällt es mir wie Schuppen von den Augen: Ich weiß jetzt, woher ich die Frau kenne.

Es ist über 15 Jahre her. Ich hatte gerade meinen Kommissarslehrgang absolviert und war für mehrere Monate in eine Sonderkommission zur Bekämpfung der Rauschgiftkriminalität versetzt worden. Über eine Kontaktperson wurde ich auf eine Asiatin aufmerksam gemacht, die einen Hinweis auf einen Rauschgifthändler geben könne, der im großen Stil handeln sollte. Ich bin mir der Bilder nun ganz gewahr: Ich sitze mit einem Kollegen im Wohnzimmer der Hinweisgeberin. Eine Dreizimmerwohnung in einem Achtfamilienhaus des sozialen Wohnungsbaus. Ihre Wohnung ist nach europäischem Vorbild gemütlich eingerichtet. Je länger ich an die Situation denke, desto mehr Einzelheiten fallen mir ein: Sogar an den christlichen Vornamen Susanna kann ich mich erinnern. Sie hatte ihn angenommen, um sich in Deutschland besser integrieren zu können. Und auch den Namen des Seemanns trug sie noch: Brennecke.

Suwati alias Susanna ist Anfang dreißig. Eine attraktive Frau mit krausen Haaren im Afrolook-Stil der späten 60er Jahre und zwei großen goldenen Kreolen in den Ohren. Schnell fällt mir auf, dass sie gerne mit ihren Reizen und ihrem exotischen Aussehen spielt. Lebhaft beschreibt sie dem Kollegen und mir ihre Beziehung zu einem jungen Studenten der Philosophie. Er finanzierte sein Studium mit dem Handel von Haschisch. Susanna ist nicht gut auf ihn zu sprechen. Sie befürchtet, ihre Tochter könne von ihm abhängig gemacht worden sein. Wir kommen überein, dass sie ein Treffen zwischen dem früheren Freund und mir arrangiert. Ich werde dabei als Käufer auftreten. Für diese Rolle war ich ganz gut geeignet, sah ich doch mit meinem Pilzkopf eher wie ein Student als wie ein Polizist aus.

Wenige Tage später kommt es in Susannas Wohnung zum Treffen mit dem jungen Mann. Er ist ungefähr so alt wie ich und mir sehr sympathisch. Zugegeben, das sind keine guten Voraussetzungen für einen Rauschgiftdeal. Susannas Exfreund möchte mehr über mich wissen, bevor er mich das erste Mal beliefert. So sprechen wir über unsere Interessen: über Mädchen, Musik, Werder Bremen. Wir stellen fest, dass wir viele Gemeinsamkeiten besitzen. Trotzdem bestelle ich zehn Gramm Haschisch bei ihm, « Roter Libanese », zum Grammpreis von 6 Mark. Der Scheinkauf fand ungefähr zeitgleich mit dem « Symposium Drogenpolitik » an der Universität Bremen statt. In ihrer Schlussresolution forderten die Drogenexperten die Entkriminalisierung des Umgangs mit Cannabis. Welch ein Gegensatz!

Der Student hegt gegen mich kein Misstrauen. Er hält mich für Susannas neuen Freund. Als er geht, fällt diese mir voller Freude um den Hals. Drei Tag später treffe ich den Lieferanten in der Innenstadt, erhalte das Haschisch und übergebe das Geld. Nun ordere ich erneut eine Lieferung, dieses Mal sollen es 100 Gramm «Roter» sein. Wir vereinbaren einen Preis von 450 Mark. Für den Studenten ist es eine verhängnisvolle Bestellung. Liefert er diese Menge tatsächlich, erfüllt sie nach dem Betäubungsmittelgesetz den Tatbestand der «nicht geringen Menge». Ein Verbrechenstatbestand, für den mindestens ein Jahr Freiheitsstrafe droht. Mein Gewissen rebelliert. Ich fühle mich als Agent Provocateur, als Lockspitzel, der den Entschluss zur Lieferung einer solch großen Menge Rauschgift erst provoziert hat.

Entgegen Susannas Auskunft ergeben unsere Recherchen, dass ihr Exfreund das Haschisch nicht telefonisch bestellt. Auch ruft niemand bei ihm an, um Rauschgift zu ordern. Hatte Susanna nur geblufft, um ihren lästigen Exfreund endlich loszuwerden? Nach langem Überlegen treffe ich eine Entscheidung. Ich rufe den vermeintlichen Großdealer an und reduziere meine Bestellung auf 25 Gramm. Nach dem Gesetz ist es jetzt «eine geringe Menge»; ein Vergehenstatbestand mit einer weitaus milderen Strafandrohung. Zwei Tage später treffen wir uns in einem Lokal in der Innenstadt. Ich bekomme das Haschisch, doch statt des Geldes zeige ich meine Dienstmarke. Mein Lieferant kann nicht glauben, dass ich nicht Student, sondern Kriminalbeamter bin. In seiner Vernehmung erklärt er, dass er sich selbst das Geld leihen musste, um das Haschisch für mich besorgen zu können. Von organisiertem Rauschgifthandel kann nicht die Rede sein. Ich beschließe für mich, für Aktionen dieser Art nie wieder zur Verfügung zu stehen. Als ich Susanna über den Ausgang des Deals informiere, wirkt sie enttäuscht. Sie spricht noch immer von einem «schwunghaften Rauschgifthandel». Mein Gefühl festigt sich, dass sie mich dafür benutzen wollte, den Freund loszuwerden. In der

Gerichtsverhandlung wegen Verstoßes gegen das Betäubungsmittelgesetz wird der Student lediglich zu einer Geldstrafe verurteilt. Ich bin froh, dass er nicht für sein weiteres Leben als Rauschgifthändler stigmatisiert ist.

Rasch kehren meine Gedanken in den Gerichtssaal zurück. Ich überlege, ob Suwati Arroro schon immer zu ihrem eigenen Vorteil notorisch gelogen hat. Eine chronische Lügnerin also? War sie also in gewisser Weise in ihrer Persönlichkeitsentwicklung stringent? War das Verbrechen an Rebecca Schwan nur der traurige Tiefpunkt einer fast absehbaren Entwicklung?

Die nächsten Verhandlungstage fördern immer mehr Neuigkeiten aus dem Leben der Angeklagten zutage: Rund anderthalb Jahre vor der Tat besucht sie eine Gastronomieschule und tritt eine Stelle als Stewardess auf einem Kreuzfahrtschiff an. Hier geht sie mit einem Bordmitglied eine intime Beziehung ein. Sie verschweigt auch ihm ihr tatsächliches Alter und behauptet, die Pille zu nehmen. Nach zwei Monaten kündigt Suwati Arroro die Stelle. Sie kehrt nach Bremen zurück und nimmt bald per Telefon Kontakt zu dem Mann auf. Sie behauptet, von ihm schwanger zu sein. Sie weiß, dass es eine Lüge ist. Der Exliebhaber ist empört und macht ihr Vorwürfe. Schließlich schreibt er ihr einen Brief und beklagt sich darüber, dass sie ihn belogen hat. Eindringlich bittet er die frühere Geliebte, es sich mit der Geburt des Kindes zu überlegen. Am Ende des Briefes äußert er die Hoffnung, dass alles nur ein Scherz gewesen sei. Doch Suwati Arroro zeigt sich von seiner Verzweiflung nicht beeindruckt. Sie lügt weiter, behauptet, schwanger zu sein, und schickt dem Mann später auch noch ein Foto des angeblich gemeinsamen Kindes. Sogar das Geburtsdatum hat sie auf die Rückseite des Fotos geschrieben. Erst in der Gerichtsverhandlung stellt sich heraus, dass sie ihm ein Foto ihres Enkelkindes geschickt hat. Der Mann ist nie Vater eines Kindes gewesen.

Suwati Arroro lernt in kürzester Zeit einen neuen Partner kennen, jenen jungen Mann aus Pakistan. Auch er sagt aus, Suwati Arroro habe erklärt, von ihm schwanger zu sein. Aber er ist aus einem anderen Holz geschnitzt als der Seemann. Er ruft seinen Vater in Pakistan an, der ihm rät, die Frau zu heiraten und mit dem Kind zurück nach Hause zu kommen. Suwati Arroro scheint sich über die Offerte zu freuen und will ihren zukünftigen Ehemann nach Pakistan begleiten. Doch ständiger Streit lässt auch dieses Vorhaben scheitern. Der Mann verlässt die angehende Mutter seines Kindes und hört nie wieder etwas von ihr. Wiederum dauert es nicht lange, bis Suwati Arroro eine neue Beziehung eingeht. Ich habe das Gefühl, dass ähnlich einer drehenden Spirale die Beschuldigte ihre Enttäuschungen immer schneller durch neue Bekanntschaften zu kompensieren versucht und ihre Ansprüche an eine Partnerschaft immer geringer werden. Dieses Mal ist es der über zwanzig Jahre jüngere Marek Karasek, den sie in einem Nachtlokal kennenlernt, wo sie als Bardame arbeitet. Er ist der vorläufig letzte Partner einer Frau auf der verzweifelten Suche nach einem verbindlichen Leben.

Am Ende des mehrtägigen Prozesses verurteilt das Schwurgericht Suwati Arroro wegen Mordes zu zehn Jahren Gefängnis. Die Richter sind davon überzeugt, dass sie vorsätzlich tötete, um Rebecca Schwan das Kind zu rauben und es als ihr eigenes auszugeben. Allerdings mildert das Gericht nach § 21 Strafgesetzbuch die eigentlich vom Gesetzgeber vorgeschriebene lebenslange Strafe. Suwati Arroro habe zwar das Unrecht der Tat erkennen können, sei aufgrund einer Persönlichkeitsstörung und möglichen Alkoholbeeinflussung aber nicht in der Lage gewesen, entsprechend dieser Einsicht zu handeln.

Das Vorliegen eines Schwangerschaftswahns wird ausgeschlossen.

Als das Urteil gesprochen ist, bleibe ich nachdenklich im Sitzungssaal. In welch einer Welt voller Widersprüche leben wir doch. Eine Frau, die mordet, um ihre Jugend zu erhalten. Sie will mit dem Kind einer anderen ihr persönliches Glück erreichen. Auf der anderen Seite erlebe ich Fälle von jungen Frauen, die ihre Schwangerschaft verleugnen und sofort nach der Geburt ihre Säuglinge töten, sie in Plastiktüten stecken und manchmal über Tage oder Wochen bei sich im Zimmer verstecken. Wie viel nackte Verzweiflung steckt hinter solchen Taten? Schnell verwerfe ich diesen Gedanken und blende die Bilder der toten Babys aus. Mein Bedarf an menschlichen Tragödien ist erst einmal gedeckt.

«ICH BIN DOCH KEIN MONSTER!»
━━━━━━━━━━ Die lange Suche nach der Wahrheit

Ich fühle mich in die Kaiserzeit zurückversetzt, als ich in Saal 218 des Bremer Landgerichts Platz nehme. Die Architektur, das Dekor, alles im Stil des Historismus. Ich bin beeindruckt, es ist mein erster Besuch des Schwurgerichts. Seit wenigen Tagen bin ich Praktikant bei der Kriminalpolizei, die erste Station ist die Spurensicherung. Mein Betreuer auf der Dienststelle ist als Zeuge geladen, er hat den Tatort untersucht. Nun soll er vom Gericht zu dem Verbrechen vernommen werden. Er hat mich gefragt, ob ich ihn zu dem Termin begleiten wolle, natürlich wollte ich. Angeklagt ist ein junger Mann, der einen Jugendlichen kaltblütig erschossen haben soll.

Die schwere Eingangstür aus Eichenholz öffnet sich. Zwei grün uniformierte Justizwachtmeister führen den Angeklagten herein. Sein rechtes Handgelenk ist mit einer Schließkette gefesselt, deren Enden einer der beiden Beamten hält. Der junge Mann ist groß und schlank. Er trägt Jeans, einen engen weißen Rollkragenpullover mit blauen Querstreifen und schwarze, samtene Stiefel. Seine schulterlangen gelockten Haare, die ein Mittelscheitel teilt, entsprechen der Haarmode jener Zeit. Die Enden des Oberlippenbarts sind bis zum Kinn heruntergezogen und werden von langen Koteletten umrahmt. Als er seinen rechten Pulloverärmel hochschiebt, erkenne ich an seinem rechten Unterarm eine Tätowierung: ein Eisernes Kreuz des Ersten Weltkriegs, das von dem Schriftzug « Hells Angels » eingefasst ist.

Scheu und verlegen sieht er sich um, bevor er sich auf die Bank für die Angeklagten setzt. Mit Handschlag begrüßt er seinen Anwalt, dann senkt sich sein Blick sofort wieder schüchtern nach unten. Ich kann seine Unsicherheit verstehen. Ich bin von der würdevollen Strenge des Saals ebenfalls zutiefst beeindruckt. Zum Glück bin ich nur ein Zuschauer.

Der Angeklagte ist gerade einmal 19 Jahre alt, nur drei Jahre jünger als ich. Ich frage mich, welche Gedanken in diesem Moment in seinem Kopf kreisen. Was erwartet er von seiner Zukunft? Hat er mit seinem Leben schon abgeschlossen, bevor es überhaupt richtig begonnen hat, während ich hier sitze und mich auf eine spannende Zeit bei der Kriminalpolizei freue? Obwohl ich ihn nicht kenne, tut mir der Junge fast leid. Bevor die Verhandlung beginnt, blickt er verstohlen um sich. Für den Bruchteil einer Sekunde begegnen sich unsere Blicke. Ich bin erschrocken, wie ausdruckslos diese Augen sind. Nicht einmal Verzweiflung spricht aus ihnen. Keiner von uns beiden ahnt in diesem Moment, dass sich unsere Lebenswege in den folgenden Jahren immer wieder kreuzen würden.

Das erste Mal geschieht das zehn Jahre nach der ersten flüchtigen Begegnung in Saal 218 des Bremer Landgerichts. Das Wetter zeigt sich in diesem Winter in Norddeutschland von seiner launischen Seite; Schnee, Regen und Sonne wechseln sich ab. Von der Nordsee weht salzige Meeresluft. Es ist viel zu warm für diese Jahreszeit. Trotzdem habe ich die Hoffnung auf weiße Weihnachten noch nicht aufgegeben. Wie oft ist es schon geschehen, dass am Morgen des 24. Dezember weiße Flocken vom Himmel fallen. Ich freue mich jedenfalls auf ruhige Feiertage, auf gutes Essen, Zeit zum Lesen, Rumtollen mit meinen Kindern. Zugleich kriecht langsam, aber sicher Misstrauen in mir hoch. Weiß ich doch, dass in den vergangenen Jahren fast immer ein Verbrechen alle Pläne von Besinnung scheitern ließ. In der Mordkommission sprechen wir nur noch vom alljährlichen Weihnachtsmord. Zugegeben, der Begriff Weihnachtsmord ist ein Unwort. Kriminalisten aber sind meist schlechte Poeten, sie versachlichen ständig und versuchen auf diese Weise, dem Extremen eine nüchterne Normalität zu geben; vielleicht auch um dem Schrecklichen den Schrecken zu nehmen.

Drei Jahre zuvor war der Weihnachtsmord eine als Suizid inszenierte Tötung eines Mitzechers im Alkoholikermilieu. Der Mann wurde erdrosselt und erhängt. Im Jahr danach erwürgte ein Mann seine Ehefrau, nachdem sie ihn verlassen wollte. Anschließend versuchte er eher halbherzig, sich das Leben zu nehmen. Als ihn der Mut verließ und auch der Alkohol sein Selbstmitleid nicht länger betäuben konnte, stellte er sich an Heiligabend sturzbetrunken bei der erstbesten Polizeiwache. Würde also auch in diesem Jahr spätestens am ersten Weihnachtsfeiertag das Telefon klingeln? Die Wahrscheinlichkeit ist groß; denn gerade in der Weihnachtszeit kochen häufig die Emotionen hoch, Konflikte treten stärker zu Tage als zu anderen Zeiten, oftmals offenbaren sie uns schonungslos die Abgründe des Lebens. Das alles an dem Tag, den die Menschen als den friedlichsten und stimmungsvollsten des Jahres feiern oder zumindest immer wieder diese Erwartung haben.

Am frühen Nachmittag des 25. Dezember klingelt tatsächlich mein Telefon. Am anderen Ende der Leitung ist der sogenannte «Mordbereitschaftsbeamte», im pragmatischen Polizeijargon «MB-Mann» genannt. Er ist ein Mitarbeiter der Mordkommission, der außerhalb der Dienstzeit für die Bearbeitung von ungeklärten Todesfällen verantwortlich ist. Er berichtet, dass gegen Mittag die fast 80-jährige Rentnerin Sophie Undeloh tot in ihrer Wohnung aufgefunden wurde. Manche Merkmale an der Leiche und Details in der Wohnung würden seiner Meinung nach für einen Mord sprechen, auch wenn der hinzugezogene Notarzt von einem akuten Herzversagen ausgehe. Der Sohn habe seine Mutter zum Weihnachtsessen abholen wollen. Als sie auf das Klingeln nicht reagiert und Nachbarn berichtet hatten, die alte Frau seit zwei Tagen nicht mehr gesehen zu haben, habe er mit einem Dietrich die Wohnungstür geöffnet. Hinter der geschlossenen Schlafzimmertür habe seine Mutter gelegen, leblos.

Ich verspreche zu kommen und lasse mir zu Hause nicht anmerken, wie enttäuscht ich bin. Ich weiß, dass ich die nächsten Tage im Büro verbringen werde, wenn sich der Verdacht des Kollegen bestätigen sollte. Meine beiden Söhne sind gerade einmal sechs Monate und zwei Jahre alt. Ich beruhige mich mit dem Gedanken, dass sie ein leuchtender Weihnachtsbaum zumindest ein wenig entschädigen wird. Eine halbe Stunde später bin ich am Tatort.

Das frühere Kasernengelände aus der Vorkriegszeit ist umgebaut worden und jetzt eine Anlage mit Mietwohnungen. Nur wenige Passanten haben sich bei diesem wechselhaften Wetter auf die Straße getraut. Während sie hinter dem rot-weißen Absperrband auf Neuigkeiten warten, werden in den umliegenden Wohnungen nach und nach die Kerzen der Weihnachtsbäume angezündet. Man kann gut beobachten, wie ein Fenster nach dem anderen immer heller wird. Zwei Mitarbeiter eines Beerdigungsinstituts warten bereits am Straßenrand. Sie werden die Leiche – je nach Ausgang unserer Ermittlungen – in die Leichenhalle ihres Unternehmens oder in die der Rechtsmedizin bringen. Ich begrüße die Bestatter, die rauchend vor dem

Leichenwagen stehen und frierend von einem Bein aufs andere treten. Ich kenne die beiden durch manchen gemeinsamen Einsatz seit Jahren. «Frohes Fest», rufe ich ihnen zu. Es soll ironisch klingen. Einer von ihnen antwortet auf Plattdeutsch: «Den een sien Dood is den anner sien Broot», was bedeuten soll, dass es Berufe gibt, die vom Tod leben. Leichenträger verdienen nur sehr wenig. Sie sind auf jeden Todesfall angewiesen, auch wenn er am Feiertag eintritt.

Mit wenigen Schritten bin ich in der ersten Etage des Sechsfamilienhauses und betrete die kleine Dreizimmerwohnung. Außer dem MB-Mann und mir sind erst zwei weitere Kollegen der Mordkommission alarmiert worden. Noch ist ja nicht erwiesen, ob Sophie Undeloh tatsächlich einem Verbrechen zum Opfer gefallen ist. Ich höre die Stimme des MB-Mannes aus dem Wohnzimmer, er spricht mit dem Sohn der Toten. Ein Blick in das Zimmer zeigt weihnachtliche Stimmung. Vor dem Fenster steht eine geschmückte Kiefer mit roten Kerzen, auf dem Couchtisch liegt eine gestickte Decke mit Weihnachtsmotiven. Darauf stehen eine Schale mit offensichtlich selbstgebackenen Keksen und ein Adventskranz mit vier abgebrannten Kerzen. Strohsterne und bunte Transparentbilder am Fenster geben dem Zimmer eine warme Unschuld.

«Die haben meine Kinder gebastelt!» Ich schrecke aus meinen Gedanken auf. Ein untersetzter Mann steht hinter mir, er trägt einen Vollbart. «Horst Undeloh. Ich bin der Sohn.» Mit knappen Worten berichtet er, dass der Wohnungsschlüssel seiner Mutter fehle, auch die Handtasche mit Ausweis und Portemonnaie. Er spricht von weiteren Ungereimtheiten in der Wohnung. Mit einem Kopfnicken fordert er mich auf, ihm zu folgen. Im Flur deutet er auf eine etwa 20 mal 30 Zentimeter große angetrocknete Stelle auf dem Teppich. Der Fleck sieht aus wie erbrochener blutiger Mageninhalt. Dann geht er in die

Küche, um eine leere Flasche Sherry zu holen. «Der Fleck ist neu, und auch die Flasche stand vorgestern noch nicht auf der Spüle!» Er wisse das genau, denn er habe mit seiner Frau am Abend des 23. Dezember seine Mutter besucht und bei dieser Gelegenheit mit ihr zusammen eine Flasche roten Korn geleert. Obwohl er noch gerne einen Schluck mehr getrunken hätte, sei nichts Alkoholisches mehr in der Wohnung gewesen. Trotzdem sei er mit seiner Frau gegen 20.30 Uhr in guter Stimmung gegangen. Seine Mutter habe hinter ihnen die Haustür abgeschlossen.

Eine festlich gekleidete Frau mit weißer Bluse, schwarzem Rock und Perlenkette kommt dazu, die Schwiegertochter der Toten. Auch ihr sind Veränderungen aufgefallen, die sie sich nicht erklären kann. Die Orchidee in der Vase auf der Anrichte sei bei ihrem Besuch noch nicht da gewesen, erzählt die Frau. «Wer hat sie der Schwiegermama wohl geschenkt?» Ich blicke auf die Blume. Sie ist noch in Folie eingepackt. Nun übernimmt die Schwiegertochter die Führung durch die Wohnung. Im Schlafzimmer deutet sie auf den Boden. Zwei Kleider liegen vor dem geöffneten Schrank, offenbar achtlos hingeworfen. Auch die Bettdecke ist zurückgeschlagen, Kopfkissen und Bettlaken zerdrückt. Ich merke, wie sehr meine Neugierde an dem Fall wächst. Am liebsten aber möchte ich mir den Tatort erst einmal in Ruhe ansehen, bevor mich andere mit Informationen zuschütten.

Der MB-Mann steht auch im Schlafzimmer, er deutet auf die Leiche. Sophie Undeloh liegt mit dem Rücken auf einem langflorigen beigefarbenen Hirtenteppich zwischen Bett und Kleiderschrank. Sie trägt einen roten Pullover mit V-Ausschnitt, darunter einen hochgeschobenen naturfarbenen Hüfthalter. Die Oberbekleidung sieht unbeschädigt aus. Ihr Kopf ist nach rechts geneigt, das Gesicht erscheint gedunsen und ist schwach bläulich verfärbt. Aus dem weit geöffneten Mund ist blassgelbe, schaumige Flüssigkeit gelaufen. Auch hier kann man auf dem Teppich Erbrochenes erkennen. Die Arme der Toten liegen parallel zum Körper, die Beine sind gespreizt. Knapp 40 Zentimeter von den Füßen entfernt befindet sich eine geknüllte weiße Unterhose. Sie ist nicht beschädigt. Ein schwarzer Rock und eine Strumpfhose hängen ordentlich über der Lehne eines in der Nähe stehenden Stuhles. Mein Kollege deutet auf das benutzte Bett. «Ob sie den Alkohol spürte und sich hingelegt hatte?» Ich gehe in die Hocke und sehe unter dem Bett zwei Zahnprothesen liegen. Das Gebiss für den Unterkiefer ist blutig.

Gemeinsam inspizieren wir nun die Leiche. Das ist Routine, wir haben das bestimmt schon einige hundert Male gemacht. Zu der Zeit, als Sophie Undeloh stirbt, gibt es in Bremen noch keinen rechtsmedizinischen Dienst, der obligatorisch bei jedem ungeklärten Sterbefall die Leichenschau vornimmt. Hausarzt oder Notarzt sollen entscheiden, um welche Todesart es sich handelt: natürlich, aus ungeklärter Ursache oder gewaltsam. Viele Ärzte, die den Verstorbenen nicht kennen, lehnen diese Verantwortung aber ab. Sie seien für die Versorgung der Lebenden und nicht der Toten da, sagen sie und kreuzen dann auf der Todesbescheinigung «ungeklärte Todesursache» an. Damit ist es ein Fall für die Polizei.

Ich habe bei der Kriminalpolizei von Anfang an gelernt, auf Ferndiagnosen zu verzichten. Stattdessen müsse man bei der Untersuchung die Nähe zur Leiche suchen, so makaber das auch klingen mag. Der erste Schritt also ist, den entkleideten toten Körper genau zu untersuchen. Die Untersuchung beginnt mit der Prüfung der frühen Leichenerscheinungen: Totenstarre (*Rigor Mortis*), Totenflecken (*Livores*) und Auskühlung der Leiche. Die Leichenstarre beginnt am Kiefergelenk und setzt sich über die Arme und Hände bis zu den Beinen und Füßen fort. Als ich das Ellenbogengelenk von Sophie Undeloh beuge, geht das leicht: Die Totenstarre hat sich bereits wieder gelöst. Die Totenflecken finden sich dort, wo man sie bei der Lage der Leiche vermuten würde. Nur die Stellen, wo der Körper direkt auf dem Boden aufliegt, sind ausgespart. Die Flecken sind violett gefärbt und verschwinden nicht, als ich darauf drücke. Ich lege meine Hand auf den Bauch der Toten und spüre keine Wärme mehr, der Körper hat die Umgebungstemperatur von etwa 20 Grad angenommen. All dies sagt mir: Sophie Undeloh ist vor mindestens sechsunddreißig Stunden gestorben. Es war die Nacht zum Heiligen Abend. Der Mord muss geschehen sein, als ihr Sohn und seine Frau noch nicht lange aus der Tür waren.

«Schau dir mal den Hals an!» Mein Kollege deutet auf mehrere Rötungen und kleinere Kratzer. «Das sieht doch komisch aus.» Uns waren die Verletzungen noch gar nicht aufgefallen. Erst als für einen Moment lang die Sonne auf den toten Körper geschienen hat, hat sie mein Kollege erkennen können.

Ich betrachte den Hals genauer. Oberhalb des Kehlkopfes zeigt sich eine schwach ausgebildete Vertrocknung der Haut, vielleicht so groß wie ein Fingernagel, rotbraun verfärbt. Mehrere ähnliche Defekte erkennen wir in Höhe des rechten Schlüsselbeins und der Kehlkopfgrube. Die Verletzungen deuten klar auf die Todesart hin: Erwürgen.

Um sicher zu gehen, hole ich aus meinem kleinen Einsatzkoffer eine Pinzette hervor. Ich klappe der Toten die Augenlider um. In der Haut und den Bindehäuten sind zahlreiche Blutungen zu sehen, so klein wie Flohstiche. Petechien heißen sie in der Fachsprache. Ein Notarzt würde bei der Leichenschau wohl nur selten auf solche Merkmale achten. Der Verdacht, dass die alte Frau tatsächlich erdrosselt wurde, erhärtet sich damit immer mehr. Ich streife mir leichte OP-Handschuhe über, fasse in den offenen Mund der Toten. Ich fühle den zahnlosen Gaumen und entdecke auch in der Mundschleimhaut Blutungen, die typischerweise beim Ersticken entstehen. Warum aber, frage ich mich, als ich Mund und Augen der Toten wieder schließe, sind die beiden Zahnprothesen nicht im Mund?

Die Untersuchung des Kopfes ist noch nicht zu Ende. Ich taste ihn vorsichtig ab und meine, am Hinterkopf mehrere Schwellungen zu spüren. Sie liegen oberhalb der sogenannten Hutkrempenlinie und sind vermutlich durch Schläge entstanden. Wären sie von einem Sturz verursacht, lägen sie unter der Linie. Die Kombination von stumpfer Gewalt gegen Kopf und Oberkörper sowie Würgen oder Drosseln am Hals ist typisch für eine bestimmte Art des Verbrechens: Sexual- oder Beziehungsdelikte; denn die Verletzungen dokumentieren die Nähe des Täters zu seinem Opfer. Ich überlege, was geschehen sein könnte: Die Frau wurde auf dem Flur niedergeschlagen und hat sich übergeben, ehe sie an den Fußgelenken in das Schlafzimmer gezogen wurde. Der nackte Unterkörper, die gespreizten Beine, der auf dem Boden liegende Schlüpfer und die fehlenden Kieferprothesen lassen in mir einen bösen Verdacht keimen: Der Täter vergewaltigte die alte Frau oral und vaginal, bevor er sie tötete. Was für ein gemeines Verbrechen! Grausam wäre sicher der bessere Ausdruck. Doch als Ermittler halte ich mich mit solchen Zuordnungen zurück, weil meine Arbeit von der Objektivität lebt. Ich soll Verhalten erkennen und einordnen, aber nicht moralisch bewerten. Auch wenn das manchmal schwerfällt. Der MB-Mann hat inzwischen die Hände des Opfers untersucht, sie sind unverletzt. Vielleicht aber entdeckt man später bei der Obduktion unter den Fingernägeln Hautpartikel oder Blut, Spuren des Todeskampfes der Frau. Das wäre ein erster wertvoller Hinweis auf den Täter.

In meine Überlegungen dringt die Stimme des Rechtsmediziners. «Frohes Fest, die Herren!» Es ist doch immer die gleiche Art von Humor der Menschen, die berufsmäßig mit dem Tod zu tun haben. Indem wir uns betont stark und unnahbar zeigen, wollen wir uns doch nur von dem Grauen der Taten abgrenzen, aber auch vor der Endgültigkeit des Todes und der Gewissheit des eigenen Sterbens. Der MB-Mann hat den Mediziner vorsichtshalber angerufen, damit er sich noch ein eigenes Bild von der Leiche und der Fundsituation machen kann. Denn für ihn gilt das, was auch für uns eine feste Regel ist: Nichts ist so wertvoll wie der Tatort, nirgends ist man dem Täter und seinem Denken näher.

Der MB-Mann erzählt dem Gerichtsarzt von unseren Befürchtungen und zeigt ihm die Verletzungen. Ich sehe mich inzwischen weiter in der Wohnung um. Das Wohnzimmer ist wie alle anderen Zimmer ordentlich aufgeräumt: hellbraun melierte Stofftapete, schwere Polstermöbel im Chic der 1960er Jahre und eine verschnörkelte Anrichte aus dem frühen 20. Jahrhundert, darauf die Vase mit der weiß-lilafarbenen Orchidee, von der die Schwiegertochter gesprochen hatte. Über dem braunen Cordsofa ein Ölgemälde mit italienischen Impressionen: Fischer auf ihren Booten, im Hintergrund versinkt die Sonne im Meer. Eine Hommage an das Wirtschaftswunder der Nachkriegszeit und das Fernweh der Deutschen nach dem Süden zu jener Zeit. Nichts deutet darauf hin, dass jemand nach Wertsachen oder Geld gesucht hat. Auch die Küche ist aufgeräumt, ich entdecke nichts Auffälliges. In einem Mülleimer haben die Beamten des Erkennungsdienstes acht Zigarettenkippen sichergestellt. Nach Auskunft des Sohnes sind es seine und die seiner Frau.

Die Situation in der Wohnung bedrückt mich. Obwohl ich stets versuche, bei meiner Arbeit keine Gefühle an mich heranzulassen, wird mir der Kontrast an diesem Tatort eindringlich bewusst: Hier die brutale Gewalt, dort die weihnachtliche Idylle. Sophie Undeloh hatte sich auf das Fest gefreut, sie hatte einen Adventskranz gekauft, den Baum liebevoll geschmückt und Weihnachtskarten darunter drapiert. Ich nehme die Karten und lese die Adventsgrüße von Enkelin Annette und ihrem Ehemann Tobias, Mitgliedern der Wandergruppe und des Kegelclubs. Wer hatte Grund und welchen, das friedliche Leben dieser alten Frau so brutal zu zerstören?

Ich kehre in das Schlafzimmer zurück. Der Rechtsmediziner ist mit seiner ersten Untersuchung fertig, auch er glaubt nicht an einen natürlichen Tod. Er schlägt vor, die Leiche noch am Abend zu obduzieren. Der MB-Mann ruft die frierenden Bestatter nach oben. Sie wickeln Sophie Undeloh in ein weißes Leichentuch aus Papier und tragen sie dann in einem großen Leichensack durch das Treppenhaus. Unten legen sie die Verstorbene in einen nüchternen Sarg aus Kunststoff und fahren den Leichnam zum rechtsmedizinischen Institut.

Zwei Stunden später haben wir Gewissheit: Sophie Undeloh ist ohne Zweifel erwürgt worden. Das beweisen die frischen und unterbluteten Verletzungen der beiden Schildknorpelhörner ihres Kehlkopfes, die durch die rohe Kraft des Würgens abgebrochen sind. Außerdem hatte der Täter der alten Frau tatsächlich mehrmals auf den Kopf geschlagen. Das zeigten ausgeprägte Blutungen zwischen der harten Hirnhaut und dem Schädelknochen. Fachleute sprechen von einem epiduralen Hämatom. Möglicherweise war Sophie Undeloh durch den dadurch resultierenden Druck auf das Gehirn ohnmächtig geworden. Auch ihr Erbrechen lässt sich dadurch erklären. Der Rechtsmediziner bestätigt außerdem meine böse Ahnung: Sophie Undeloh wurde tatsächlich vergewaltigt. Ihre Vagina ist verletzt, vermutlich durch Kratzen mit einem Fingernagel. In einem Scheidenabstrich zeigen sich bei der mikroskopischen Untersuchung intakte Spermien. Der Täter hatte die alte Frau tatsächlich bis zu seinem Orgasmus vergewaltigt.

Ich fahre ins Büro. Bei einem Becher Kaffee und Weihnachtskeksen versuche ich, mir ein Bild von dem Verbrechen zu machen. Obwohl wir erst am Anfang der Ermittlung stehen, haben wir schon einige wichtige Informationen zusammen: Gegen 20.30 Uhr schloss die alte Frau hinter ihrem Sohn und der Schwiegertochter die Haustür ab. Anschließend wusch sie die Schnapsgläser und den Aschenbecher in der Küche ab. Zog sie gleich danach ihren Rock und die Strumpfhose aus und hängte diese ordentlich über den Stuhl? Spürte sie die Wirkung des Alkohols und wollte sie sich auf dem Bett ausruhen? Wann aber und vor allem wie trat der Täter mit ihr dann in Kontakt?

Die Zeichen des Todes an der Leiche waren eindeutig: Das Verbrechen muss passiert sein, kurz nachdem der Besuch gegangen war. Hatte der Täter an der Wohnungstür geklopft oder draußen an der Haustür geklingelt? Weshalb öffnete Sophie Undeloh um diese Zeit die Tür und ließ den Täter in die Wohnung ein? Kannte sie etwa den späten Besucher? Hatte sie Vertrauen zu ihm? War sie deshalb so arglos? Die Wohnungstür ist mit einer Kette versehen, doch es gibt keinen Türspion und auch keine Gegensprechanlage. Sah sie aus dem Fenster, erkannte sie den Besucher und schloss ihm die Haustür auf? Oder warf sie den Schlüssel hinunter? War es vielleicht ein Bewohner des Hauses, der bei ihr an der Tür klopfte? Es spricht vieles dafür, dass Sophie Undeloh den Täter kannte. Er war mit der Orchidee gekommen, ein Geschenk für die alte Frau. Er fiel nicht gleich über sie her, sonst würde die Blume nicht akkurat in der Vase auf der Anrichte stehen. Saßen beide noch zusammen im Wohnzimmer und tranken vom Sherry, den der Besucher vielleicht auch mitgebracht hatte? War Sophie Undeloh nur mit Mieder und Pullover bekleidet? Ohne Rock und Strumpfhose? Ich halte das für eher unwahrscheinlich. Haben ältere Frauen nicht noch ein ausgeprägtes Schamgefühl? Zog sie sich in Anwesenheit des Mannes aus? Auch dies kann ich mir nicht vorstellen. Andererseits wurden die beiden Kleidungsstücke sorgfältig auf den Stuhl gelegt. Tat der Täter es? Doch weshalb ließ er dann die Unterhose zusammengeknüllt auf dem Boden liegen? Was war der Auslöser für den Gewaltausbruch, für die Schläge ins Gesicht und auf den Kopf? Ich merke, wie ich unruhig werde. Trotz der vielen Informationen sind Tatablauf und Motiv des Mörders noch zu diffus.

Wenn ich unruhig bin, wandere ich, und sei es nur in meinem kleinen Büro. Vom Schreibtisch zum Fenster, weiter zur Tür, zurück zum Schreibtisch. Ich bleibe neben dem Fenster stehen. Dort hängen meine Jugendstilbilder an der Wand. Vor einigen Jahren habe ich sie auf einer Vernissage erstanden: Titelseiten der 1896 erstmals erschienenen Münchener Wochenschrift «Die Jugend». Seitdem hat sich meine Liebe zu dieser Kunstrichtung entwickelt. Sie symbolisiert für mich die Befreiung von eingezwängten Denkstrukturen, die Emanzipation vom Duckmäusertum, den Freiheitsgedanken im Militarismus der Wilhelminischen Kaiserzeit. «Freiheit der Gedanken» habe ich den Stil getauft. Es ist die Leitidee, die auch für meine Arbeit als Mordermittler und Fallanalytiker gilt. Wie aber können mir jetzt die freien Gedanken weiterhelfen? Es ist schon so, dass ich mich frei fühle, aber leider auch frei von einer Idee.

Der Täter war offenbar nicht wütend auf Sophie Undeloh, er hatte nichts Persönliches gegen sie. Drückte das Mitbringen der Orchidee nicht eher Sympathie und Zuneigung aus? Dennoch schlug er die alte Frau. Weshalb war die Situation eskaliert? Die Gewalt des Täters war zunächst nicht exzessiv, sie war so dosiert, dass er Sophie Undeloh unter Kontrolle bekam, um sie zu vergewaltigen. Die Frau fiel auf dem Flur zu Boden und erbrach Flüssigkeit. Ich gehe davon aus, dass sie bewusstlos war, als der Täter sie über den Boden ins Schlafzimmer schleifte und vor dem Bett ablegte. Er begann, seine sexuellen Vorstellungen zu realisieren. Ich bin überzeugt, dass sie nicht der eigentliche Grund seines Besuches waren. Vielleicht enthemmte der Alkohol? Die leere Flasche Sherry in der Küche könnte ein Hinweis darauf sein. Nahm in der Phantasie des Täters ein diffuses Szenario Gestalt an? Eine alte Frau – Gewalt gegen das Gesicht – Transport in das Schlafzimmer – Ausziehen – Spreizen der Beine – Herausnehmen der beiden Kieferprothesen – vermutlich Einführen des Penis in den Mund – vaginale Penetration mit einem Gegenstand oder dem Finger – Vergewaltigung bis zum Samenerguss – Erwürgen. Geschah es wie im Rausch? Oder vielleicht im wortwörtlichen Rausch?

Nach der Tat kümmerte sich der Täter nicht weiter um die Tote. Er ließ sie achtlos auf dem Boden liegen, unternahm keinen Versuch, das Verbrechen als einen natürlichen Tod zu inszenieren. Er versuchte auch nicht, die Tat quasi ungeschehen zu machen, indem er die Tote z. B. abdeckte, ihr die Unterhose wieder anzog oder sie ins Bett hob. Dem Täter schien alles gleichgültig zu sein, er schloss nur die Schlafzimmertür hinter sich. Er zeigte sich aber nach dem Töten sehr gut organisiert und klar. Er verwischte seine Spuren in der Küche und im Wohnzimmer, stahl die Handtasche und nahm den Wohnungsschlüssel mit. Allerdings ließ er die Orchidee zurück und kümmerte sich auch nicht weiter um die fast leere Sherryflasche.

Täter, die eine alte Frau in ihrer Wohnung töten, kennen häufig das Opfer. Das ist meine Erfahrung aus anderen Sexualdelikten, auch die Fachliteratur weist darauf hin. Man kann daraus ein regelrechtes Täterprofil ableiten: Die Täter wohnen oft in der Nachbarschaft, manchmal sogar im selben Haus. Sie erschwindeln sich gerne das Vertrauen der Frauen durch kleinere Hilfeleistungen, kaufen für sie ein oder führen den Hund aus. So erfahren sie etwas über die persönlichen Verhältnisse der späteren Opfer und nutzen dieses Wissen für spätere Diebstähle, für die sie durch unverschlossene Türen oder Fenster in die Wohnungen oder Häuser eindringen. Andere suchen den direkten Kontakt und werden von dem ahnungslosen Opfer eingelassen. Allerdings ist ihr Verhalten meistens nicht durchgehend stringent: Während sie bei den Einbrüchen meist geplant und strukturiert vorgehen, folgen sie bei der Tötung häufig einem plötzlichen Impuls. Bei der Tat selbst sind sie dann chaotisch und desorganisiert. In über 80 Prozent der Fälle erfolgen die Angriffe überfallartig. Zur Tötung benutzen die Täter zumeist ihre eigenen Hände oder sogenannte Waffen der Gelegenheit: zufällig am Tatort vorgefundene Gegenstände wie Messer, Scheren, Flaschen. Sie töten ihr Opfer wie im Fall von Sophie Undeloh häufig durch eine Kombination von Würgen, Drosseln und Gewalt. Entweder durch stumpfe Gewalt, also Faustschläge, Einsetzen eines Totschlägers oder einer Flasche, oder aber durch scharfe Gewalt, mittels eines Messers oder einer Schere. Nur in seltenen Fällen schießen derartige Täter auf ihr Opfer. Sehr viele Opfer sind einer exzessiven Gewalt ausgesetzt. Man nennt das in der Kriminalistik auch Übertöten oder Overkill.

Obwohl in rund 75 Prozent der Fälle die Täter nach Wertsachen und Geld suchen, stehen sexuelle Handlungen im Vordergrund ihres Motivs: Entkleiden, vaginale, orale oder anale

Penetration, manchmal auch sexuelle Ersatzhandlungen wie das Einführen von Gegenständen, etwa Kerzen, Schürhaken oder Flaschen in die natürlichen Körperhöhlen. In seltenen Fällen verstümmeln die Täter die Genitalien ihrer Opfer nach dem Tod. Nach der Tat kümmern sich die wenigsten um ihr Opfer, die meisten lassen die Leichen an ihrem letzten Aktionsort einfach zurück. Wenn sich die Täter noch längere Zeit an den Tatorten aufhalten, dann decken sie zumeist die Leiche zu oder transportieren sie in einen Nebenraum.

Das Alter der Täter variiert in dieser Statistik zwischen 15 und 60 Jahren; zugegeben kein besonders hilfreicher Wert. Das Durchschnittsalter aber liegt bei Ende zwanzig. Die meisten Mörder älterer Frauen über 60 Jahre sind also noch vergleichsweise jung. Neuere Untersuchungen des Bundeskriminalamtes bestätigen diese These: Demnach sind die Täter in über 90 Prozent der Fälle mindestens 25 Jahre jünger als ihre Opfer. Je älter das Opfer ist, desto enger ist seine Beziehung zum Täter, auch das hat die Untersuchung ergeben. Häufig haben wir es auch mit zwei Tätern zu tun. Viele von ihnen haben Vorstrafen wegen Eigentumsdelikten oder Körperverletzung, allerdings nur jeder Vierte wegen eines Sexualdelikts. Die meisten haben keine Ausbildung, sind arbeitslos und haben Alkohol- oder Drogenprobleme. Dieser Umstand ist auch eine Erklärung für die oftmals unkontrollierte Gewalt.

Wir müssen unsere Ermittlungen also zunächst auf einen Mann aus dem Verwandten- oder Bekanntenkreis der Toten konzentrieren. Noch am späten Abend des ersten Weihnachtstages vernehmen wir Horst Undeloh, den Sohn. Wir erfahren, dass Sophie Undeloh seit dem Tod ihres Mannes vor knapp fünfzehn Jahren keine Beziehung zu einem Mann mehr eingegangen ist und dies auch nicht wollte. Der letzte Annäherungsversuch eines Mannes würde mehrere Jahre zurückliegen.

Ähnliches berichten auch die Bewohner des Hauses: Es würde im Haus ein netter Umgang herrschen, die Hausgemeinschaft wollte sogar gemeinsam den Heiligen Abend feiern. Zur Überraschung aller sei Sophie Undeloh aber nicht zur Feier gekommen. Man dachte, sie sei dann wohl doch zu ihrem Sohn gefahren. Einen Fremden hat an diesem Tag niemand im Haus bemerkt, auch keine Schreie oder Streitereien aus der Wohnung der Toten.

Als Nächstes vernehmen wir die Enkelin von Sophie Undeloh und ihren Mann Tobias. Kollegen der Fahndung haben die beiden ins Präsidium gebracht. Annette Lemke ist eine kleine, zierliche und zerbrechlich wirkende Frau. Sie verdient ihr Geld als Friseurin. Mit selbstbewusster Stimme erzählt sie von den zwei Söhnen der Toten. Während Onkel Horst ein sehr familiärer Mann sei, sei ihr Vater genau das Gegenteil. Er sei das schwarze Schaf in der Familie. Vor über zwanzig Jahren habe er den Kontakt zu seiner Mutter und der Familie abgebrochen. «Er hat einfach zu viel getrunken, war nicht auf der Beerdigung meines Großvaters und musste immer das letzte Wort haben.» Lange Zeit hat sich Annette Lemke mit der Situation abgefunden. Im Sommer dieses Jahres aber fasste sie sich ein Herz und rief bei ihrer Großmutter an. Zu ihrer Überraschung erwies sich Sophie Undeloh als eine herzliche und spontane Frau, die ihre Nachkommen nicht unter Kollektivstrafe stellte. Vielmehr sprach sie noch für denselben Nachmittag eine Einladung aus. Mit weichen Knien sei sie zu ihrer Oma gefahren, erzählt Annette Lemke. «Wir haben uns gleich ins Herz geschlossen.»

Von nun an treffen sich die beiden regelmäßig, mindestens einmal in der Woche. Manchmal ist auch Annettes Ehemann Tobias dabei. Beiden scheint der Kontakt zur alten Frau gut zu tun, lernen sie doch so etwas wie ein Familienleben kennen. Tobias ist in einem Heim groß geworden. Der Kontakt zu der Enkelin bringt Sophie Undeloh auch wieder näher an ihren Sohn, das Verhältnis entspannt sich zunehmend.

Für Heiligabend ist das nächste Treffen zwischen Großmutter und Enkelin verabredet. Als sie morgens gegen 8.30 Uhr bei ihr angerufen habe, habe Sophie Undeloh auf das Klingeln nicht reagiert. Auch danach sei sie nicht ans Telefon gegangen, sagt Annette Lemke. Wer ihre Großmutter getötet haben könnte, wisse sie nicht. « Vielleicht jemand aus der Nachbarschaft oder einer ihrer Kunden, denn sie hat doch für einen Versandhandel gearbeitet, und die Kunden holten bei ihr die Ware ab. »

Während Annette Lemke munter erzählt, vernimmt im Nebenraum ein Kollege den Ehemann der Enkelin. Auch dieses Gespräch verläuft recht unkompliziert. Tobias Lemke ist ein aufgeschlossener Mann, Anfang dreißig, drahtig und kräftig. Er hat Kfz-Schlosser gelernt und ist bei einem großen Autohersteller in Bremen beschäftigt. Dort arbeitet er im Schichtdienst, ist für den Innenausbau der Fahrzeuge zuständig und verdient fast 2500 Mark netto im Monat. Bereitwillig antwortet er auf unsere Fragen und bestätigt, drei- oder viermal gemeinsam mit seiner Frau deren Großmutter Sophie Undeloh in ihrer Wohnung besucht zu haben. Das letzte Mal sei er vor etwa sechs Wochen dabei gewesen. Da hätten sie Fisch aus Bremerhaven mitgebracht. Er nennt sie « seine Oma » und fühlte sich bei ihr immer sehr wohl. Als mein Kollege ihn fragt, ob er Sophie Undeloh jemals alleine besucht hat, verneint er. Dabei wirkt er unaufgeregt und bestimmt. Er macht eine kurze Pause, bevor er auf ein anderes Thema kommt. « Ihr erfahrt es ja sowieso. Wegen Mordes bin ich zu acht Jahren Jugendstrafe verknackt worden. Hatte im besoffenen Kopp einen Jungen erschossen. » Jetzt sind wir es, die eine Pause brauchen.

Draußen an der Kaffeemaschine rattern Bilder aus der Vergangenheit durch meinen Kopf. Erschossen, Mord an einem Jugendlichen, vor vielen, vielen Jahren. Plötzlich fühle ich mich in meine Zeit als Praktikant zurückversetzt. Raum 218 des Landgerichts zu Bremen, der beeindruckende Saal, der schüchterne Junge auf der Anklagebank, mein aufsteigendes Mitleid für ihn. Der Angeklagte damals war Tobias Lemke.

Wir kehren ins Vernehmungszimmer zurück. Ich schaue mir Tobias Lemke genauer an und erkenne ihn jetzt. Der Mann hat sich kaum verändert. Noch immer trägt er den markanten Bart und die langen Koteletten. Im Gespräch kristallisiert sich nun heraus, dass es um die Ehe von Annette und ihm nicht zum Besten steht. Zwar sind die beiden seit fünf Jahren ein Paar, doch Annette hat ihn vor zehn Tagen verlassen und ist zu einer Freundin gezogen. «Am 23. Dezember hatte ich frei. Habe nachmittags ein paar Besorgungen gemacht: Wein, Spargel, Schinken, Duschgel.» Anschließend sei er gegen 17 Uhr zur Wohnung der Freundin gegangen und habe einen Zettel in den Briefkasten geworfen. Er habe seine Frau gebeten, die Weihnachtsfeiertage mit ihm gemeinsam zu verbringen. Er habe sich so alleine gefühlt. «Gegen halb sieben bin ich dann zu Hause gewesen. Vom Supermarkt hatte ich mir noch ein paar Dosen Bier geholt. Abends habe ich mir das alles reingezogen und bin gegen 22 Uhr eingeschlafen. Hatte ja auch einiges intus.» Einen Zeugen für seine Schilderung des Tages hat Tobias Lemke nicht.

Nachdem er seinen Rausch ausgeschlafen habe, sei er am nächsten Morgen wieder einkaufen gegangen, dieses Mal für ein paar Flaschen Wein und Erdnüsse. An ein Weihnachtsgeschenk für seine Frau denkt er nicht. «Ich war mir nicht sicher, dass sie überhaupt kommt.» Am späten Nachmittag besucht Annette Lemke tatsächlich ihren Mann und bleibt über die

Weihnachtsfeiertage. Auch sie wäre alleine gewesen, denn die Freundin ist zu ihren Eltern gefahren. Mein Kollege fragt Tobias Lemke irgendwann völlig unvermittelt, ob er etwas mit dem Verbrechen zu tun habe. «Welchen Grund sollte ich dafür haben?» Ja, welchen Grund sollte er für den Mord an «seiner Oma» haben? Ist er verdächtig, nur weil er schon einmal einen Menschen getötet hat? Oder weil er für die Tatzeit kein Alibi besitzt? Zur Tatzeit wegen der Trennung frustriert und betrunken war? Und das Opfer gut kannte? Es sind dezente Hinweise, einen starken Verdacht begründen sie noch nicht.

Ich überprüfe Tobias Lemke in unseren Auskunftssystemen. Nach seiner Haftentlassung hat er keine Gewalttaten mehr begangen, die polizeilich registriert wurden. Er ist seit dem straffrei geblieben. Tobias Lemke ist damit einverstanden, dass wir ihm eine Blutprobe entnehmen. So sind wir auch bei den anderen Zeugen verfahren. Am nächsten Tag fährt ein Kurier mit zehn Blutproben, den Spuren vom Tatort, den Abstrichen aus Vagina, Mund, After und der Kleidung der Toten in ein rechtsmedizinisches Institut, mit dem ich bereits seit mehreren Jahren zusammenarbeite.

Damals konnten forensische Wissenschaftler Tatortspuren wie Blut, Sperma und Speichel lediglich durch die Bestimmung der klassischen Blutgruppen A, B, AB und 0 und einiger weniger Untergruppen mit dem Blut von Tatverdächtigen vergleichen, ein oft schwieriges Unterfangen. Tatortspuren sind häufig nicht so leicht zu analysieren wie eine Blutprobe, die etwa bei einem Arzt entnommen wurde. Sie sind Umwelteinflüssen oder der Wirkung von Mikroorganismen ausgesetzt oder vermischen sich mit anderen Spuren. Wie hier im Fall von Sophie Undeloh, wo sich das Sperma mit Vaginalsekret und Erbrochenem vermischt hat.

Die Bestimmung der klassischen Blutgruppen kann uns nur helfen, Menschen vom Tatverdacht auszuschließen. Oder uns darin bestärken, weitere Indizien für einen Tatnachweis des Verdächtigen zu suchen. Ein Individualbeweis war nicht möglich, da viele Menschen identische Blutgruppensysteme aufweisen können. Die Methode ist somit längst nicht so eindeutig und beweiskräftig wie die spätere DNA-Analyse. Doch bis zu der Entdeckung des DNA-Fingerprints und der ersten Überführung eines Serienmörders in Großbritannien aufgrund der Analyse von Erbsubstanzen sollte es noch ein gutes Jahr dauern. Wir müssen uns im Fall von Sophie Undeloh mit dem begnügen, was damals möglich war.

Zwei Tage später meldet sich der Wissenschaftler der Rechtsmedizin. Er berichtet von seiner Untersuchung der Abstriche. Der « Spermienleger », wie er ihn nennt, habe mit seinem Sperma auch Blutsubstanzen ausgeschieden. Er besitze die Blutgruppe A, das Opfer die Gruppe 0. Es dauert weitere Tage, bis auch die Untergruppen der Blutprobe bestimmt werden können: Der « Spermienleger » hat die Blutgruppenkombination A, GM 1 –, 2 –, 4 +, 10 +, InV 1 – und PGM a1 a3. Bei den Untergruppen GM, InV und PGM, die der Wissenschaftler ebenfalls im Ejakulat feststellen konnte, handelt es sich um Antikörper, die im Blut von Menschen und Wirbeltieren als Proteine oder Eiweiße als Reaktion auf bestimmte Stoffe gebildet werden und im Dienste des Immunsystems stehen. Dass es sich bei dem « Spermienleger » auch um den Täter handelt, steht für uns in der Mordkommission außer Zweifel.

Auch die Frage, von wem der nasse Fleck auf dem Flur stammt, kann bei den Untersuchungen geklärt werden. Es handelt sich tatsächlich um blutigen Mageninhalt des Opfers. Eine wichtige Aussage für die Rekonstruktion des Tatgeschehens.

Der Fleck beweist, dass das Verbrechen tatsächlich auf dem Flur begann.

Es scheint ein ungeschriebenes Gesetz zu sein, dass auf eine gute Nachricht recht bald eine schlechte folgt. Der Wissenschaftler teilt uns mit, dass keine der untersuchten Blutproben der Angehörigen und oder der Hausbewohner mit den Merkmalen des « Spermienlegers » übereinstimmt. Müssen wir den Täter also in der weiteren Nachbarschaft suchen? Oder fällt er ausnahmsweise nicht in das Raster jener jungen Männer, die Frauen über 60 Jahre töten? Sollte ich mich diesmal nicht auf ein Täterprofil verlassen können, um den Ermittlungen eine klare Richtung geben zu können? Es wäre eine herbe Enttäuschung. Ich spüre, dass noch viel Arbeit auf meine Kollegen und mich zukommt.

Ich sehe mir die Unterlagen genauer an. Tobias Lemke, der Ehemann der Enkelin der Toten, hat als Einziger fast identische Werte wie der « Spermienleger », also der Täter. Lediglich im InV-Wert unterscheidet er sich. Er ist diesbezüglich positiv, während der Täter negativ ist. Anders ausgedrückt: Tobias Lemke besitzt ein Merkmal in seinem Blut, das der Täter offenbar nicht hat.

Mein Kollege, der als Hauptsachbearbeiter für den Fall eingesetzt ist, nimmt mit dem Wissenschaftler Kontakt auf. Er erklärt ihm unseren vagen Verdacht gegen Tobias Lemke: sein fehlendes Alibi, der Mord von vor zehn Jahren, der Streit mit der Ehefrau, die Nähe zum Opfer. Doch der Experte lässt sich davon nicht beeindrucken. Er bestätigt noch mal das Ergebnis seiner Analyse. « Was ist, das ist », sagt er. Lemke und der Täter wiesen ein unterschiedliches Blutgruppenmerkmal auf. Lemke scheide deshalb als Täter aus, definitiv. Eine ernüchternde Antwort. Ich fühle mich so, als würde mir beim Anfahren auf der Autobahn plötzlich das Benzin ausgehen. Unsere Ermittlungen rollen langsam aus, obwohl sie doch gerade erst an Fahrt gewonnen haben. Im Nachhinein muss ich über unseren Eifer schmunzeln. Es wäre doch zu einfach, wenn unter zehn Blutproben auch gleich die des Täters wäre. Unser Kriminalistenalltag wäre um einiges entspannter.

So aber beginnt das, was wir Ochsentour nennen, der Albtraum eines jeden Ermittlers. Die Ermittlungen sind festgefahren, die Aktivitäten gegen den unbekannten Täter müssen ausgeweitet werden. Fast alles muss wieder auf null gestellt werden. Restart, alle bisherigen Daten werden gelöscht. Wir stellen wieder Fragen. Manche vom Anfang verkehren wir ins Gegenteil: Musste der Täter sein Opfer wirklich kennen? Könnte er sich im Haus geirrt und die Falsche getötet haben? Warum aber hätte ihn Sophie Undeloh dann in die Wohnung gelassen? Gab es einen Verwandten, den wir übersehen haben? Oder war der Täter ein sogenannter «Drücker», der noch spätabends von Tür zu Tür ging und auf den Abschluss eines Abonnements für Zeitungen hoffte? Doch wer würde noch zu später Stunde am Tag vor Heiligabend versuchen, Abonnenten zu werben?

Wir ermitteln nun so, als stünden wir wieder am Anfang. Wir überprüfen alle Familienangehörigen, die Bewohner des Tathauses, der Nachbarschaft und arbeiten bei unseren Befragungen ganze Straßenzüge ab. Gehen treppauf und treppab, von Tür zu Tür, wochenlang. Eine demoralisierende Recherchearbeit, die uns keinen Erfolg bringt. Wir weiten den Ermittlungskreis noch weiter aus, überprüfen sogar die wenigen und hochbetagten Kunden von Sophie Undelohs Versandhandel und deren Angehörige, die Urlaubsbekanntschaften längst zurückliegender Bustouren, die Mitglieder ihres Kegelclubs und ihrer Folkloregruppe, wo sich Sophie Undeloh im Reel übte, dem charakteristischen Tanz des schottischen Hochlands.

Wir beschäftigen uns auch mit den Einträgen aus ihrem Telefonbuch und den Adressenlisten. Doch jedes Mal ist das Resultat gleich ernüchternd: Ein Verdächtiger ist nicht dabei, geschweige denn der Täter.

In der Zwischenzeit ist auch die Herkunft der Orchidee geklärt. Ich hatte mich dafür mit den Großhändlern des Blumenmarktes und den Geschäftsführern von Supermärkten in Verbindung gesetzt. Sie berichteten, dass mehrere hundert der in Holland für den Massenmarkt gezüchteten Pflanzen bei einer großen Discounterkette verkauft worden waren. Aber auch diese Spur verläuft im Nichts. Niemand vom Verkaufspersonal kann sich an einen Mann ohne Begleitung erinnern, dem er kurz vor Heiligabend die Orchidee verkauft hatte. Auch die Auswertung der Kassenbons bringt nichts, die Kombination einer Orchidee mit Wein, Spargel, Schinken und Duschgel, was Tobias Lemke gekauft haben will, kommt nicht vor.

Wenn eine Ermittlung nicht vorankommt, bitten wir oft die Bevölkerung um Mithilfe. Wer weiß, welcher Passant zufällig etwas beobachtet hat. Vielleicht hat der Täter sich lange nach dem Verbrechen irgendwo verdächtig benommen. Oder es gibt eine Vertraute des Opfers, auf die wir bislang nicht gestoßen sind. Wir informieren Journalisten der Lokalpresse über den Fall. Über Morde, das wissen wir, wird gern geschrieben und ebenso gern gelesen.

Ein Taxifahrer meldet sich. Er kann sich vage an einen schweigsamen jüngeren Mann erinnern, den er zur Tatzeit in der Nähe des Tatortes aufgenommen hat. Er habe ihn zum Hauptbahnhof gebracht. Die Erinnerung des Mannes aber ist schwach, sodass wir uns zu einem ungewöhnlichen Schritt entschließen, wohl wissend, dass er vor Gericht keine Beweiskraft hätte: Wir lassen den Taxifahrer in Hypnose versetzen, natürlich mit seinem Einverständnis. Leider kehrt auch in diesem Zustand die Erinnerung an den Fahrgast nicht zurück.

Nach Monaten ergebnisloser Ermittlungen schließt der Hauptsachbearbeiter die Akte. «Der Täter ist nicht zu ermitteln», lautet der nüchterne Abschlussvermerk nach aufreibenden Wochen. Es ist ein frustrierender Moment für uns alle. Der Vermerk ist eine Metapher für unser Versagen. Da hilft auch die statistische Erkenntnis nicht weiter, dass zwar der allergrößte Teil aller Morde aufgeklärt werden kann, aber eben nicht alle. Doch wir haben schlicht keine Zeit mehr, uns um den Fall noch weiter zu kümmern – und auch keine weiteren Spuren. Die Bearbeitung anderer Tötungsdelikte drängt sich in den Vordergrund: zwischen fünfzehn und zwanzig im Jahr sind es, für unsere Bremer Mordkommission von zwanzig Mitarbeitern eine immens große Belastung.

Es sollten weitere zehn Jahre vergehen, bis überraschend wieder Bewegung in den Fall kommt. Ich bin mittlerweile stellvertretender Leiter im Kommissariat für Gewaltdelikte und leite dazu eine Mordkommission. Eines Morgens ruft mich ein Sachverständiger für daktyloskopische Spuren an und teilt mir im korrekten Polizeideutsch mit, dass in einem ungeklärten Mordfall der Polizei-Computer den Abdruck einer linken Daumenkuppe einer Person zuordnen konnte, deren Fingerabdrücke gespeichert waren. Der Name der Person: Tobias Lemke. Ich bin zunächst elektrisiert. Alleine die Nennung des Namens erfüllt mich mit Genugtuung, war doch Tobias Lemke damals der Einzige, gegen den zumindest ein leiser Verdacht bestand. Aber dann überlege ich, was dieser Fund tatsächlich bedeutet: Was würde uns die Zuordnung des Fingerabdrucks schon bringen? Tobias Lemke war ja wiederholt zu Besuch bei Sophie Undeloh gewesen. Die Spur seines Daumens machte ihn noch lange nicht verdächtig. Außerdem gab es ja noch das Gutachten, das ihn zweifelsfrei entlastete. Ich will mich gerade bei dem Mann für den Hinweis bedanken und mich verabschieden, als er noch einen Satz hinzufügt: Es gehe um den Mord an der Organistin Elke Siemers. Ich gerate in helle Aufregung und frage nach, wie es zu dem Treffer kommt. Der Sachverständige erläutert: Das Bundeskriminalamt hatte 1993 das sogenannte Automatisierte Fingerabdruck Identifizierungssystem (AFIS) eingeführt, kriminaltechnisch eine Revolution. Fingerabdrücke Verdächtiger oder bereits erkennungsdienstlich behandelter Personen mussten nun nicht mehr von den Experten der Spurensicherung visuell mit den an Tatorten gesicherten Spuren überprüft werden. Diese Aufgabe übernahm der Computer. Er kann viel schneller und genauer die aus Bögen, Schleifen und Wirbeln bestehenden Fingerabdrücke vergleichen. Findet er Übereinstimmungen, informiert er automatisch das zuständige Landeskriminalamt. Anschließend überprüft ein Sachverständiger das Ergebnis nochmals und bestätigt oder verwirft die Aussage des Computers.

Auch die Spuren bislang ungelöster Mordfälle wurden mit der neuen Methode nochmals untersucht. Und nun gab es diesen Treffer, der dazu führte, dass sich die Wege von Tobias Lemke und mir abermals kreuzten. Die Tat war vor über zwölf Jahren passiert, rund eineinhalb Jahre vor dem Mord an Sophie Undeloh. Die alleinstehende und stets zuverlässige Musikerin war von dem Pastor ihrer Kirche beim abendlichen Gottesdienst vermisst worden. Da sie nicht ans Telefon ging, alarmierte der besorgte Mann gegen 22 Uhr die Polizei. Wenig später wurde die Leiche der Frau direkt vor ihrem Bett unter einer hellblauen Wolldecke gefunden: nackt und verkrümmt, auf der rechten Seite liegend. Ungefähr einen halben Meter davon entfernt war auf dem Teppichboden eine große Blutlache eingetrocknet, darin lag ihr zerrissener Slip. Ihre schwarzen, langen Haare waren verklebt, die geschwollenen, blutunterlaufenen Augen geschlossen. Auf dem Bett lag die Tatwaffe, mit der die Frau erstochen worden war: ein Küchenmesser mit einer fast 35 cm langen Klinge, an der noch Blut haftete.

Ich war spät in der Nacht angerufen worden und zum Tatort geeilt. Auch Elke Siemers musste ihren Mörder freiwillig in ihre Wohnung eingelassen haben. Die Spurensucher fanden jedenfalls keine Hinweise auf einen Einbruch. In der Wohnung musste es dann zu einer Eskalation zwischen der Frau und dem Täter gekommen sein. Ein aus dem Telefon gerissenes Kabel deutete zum Beispiel darauf hin. Es stand im Kontrast zu der friedlichen, fast sterilen Atmosphäre in der Wohnung: zum einen die ordentlich über die Stuhllehne gelegte Tageskleidung, die davor abgestellten Schuhe der Toten, die sachliche Einrichtung der Wohnung.

Im Aschenbecher neben dem Bett lag eine Zigarettenkippe. Unglücklicherweise verschwand sie später aus unerklärlichen Gründen, noch bevor Spuren an ihr gesichert werden konnten. Offenbar war der Täter nach dem Mord nicht gleich geflüchtet, sondern hatte sich noch längere Zeit in der Wohnung aufgehalten. Dafür war das Abdecken der Leiche mit der Wolldecke ein sicheres Indiz. Das Motiv, die Leiche zu verdecken, kann ganz unterschiedlich sein. Konflikttäter, die eine besondere Nähe zum Opfer hatten, wollen mit dem Abdecken der Leiche die Tötung symbolisch zurücknehmen, andere möchten so eine emotionale Distanz zu ihrer Tat herstellen, um etwa den Anblick des Todes nicht ertragen zu müssen. In diesem Fall ging ich von der zweiten Möglichkeit aus. Geöffnete Schranktüren und herausgezogene Schubladen deuteten darauf hin, dass der Täter die Wohnung durchsucht hatte. Er entwendete das Fernsehgerät und die Reiseschreibmaschine der Frau. Auch den Wohnungsschlüssel hatte der Mörder mitgenommen.

Die Sektion der Toten machte deutlich, dass die zierliche Frau gegen die unbändige Gewalt des Täters keine Chance gehabt hatte. Zu heftig hatte er ihr ins Gesicht geschlagen und sie mit einem stumpfen Gegenstand am Kopf verletzt. Dann hatte er sie gewürgt. Elke Siemers aber erstickte nicht, sie starb an zehn Einstichen in die linke Brust, die den Herzbeutel geöffnet und die linke Herzkammer zerschnitten hatten. Das Opfer war langsam verblutet.

Am Tatort und seinen Spuren, etwa der großen Blutlache auf dem Teppichboden, konnten wir nachvollziehen, dass der Täter die Sterbende nach den Stichen zunächst auf den Bauch gedreht und sie anschließend in die Seitenlage gebracht hatte. Ich sah mir damals die klaffenden Wunden an, die wie auf einer Perlenschnur angeordnet waren. Sie führten in gleichmäßigen Abständen von der linken Brust zur rechten. Sie mussten in rascher Serie erfolgt sein, der Täter hatte seine Position nicht verändert. Elke Siemers war bei dieser finalen Aktion nicht mehr handlungs- und reaktionsfähig.

Die Obduktion begann mit einer Überraschung. Der Rechtsmediziner rief uns zu sich und deutete auf den Genitalbereich der Toten. Elke Siemers war noch Jungfrau, als sie starb: Der Mörder hatte sie defloriert. Für uns war es die erste Besonderheit an diesem Fall, denn Elke Siemers war über dreißig Jahre alt und bereits einmal geschieden. In den folgenden Wochen beschäftigten wir uns intensiv mit dem Leben der Toten. Elke Siemers war ein menschenscheues Wesen, eine vermutlich todunglückliche Frau. Wegen einer unbehandelten Erkrankung war sie schwerhörig und zusätzlich mit einem Sprachfehler gehandicapt. So lebte sie sehr zurückgezogen. Sie lud niemanden in ihre Wohnung ein, engagierte sich allerdings in der Friedensbewegung und ging ganz in ihrer musikalischen und literarischen Arbeit auf. Der Frau fiel es schwer, sich auf Beziehungen mit sexueller Nähe und Intimität einzulassen. Zwar hatte sie geheiratet, als sie etwa 20 Jahre alt war. Doch ihr Mann war für sie eher ein väterlicher Freund gewesen. Auch ihr nächster Partner war deutlich älter als sie und soll homosexuell gewesen sein. So blieb es für uns ein Rätsel, wer Elke Siemers so vertraut war, dass sie ihn in die Wohnung ließ und sich vor ihm auch noch bis auf den Slip auszog. War dieser Vertraute unser Tobias Lemke, dessen Fingerabdruck nun in der Wohnung identifiziert wurde?

Ich teile die neuen Informationen meinen Kollegen mit. Die einstigen Sachbearbeiter des Falles beginnen wieder mit ihren Recherchen. Es ist ein wenig so, als holte man ein längst vergessenes Buch aus dem Schrank. Man muss erst den Staub vom Einband pusten, und es dauert eine Weile, bis man sich wieder eingelesen hat. Die Kollegen finden schnell heraus, dass Tobias Lemke mehrere Jahre vor der Tat mit seiner Ehefrau im Hause von Elke Siemers wohnte. Wir treffen uns im Konferenzraum unserer Abteilung und besprechen das weitere Vorgehen. Wir haben nun eine heiße Spur, selbst wenn es für den Fingerabdruck eine ganz banale Erklärung geben mag. Doch in Tobias Lemkes Umgebung sterben einfach zu häufig Menschen einen gewaltsamen Tod: erst der Junge, dann Elke Siemers, schließlich Sophie Undeloh. Wir beschließen, das Leben dieses Mannes nochmals von allen Seiten auszuleuchten. Wissen über das Leben eines Verdächtigen bedeutet Macht für einen Ermittler. Spätestens dann, wenn er dem Verdächtigen in der Vernehmung gegenüber sitzt.

Das Leben von Tobias Lemke hat sich nach seiner Scheidung von Annette offenbar stabilisiert. Er lebt in einer neuen Beziehung, hat sich vom Arbeitsamt zum Dreher umschulen lassen und besucht regelmäßig eine Selbsthilfegruppe der Anonymen Alkoholiker. Ein recht gewöhnliches Leben, das so gar nicht zu der Vorstellung passt, der Mann könne drei Menschen gewaltsam getötet haben. Zu diesem Widerspruch gehört auch, dass sich Tobias Lemke an einem Mittwoch pünktlich um elf Uhr zur Vernehmung einfindet, obwohl er weiß, dass er nun mit der Ermordung der Musikerin in Zusammenhang gebracht wird. Wäre ein mehrfacher Mörder nicht abgebrühter und würde die behördliche Vorladung einfach ignorieren? Oder ist er einfach nur neugierig und möchte erfahren, was wir inzwischen wissen?

Als seine Befragung beginnt, ahnt noch niemand von uns, dass sie erst nach fast vierzehn Stunden enden wird. Die beiden Vernehmungsbeamten lassen sich Zeit. Sie befragen Tobias Lemke zunächst als Zeugen und erklären ihm, dass er die Aussage verweigern darf, wenn er etwas mit dem Verbrechen zu tun hat. Dann hören sie ihm einfach zu. Für uns, die wir das Gespräch nur über den venezianischen Spiegel verfolgen können, beginnen spannende Stunden. Keiner geht nach Hause, obwohl die Vernehmung bis weit nach Mitternacht dauern wird.

Nachdem er drei Zigaretten hintereinander weggeraucht hat, beginnt Tobias Lemke tatsächlich zu sprechen. « Sie ist meine Geliebte gewesen, und ich habe sie schon gebumst, als ich noch verheiratet war. Die Musik hat uns zusammengeführt. » Schon im ersten Satz steckt eine Lüge: Bis zu ihrem Tod war die angebliche Geliebte zweifelsfrei Jungfrau geblieben. Tobias Lemke verstrickt sich immer mehr in Widersprüche, wenn er über sexuelle Aktivitäten und ihr forderndes Wesen spricht. Wie in einem unsichtbaren Spinnennetz verfängt er sich in den Fäden. Gegen Mitternacht gibt er auf und bittet einen der beiden Vernehmenden zum Vier-Augen-Gespräch. « Sie scheinen mich zu verstehen. Sind Sie Psychologe? » Der Kollege verneint. Trotzdem bleibt Tobias Lemke sitzen. Die beiden sprechen über die Zeit nach einer möglichen Gefängnisstrafe. Der Kollege macht Tobias Lemke Mut. Er spricht vom berühmten Licht am Ende des Tunnels. Am Ende der Unterredung gesteht Tobias Lemke, Elke Siemers getötet zu haben, doch den Mord an Sophie Undeloh bestreitet er.

In seiner Vernehmung lese ich später: «Elke und ich hatten eine oberflächliche Beziehung. An dem Abend bin ich zu ihr mit der Straßenbahn gefahren. Warum, weiß ich auch nicht mehr.» Er habe geklingelt, Elke Siemers habe die Tür geöffnet. Sie sei bereits für die Nacht angezogen gewesen und habe nur ein Nachthemd und einen Slip getragen. Trotzdem habe sie ihn in ihre Wohnung gelassen. «Als sie merkte, wie betrunken ich war, wollte sie, dass ich gehe. Du stinkst. Komm wieder, wenn du nüchtern bist!» Doch der Alkohol schien den Mann dickfellig gemacht zu haben.

Er habe sich dann aufs Bett gesetzt und sich eine Zigarette angezündet. Sie habe ihn aufgefordert, das zu lassen, er würde noch das Bett anstecken. Doch er habe die Zigarette zu Ende geraucht. Es war der Stummel, den wir im Aschenbecher entdeckt hatten, der uns aber dann abhandengekommen war. «Hab dann versucht, Annäherungsversuche zu machen, was ihr nicht passte, weil ich zu besoffen war.» Als er sie trotzdem weiter betatschte, erfasste sie offenbar die Panik. Sie versuchte zu flüchten und schrie um Hilfe. «Ich bin hinterher und wollte, dass sie still ist. Ruhig sollte sie sein!» Doch Elke Siemers schrie weiter und versuchte zu telefonieren. Tobias Lemke riss das Kabel aus dem Gerät. Es kam zum Gerangel, er warf die Frau zu Boden. «Ich habe dann irgendwas Spitzes in der Hand gehabt und drauflosgestochen. Irgendwie blindwütig.» Tobias Lemke benutzte eine Waffe der Gelegenheit, wie es im Jargon der Kriminalisten heißt. «Da war kein Hass. Ich wollte nur verhindern, dass sie zu den Nachbarn rennt.» Dann zog er die Sterbende aus und vergewaltigte sie posthum. Was danach geschah, wisse er nicht mehr. Auch nicht, weshalb er die Leiche abdeckte. Genauso wenig, ob er das Fernsehgerät und die Schreibmaschine stahl.

Ich habe mich in den späteren Jahren oft gefragt, weshalb Tobias Lemke ein Geständnis abgelegt hat und sich damit wie so viele verhielt, die einen Menschen getötet hatten. War es der Druck, den er über so lange Zeit mit sich herumzutragen hatte? Viele Täter ahnen, dass man sie eines Tages fassen wird. Manche warten regelrecht auf diesen Moment. Für die meisten ist es ein Tag der Erlösung. Vermutlich wollte auch Tobias Lemke endlich mit jemandem über die Tat sprechen, über seine Gefühle, über sein verpfuschtes Leben. Mit jemandem, der ihn verstand. Es war eine Art Beichte, deren befreiende Wirkung mehr zählte als der Gedanke an die anstehenden Sanktionen. In mir macht sich immer fast ein versöhnliches Gefühl breit, wenn ich Mörder so erlebe. Sie können die Tat nicht rückgängig machen, und die Angehörigen der Opfer werden ihren Schmerz ein Leben lang spüren. Aber es ist zumindest beruhigend zu sehen, dass so gut wie kein Mörder auf Dauer mit seinem schlechten Gewissen leben kann.

Das Kapitel ist für mich aber mit Lemkes Geständnis nicht abgeschlossen. Seine Nähe zu Sophie Undeloh lässt mir keine Ruhe. Weisen beide Morde nicht ganz ähnliche Züge auf? Die Art des Tötens, die sexuelle Motivation, die identischen Opfermerkmale: arglos und alleinlebend? Ich bespreche mich mit dem damaligen Hauptsachbearbeiter des Falles. Wir sind uns einig, nochmals einen Vorstoß zu wagen. Von unseren Büros ist es eine halbe Stunde Fahrt bis zur Untersuchungshaftanstalt. Ein Justizbeamter bringt uns zu der Zelle von Tobias Lemke.

Ein spartanisch eingerichteter Raum, acht Quadratmeter groß. Draußen steht mit weißer Farbe an der schweren grau gestrichenen Tür geschrieben: 20 Kubikmeter Rauminhalt. Diese Enge ist für mich ein Albtraum. Als wir das Gespräch beginnen, winkt Lemke schnell ab. «Ihr wisst doch, dass ich nicht der Mörder sein kann.» Er spielt auf das Gutachten von damals an.

Aber mittlerweile, viele Jahre nach dem Mord an Sophie Undeloh, hat sich die Spurenanalyse wissenschaftlich radikal entwickelt, nicht nur was die Fingerabdrücke angeht. Spuren aus dem Inneren des Körpers, also Blut oder Sperma, werden nicht mehr mit der klassischen ABO-Methode überprüft, die lediglich die Blutgruppen identifiziert. Die DNA-Analyse hat Einzug in die Ermittlungen erhalten, statt der Blutgruppe werden nun Merkmale des Erbguts identifiziert. Jetzt ist es möglich, Tatortspuren zu typisieren, auch wenn nur wenige Körperzellen vorhanden sind. Mit Hilfe der Polymerasen Kettenreaktion (PCR) können bestimmte Abschnitte der DNA identisch kopiert werden, sodass genügend genetisches Material für eine Bestimmung des individuellen Codes zur Verfügung steht. Im Fall von Sophie Undeloh heißt das: Es dürften die wenigen Spermien im Scheidenabstrich ausreichen, um den Täter zu identifizieren. Um die Spuren aber eindeutig zuordnen zu können, müssen sie sowohl mit den Zellen des Opfers als auch mit den Zellen des Täters verglichen werden. Bei Tobias Lemke ist das kein Problem: Ihm können wir für die Vergleichsuntersuchung noch Blut abnehmen. Woher aber bekomme ich Blut oder Speichelspuren der Toten?

Die Wohnung von Sophie Undeloh ist inzwischen aufgelöst. Persönliche Gegenstände wie Briefe oder die Zahnbürste ihrer Mutter, auf denen ich diese Spuren finden könnte, haben die Kinder nicht aufbewahrt. Auch das bei der Obduktion von ihr gesicherte Blut ist inzwischen faul und vernichtet worden. So-

gar der Hirtenteppich, auf dem die Tote lag, und ihre Bekleidung wurden vernichtet. Der Wissenschaftler, der seinerzeit
die ABO-Bestimmung durchgeführt hat und mir bei der Suche
nach den Asservaten helfen könnte, ist inzwischen gestorben.
Es bleibt nur eine Lösung, um an die DNA der Toten zu gelangen. Wir lassen uns einen Termin beim zuständigen Staatsanwalt geben. Er soll einen Antrag stellen, die Leiche von Sophie
Undeloh muss noch einmal untersucht werden.

Der Begriff «Exhumierung» oder übersetzt «Enterdi-
gung» kommt aus dem Lateinischen und bedeutet, dass ein
schon beerdigter Leichnam für kurze Zeit aus seinem Grab
entfernt wird. Die Exhumierung einer Leiche zu einer erneuten rechtsmedizinischen Untersuchung ist nach den Vorschriften der Strafprozessordnung zulässig. Sie wird auf Antrag der
Staatsanwaltschaft durch einen Richter angeordnet. Die Angehörigen des Toten sind über diese Maßnahme zu informieren,
wenn nicht die Gefahr besteht, dass sie Beweismittel vernichten oder illegale Absprachen treffen könnten. Diese Gefahr besteht in diesem Fall nicht. Die Angehörigen der Toten halten
seit Jahren keinen Kontakt mehr zu Tobias Lemke. Es dauert
vier Tage, bis der Vorermittlungsrichter die Exhumierung der
Toten anordnet.

Es ist ein dunkler und regnerischer Dezembermorgen, als
mein Kollege und ich pünktlich um sechs Uhr den noch men-
schenleeren Friedhof erreichen. Wir haben diese frühe Zeit gewählt, da das Ausgraben einer Leiche soweit wie möglich unter
Ausschluss der Öffentlichkeit stattfinden soll. Unter unseren
Füßen knirscht der feuchte Kies, als wir die letzten Meter bis
zum Grab von Sophie Undeloh zurücklegen. Das mit der Ber-
gung des Sarges beauftragte Bestattungsinstitut hat vier Ange-
stellte geschickt. Sie warten bereits auf uns.

Mitarbeiter der Friedhofsverwaltung haben bereits am

Abend zuvor die Erde der Gruft bis zur Sargoberkante abgetragen. Wie tief auf einem Friedhof beerdigt wird, ist in Deutschland nicht einheitlich geregelt. Die amerikanische Bestatter-Serie « Six feet under» gibt aber einen guten Hinweis: Sechs Fuß tief, also etwa 1,80 Meter, das trifft auch auf die meisten Gräber in Deutschland zu. Zwei Bestatter steigen vorsichtig in die Grube und schaufeln den Sarg frei. Obwohl er aus massivem Eichenholz gefertigt ist, ist der Sarg nach zehn Jahren in dem luftdurchlässigen sandigen Erdgrab bereits zusammengebrochen. Auch wenn nach der sogenannten Casper'schen Regel, die nach einem Rechtsmediziner aus dem 19. Jahrhundert benannt ist, die Leichenveränderungen in der Erde acht Mal so langsam wie an der Luft verlaufen, befürchte ich, dass die Zersetzung des Leichnams schon weit fortgeschritten ist.

Nur unter großen Mühen können die vier Männer die Reste des Sarges mit Seilen aus der Grube heben und zum Leichenwagen tragen. Wir fahren in die Gerichtsmedizin, denn hier auf dem Friedhof gibt es keine Möglichkeiten, um den Sarg zu öffnen und die menschlichen Überreste zu untersuchen. Dort entnimmt der Gehilfe des Rechtsmediziners dem Sarg die Überreste der Leiche. Sie sind wie befürchtet in einem feuchten und verfaulten Zustand. Keine gute Voraussetzung für eine DNA-Untersuchung. Der Geruch der Vergänglichkeit trifft mich mit aller Heftigkeit. Obwohl mir Leichengeruch schon fast vertraut ist, reibe ich mir ein paar Tropfen Parfum unter die Nase. Ich bitte den Rechtsmediziner, mir einige der Reste des verbliebenen Körpers zu übergeben: Haare, Sehnen, Knochen. Ein darauf spezialisiertes Institut soll versuchen, daraus noch die DNA zu bestimmen.

Nach einer ausgiebigen Dusche mache ich mich noch am selben Tag mit den ausgewählten Körperteilen von Sophie Undeloh auf den Weg zu dem Labor, während ihre übrigen Überreste wieder in ihrem Grab beigesetzt werden. Das Institut ist zwei Autostunden von Bremen entfernt. Auch die Blutprobe Tobias Lemkes und die Objektträger mit den Abstrichen Sophie Undelohs und Elke Siemers habe ich dabei. Ich möchte, dass alle Tatspuren mit der neuen Nachweismethodik untersucht werden. Gemeinsam mit den Rechtsmedizinern des DNA-Instituts sichte ich die verwitterten Gebeine und das verfaulte Gewebe. Die Blicke der Sachverständigen sprechen Bände. Sie machen mir wenig Hoffnung, bald ein Ergebnis präsentieren zu können. Wenn sie überhaupt etwas herausfinden können. Tatsächlich dauert es fast ein ganzes Jahr, bis die wissenschaftliche Skepsis zur Gewissheit wird: Lediglich im Oberschenkelknochen ist es den Wissenschaftlern gelungen, Merkmale in drei DNA-Systemen zu bestimmen. Zu wenig, um eine eindeutige Aussage treffen zu können, wem die einzelnen Merkmale in der Mischspur von Sperma und Scheidensekret zuzuordnen sind. In dem Gutachten heißt es kurz und prägnant: «Die DNA ist zu degradiert, um noch typisiert werden zu können. Somit ist eine Interpretation der Befunde nicht möglich.» Wir sind kriminaltechnisch wieder einmal am Ende. Ich bin enttäuscht, wieder führte der Weg in eine Sackgasse. Aber Frustrationen beflügeln eher meinen Jagdeifer, als dass sie ihn abschwächen. Beharrlichkeit ist eine Eigenschaft, die für ein Kommissarsleben nur Vorteile hat.

Ich beschäftige mich zu dieser Zeit schon eine Weile mit den Methoden der Fallanalyse und des Profilings. Warum sollen sie mich nicht in diesem Fall ein Stück weiterbringen? Die Taten, die Tobias Lemke bereits nachgewiesen werden konnten, und sein jeweiliges Verhalten am Tatort sind für eine vergleichende Fallanalyse wie geschaffen. Jeder Täter gibt bei jedem

Verbrechen ungewollt Informationen über sich preis: durch das Ausmaß der Tatplanung, die Auswahl des Opfers, die Wahl von Tatzeit und Tatort, die Art der Tötung, die Fähigkeit, mit situativem Stress umzugehen, die Form, wie die Leiche zurückgelassen wird. Für die Analyse ist es vollkommen unerheblich, wer diese Person ist. Es geht allein um die Verhaltensbewertung des unbekannten Täters. Insofern hat die Fallanalyse gewisse Vorteile gegenüber einer Vernehmung, denn dort kann der Täter lügen.

Natürlich kann übereinstimmendes Täterverhalten nicht die Aussage des damaligen Gutachtens über die Spermauntersuchung schlagen. Dennoch haben sich meine Zweifel an der Glaubwürdigkeit dieses Gutachtens im Laufe der Jahre weiter verstärkt. Ich habe inzwischen einige Publikationen gefunden, die sich kritisch mit der Zuverlässigkeit von negativen Befunden bei Vaginal-Ejakulat-Mischspuren auseinandergesetzt haben. Ich habe auch noch einmal über die Aussage des Gutachters nachgedacht: Er hatte bei den Spermien aus den Abstrichen des Opfers, also in den Spuren des Täters, ein Blutgruppenmerkmal als «negativ» bewertet, das bei Tobias Lemke vorhanden gewesen war. Hieß dies, dass die Blutgruppe des Täters dieses Merkmal definitiv nicht besaß, oder konnte es sein, dass die Spermienanzahl der Probe nicht ausreichte, um dieses Merkmal zu identifizieren, obwohl es vielleicht vorhanden war? Lautete nur deshalb die Aussage «Merkmal negativ»?

Der Rechtsmediziner, der die Untersuchungen durchgeführt hatte, steht mir für eine Diskussion dieser Frage ja nicht mehr zur Verfügung. Solange ich keine weiteren Spermaspuren vom Tatort untersuchen lassen kann, bleibt mir der Weg des naturwissenschaftlichen Täternachweises versperrt. Aber ich kann meine Zweifel mit Hilfe der Fallanalyse überprüfen. Weist der

Vergleich aller Taten dringend auf ein und denselben Täter hin, muss ich einen Weg finden, diesen Nachweis so zu führen, dass er auch vor einem Gericht standhalten würde. So kommt es, dass ich mich viele Jahre nach den Morden noch einmal mit allen Fällen von Tobias Lemke beschäftige. Ich besorge mir die Akten aus dem Archiv und breite sie auf dem Schreibtisch und dem Boden meines Büros aus: Fotomappen, Obduktionsprotokolle, Tatortbefund- und Spurensicherungsberichte sowie die Kriminalakte des Mannes.

Als Erstes nehme ich mir die Akte über den Mord an dem Jungen von vor über zwanzig Jahren vor. Tobias Lemke hatte bei einem Freund seine Stereoanlage gegen eine Pistole Walther PP, ein Reservemagazin und mehrere Schuss Munition des Kalibers 7,65 mm eingetauscht. Die ursprünglich für den Polizeidienst vorgesehene Pistole sollte ihm schon bald als Mordwaffe dienen. Bis dahin prahlte er gegenüber seinen Freunden mit seinem neu erstandenen Accessoire. Er lud sie zu Schießübungen ein und spielte den Macho.

Der Tat geht eine durchzechte Nacht voraus. Lemke ist frustriert, weil er erfahren hat, dass er ab sofort nicht mehr an der Gemeinschaftsverpflegung im Heim teilnehmen darf. Er geht dort immer noch gerne hin, obwohl er seit einiger Zeit schon in einer eigenen Wohnung lebt. Es ist eine disziplinarische Strafe, denn er hat gegen die Hausordnung verstoßen und Alkohol in die Jugendeinrichtung gebracht. Bei seiner Sauftour durch die Kneipen seines Stadtteils trifft er zufällig auf zwei gleichaltrige Bekannte: Roswitha Bartels und Enno Onken. Auf Onken ist er sauer, da dieser ihm vor einigen Wochen eine «Braut» ausgespannt habe. «Und auf Roswitha war ich scharf», wie er später in seiner Vernehmung sagen wird. Als die beiden nicht wissen, wo sie in der Nacht schlafen können, nimmt Lemke das Pärchen mit in seine Wohnung. Ein sexuelles Abenteuer mit der Frau hält er für möglich, auch wenn Onken dabei ist: «Der war ja stockbesoffen.»

Ich schaue mir die Fotos auf dem vergilbten Karton der Lichtbildmappe an. Die Aufnahmen zeigen die Wohnung von Tobias Lemke gleich nach der Tat. Ein kleiner Wohnraum unterm Dach mit schrägen Wänden, separater Küche und Bad. Der Raum ist nach dem Geschmack der frühen 70er Jahre gestaltet: Blümchentapete, ein Sofa, zwei Sessel, ein Couchtisch. Auf der anderer Seite des Raumes stehen ein Bett und ein kleines Regal mit wenigen Büchern. Dazu ein Röhrenfernseher und zwei Teppiche im Orientlook. Außer drei Postern mit einem nackten Modell, einem Skelett und der aufgedruckten Aufforderung «Join the Army» sowie der Antialkoholiker-Werbung «Nur Flaschen lassen sich volllaufen» finden sich in der Wohnung kaum Farbtupfer. Stattdessen herrscht eine sterile Ordnung, die wenig Behaglichkeit ausstrahlt. Spontan fällt mir dazu «Ordnung im Chaos» ein. Ordnung auf der Oberfläche, Chaos hinter der Fassade.

Auf über dreißig Schwarzweißfotos hat der Polizeifotograf die ganze Tragik des Verbrechens dokumentiert: Der erschossene Enno Onken liegt unter dem Bett auf nacktem Linoleum. Nur sein linker Ellbogen ragt unter einer dunklen Decke hervor, ein trügerisches Bild der Ruhe. Der Täter hat sich emotional von der Tat distanziert und das Opfer zugedeckt. Er wollte damit nichts mehr zu tun haben. Für das nächste Bild hat der Fotograf Decke, Bettzeug und Matratze samt Rost vom Bett genommen. Enno Onken liegt lang ausgestreckt auf dem Rücken, seine Hände sind vor der Brust verschränkt, die Augen geschlossen. Er ist mit Jeans, einem braunen Rollkragenpullover und einer Jeansjacke bekleidet, er trägt keine Strümpfe. An der rechten Schläfe kann ich in den gelockten Haaren einen kreisrunden Einschuss erkennen. Aus der Wunde ist Blut ausgetreten. Im Obduktionsprotokoll steht, dass der Schusskanal von der Schläfe durch Teile der Schädel- und Hirnbasis bis zum linken Hinterhaupt reicht. Er endet an der harten Hirnhaut, der Dura Mater. Enno Onken ist durch das schwere Schädel-Hirn-Trauma gestorben.

Auf den Fotos ist nicht nur die Rekonstruktion der Tat dokumentiert, sondern auch ein Stück Zeitgeschichte. Es ist erkennbar, wie Trauer, Schmerz und Leid versachlicht werden, eine Maxime, der auch ich in der Mordkommission lange Zeit folgte, bis sich bei mir die Erkenntnis durchsetzte, dass auch Opfer und Hinterbliebene Gefühle haben und diese auch äußern dürfen. Anhand der Fotos und des Geständnisses von Tobias Lemke kann ich die Tat recht gut verstehen.

Tobias Lemke, ein Kollege der Mordkommission und Roswitha Bartels, die Freundin des erschossenen Jungen, sitzen zu dritt auf dem Sofa. Alle drei haben schulterlange lockige Haare. Lemke hat eine Jeans mit weitem Schlag und einen hautengen gerippten Pullover an. Der Beamte trägt ein helles Oberhemd mit Schlips und eine Anzughose, die zu dieser Zeit noch gängige Bekleidung der Kriminalbeamten ist. Ich erinnere mich, dass ich mich in meinen ersten Jahren bei der Kripo auch mit Oberhemd und Sakko verkleiden musste. Der Kollege nimmt die Rolle von Rainer Onken ein. Er hat seinen Arm um die Schulter von Roswitha Bartels gelegt. Der Gesichtsausdruck der jungen Frau spricht Bände, sie kann nicht verbergen, wie sehr ihr das Szenario und die Nähe zum Mörder ihres Freundes missfallen. Tobias Lemke hantiert mit der Tatwaffe herum und macht Zielübungen. Auf dem nächsten Bild reicht er dem Beamten die Pistole, der sie sich interessiert ansieht und sie an Roswitha Bartels weitergibt. Auch sie nimmt die Pistole in die Hand, mag die Waffe nicht ansehen und hält sie wieder Tobias

Lemke hin. Der macht weiter Zielübungen und scheint dann durch das Dachfenster zu schießen.

Auf dem nächsten Foto liegen Roswitha Bartels und der Polizist auf dem Sofa und schlafen. Sie sind mit der dunklen Wolldecke zugedeckt. Vom Sessel aus beobachtet Tobias Lemke aufmerksam das Paar. Auf den folgenden Bildern steht er auf und nähert sich dem Sofa. Er schubst Roswitha Bartels leicht, fingert an ihr herum und versucht, den Reißverschluss ihrer Jeans herunterzuziehen. Offensichtlich fordert er sie dabei auf, sich auszuziehen. Doch Roswitha Bartels will keinen Sex. Auch Rainer Onken, der von dem Polizisten gespielt wird, richtet sich auf und fordert den Gastgeber gestikulierend auf, seine Freundin nicht weiter zu belästigen. Lemke scheint den Protest des Pärchens zu akzeptieren. Das nächste Foto zeigt, wie er sich in sein Bett legt.

Ich lese in dem Geständnis, dass er nicht einschlafen kann. Roswitha Bartels geht ihm nicht aus dem Kopf. Er ist sexuell sehr erregt. Die Frau hat ihm schon in der Kneipe gefallen. Bereits dort hat er sich vorgenommen, «sie zu bumsen». Als Lemke sich sicher ist, dass die beiden schlafen, steht er auf, nimmt die auf dem Tisch liegende Pistole und richtet die Waffe aus knapp 50 Zentimeter Entfernung auf die Schläfe von Enno Onken. Nach kurzem Zögern drückt er ab. Roswitha Bartels muss sehr betrunken sein. Sie hört den Schuss nicht und bemerkt damit auch nicht, dass direkt neben ihr ihr Freund ermordet worden ist.

Tobias Lemke weckt daraufhin die Frau und trägt sie zu seinem Bett. Über den toten Jungen wirft er die dunkle Decke ab. Ein neuer Pettingversuch scheitert, Lemke lässt die Frau in Ruhe. Auch er schläft betrunken ein. Erst gegen Mittag wacht Roswitha Bartels auf. Sie steckt sich eine Zigarette an und stellt dabei fest, dass ihr aus der Handtasche Geld fehlt. Sie weckt

Lemke und fordert es zurück. Doch er bestreitet, es genommen zu haben. Langsam dämmert der Frau, was hier passiert ist. Sie geht zur Couch, hebt die Decke an und schüttelt ihren Freund. Als sie feststellt, dass er tot ist, fragt sie, was passiert ist. Lemke grinst nur verlegen. Er weiß nicht, was er sagen soll.

Das nächste Foto zeigt, wie Roswitha Bartels zu flüchten versucht. Lemke holt sie an der Wohnungstür ein. Überraschend lässt er sie dann aber gehen. Ihm wird klar, dass er die Leiche verschwinden lassen muss. Die Idee, Enno Onken nach draußen zu tragen, verwirft er schnell. «Wie sollte ich ihn alleine die Treppe runterkriegen?», sagt er in seiner Vernehmung. Stattdessen greift er dem Toten unter die Achseln, hebt die Leiche vom Sofa und schiebt den Körper unter sein Bett, ehe er eine Decke darüber ausbreitet. Wie im Fall der Musikerin distanziert sich Tobias Lemke auf diese Weise von dem Verbrechen.

Kurze Zeit später verlässt er sein Zimmer. Er weiß, dass Roswitha Bartels den Mord melden wird. In einem Imbiss isst er Bratwurst und Pommes frites. Die nächsten Stunden gammelt er herum, bevor er gegen 16 Uhr seine Freundin trifft. Vor ihren Augen zerreißt er den Personalausweis von Enno Onken, der brauche ihn nicht mehr. Die beiden fahren in die Innenstadt, Lemke lädt die Freundin mit Roswitha Bartels' Geld zum Essen ein. Er selbst trinkt einige Biere. Zu dem Mord sagt er nichts, der Freundin aber fällt seine Unsicherheit auf: «Ständig hat er zur Tür geguckt», erzählt sie in ihrer Vernehmung. Als sie ihn fragt, ob er auf jemanden warte, verneint er. Um weitere Fragen zu vermeiden, bringt er sie schnell nach Hause und verabschiedet sich von ihr. Er taucht bei einem Bekannten unter, denn in seine Wohnung traut er sich nicht mehr zurück. Tobias Lemke stellt in dieser Nacht den Wecker auf 2.30 Uhr, um dann aus seiner Wohnung noch ein paar persönliche Sachen und die

Pistole zu holen, bevor er aus Bremen fliehen will. Als er Licht in seiner Wohnung brennen sieht, weiß er, dass der Mord entdeckt wurde. Er wartet auf die erste Straßenbahn, fährt damit zum Hauptbahnhof und kauft sich eine Fahrkarte nach Gießen, wo seine Mutter wohnt. Als er den Zug besteigen will, wird er von Beamten der Fahndung festgenommen.

In der späteren Gerichtsverhandlung bestreitet er sexuelle Absichten. Das Gericht folgt seinen Einlassungen und verurteilt ihn aber wegen heimtückischen Mordes zu acht Jahren Jugendstrafe. Zu seinen Gunsten geht die Jugendkammer davon aus, dass er an jenem Abend zu betrunken war, um das Unrecht der Tat einzusehen. Im Gefängnis entwickelt sich Tobias Lemke zum Vorzeigehäftling. Die klaren Strukturen mit den geregelten Tagesabläufen scheinen ihm zu behagen. Die äußere Ordnung hat nun auch positiven Einfluss auf sein persönliches Chaos. Er besteht die Gesellenprüfung zum Kfz-Mechaniker. Auch eine andere Wesensart tritt aus der rauen Schale hervor: Tobias Lemke entdeckt seine Liebe zur Musik. Ein Kantor aus der nahegelegenen Kirchengemeinde erkennt seine Begabung und gibt ihm, wann immer es die Gefängnisroutine zulässt, Unterricht an der Orgel. Tobias Lemke ist begeistert von der Kirchenmusik und Chorälen.

Als ich den Namen des Kantors lese, fühle ich mich um noch mehr Jahre zurückversetzt, und es gibt einen weiteren Kreuzungspunkt zwischen meinem Leben und dem von Tobias Lemke. Der Mann war Leiter des Chores, dem ich als Achtjähriger beitrat und bis zu meinem Stimmbruch angehörte. Wie klein doch Bremen manchmal ist.

Nachdem Tobias Lemke knapp fünfeinhalb Jahre seiner Strafe verbüßt hat, wird er wegen guter Führung entlassen. Das ist durchaus üblich, wenn Häftlinge bei guter Führung zwei Drittel ihrer Haftzeit abgesessen haben. Der Rest der Strafe wird dann zur Bewährung ausgesetzt. In dieser Zeit darf der Freigelassene allerdings keine neuen Straftaten begehen oder gegen Auflagen und Weisungen verstoßen, um nicht einen Widerruf der Strafaussetzung zu riskieren.

In Lemkes Kriminalakte finde ich weitere Beweise für sein rücksichtsloses Verhalten gegenüber Frauen, für die unkontrollierte Gewalt, die sich so oft bei ihm Bahn bricht. Zwei Jahre waren nach dem Mord an Sophie Undeloh vergangen, als er zu Silvester eine Freundin zu sich eingeladen hatte. Seine Ehe mit seiner Frau Annette war längst gescheitert. Die Frau heißt Rita Holz, ist knapp 40 Jahre alt und psychisch schwer gestört, sie leidet an akuten Angstzuständen. Die Frau nimmt die Einladung an, denn sie hat bei ihrem Gastgeber schon einige Male übernachtet und war mit ihm intim gewesen. Auch dieser Abend scheint wie die anderen zu verlaufen, man isst und trinkt zusammen. Als die Frau zu später Stunde fragt, ob sie bei ihm übernachten dürfe, zeigt sich Lemke großzügig. Sein Plan scheint wieder aufzugehen. Die Frau zieht sich bis auf ihren Slip aus, legt sich ins Bett und schläft sofort betrunken ein. Lemke will das nicht akzeptieren. Er legt sich zu ihr und beginnt, mit dem Finger an ihrer Scheide zu manipulieren. Rita Holz wacht schlaftrunken auf, murmelt ihm zu, dass sie nicht mit ihm schlafen will. Doch Lemke ist sexuell zu erregt, um aufzuhören. Die Frau steht auf, um sich anzuziehen, aber Lemke reißt sie zurück und versucht erneut, sie mit dem Finger zu penetrieren. Er stößt nun auf entschlossenen Widerstand. Rita Holz wird langsam nüchtern und kämpft mit aller Kraft und Entschlossenheit. Als sie einen Blumenkübel umstößt, gerät Lemke außer sich vor Wut. Er packt die laut schreiende Frau an der Kehle und drückt mit voller Kraft so lange zu, bis sie ohnmächtig wird. Bewusstlos uriniert und kotet sie sich ein. Lemke schleift sie ins Badezimmer, wo er sie abduscht. Dann wirft er sie aufs Bett, würgt sie erneut und versucht sie zu vergewaltigen. Zu einer Erektion aber ist er alkoholbedingt nicht mehr fähig.

Rita Holz erwacht aus ihrer Ohnmacht, die Todesangst verleiht ihr eine kaum vorstellbare Energie. Sie beißt ihrem Peiniger in den Finger, schlägt und tritt um sich. Tatsächlich schafft sie es, sich aus seinem Würgegriff zu befreien. Als sie nackt zur Tür rennt, um Hilfe zu holen, holt Lemke sie ein. Auf einmal verändert er sein Verhalten, er scheint aus seinem Rauschzustand zu erwachen. Er gestattet seiner Besucherin, sich anzuziehen und die Wohnung zu verlassen. Halbherzig versucht er, die Tatspuren zu verwischen, dann schläft er ein. Rita Holz flüchtet in panischer Angst nach Hause. Hier nimmt sie ihre ganze Kraft zusammen, bestellt sich eine Taxe, fährt zur nächsten Polizeiwache und erstattet gegen Lemke eine Anzeige wegen versuchten Mordes. Er wird kurz darauf festgenommen und vernommen, doch er bestreitet die Anschuldigungen. Die Untersuchung seines Blutes zeigt, dass er mit fast drei Promille bei der Tat volltrunken war. Die Polizisten fotografieren ihn und nehmen seine Fingerabdrücke, die dann in die Kartei der Kriminalpolizei wandern, wo sie die nächsten Jahre schlummern. Erst als das Bundeskriminalamt die vollautomatische Erkennung einrichtet, werden sie zum Leben erweckt. Tobias Lemke wird nicht in Haft behalten, Gründe dafür sind nicht gegeben.

Gut anderthalb Jahre nach dem Vorfall findet die Gerichtsverhandlung wegen des versuchten Mordes statt. Rita Holz kann nicht mehr als Zeugin auftreten. Sie hat sich inzwischen mit einem Cocktail aus Schlafmitteln selbst umgebracht. Tobias Lemke wird wegen versuchter Vergewaltigung zu einem Jahr und neun Monaten verurteilt. Sein Verhalten wird nicht als versuchter Mord gewertet.

Inzwischen aber hat ihn auch seine Exfrau Annette ange-
zeigt, jenes lebenslustige Wesen, das nach dem Mord an Sophie
Undeloh bei uns im Vernehmungszimmer gesessen hatte. Sie
hat angegeben, ihr Mann habe sie mit Schlägen und Tritten
malträtiert, nachdem sie ihm untersagt hatte, seine sexuellen
Ausschweifungen mit anderen Frauen in der gemeinsamen
Wohnung zu praktizieren. «Eine reine Frusthandlung», versuchte er sein Tun in der Gerichtsverhandlung zu entschuldigen. Für diesen Gewaltakt verurteilt der Richter Tobias Lemke
zu vier Monaten. Die aus beiden Schuldsprüchen gebildete
Gesamtstrafe von zwei Jahren wird zur Bewährung ausgesetzt.
Tobias Lemke darf in Freiheit bleiben.

Die Fakten der Fälle sind mir nun klar, auch von den Verhaltens-
mustern des Tobias Lemke habe ich nun eine gewisse Ahnung.
Diese will ich nun mit dem Täterverhalten im Fall von Sophie
Undeloh vergleichen. Ist die Übereinstimmung sehr groß, ist
der Täter aus fallanalytischer Sicht überführt. So ein Vergleich
ist eine verantwortungsvolle Aufgabe, drängt er doch die
Ermittlungen anschließend in eine klare Richtung. Um Fehler
in der Einschätzung zu minimieren, wird die Analyse heute
von mehreren Teams vorgenommen. Anschließend werden alle
Ergebnisse in eine vergleichende Fallanalyse aufgenommen und
bewertet. Ein Restrisiko, dass sich auch mehrere Fallanalytiker
in ihrer Einschätzung irren können, besteht natürlich immer.
    Ich fertige am Rechner eine Tabelle an, in die ich alle «hard
facts», also alle nachgewiesenen und überprüfbaren Informationen zu den einzelnen Taten, eintrage; Entscheidungen des
Täters zur Tatzeit, Informationen zum Tatort, dem Opfer, der
Form der Tötung, dem Nachtatverhalten. Die Herausforderung
besteht nun darin, diese nüchternen Informationen zueinander
ins Verhältnis zu setzen, sie einer fallanalytischen Interpretation

zu unterziehen und sich dabei nicht von Mutmaßungen leiten zu lassen. Jede Aussage muss durch eine logische Kombination der Tatortspuren bewiesen werden. Ich beziehe den Mord an Sophie Undeloh in diese Aufstellung mit ein, auch wenn Tobias Lemke als Täter nicht identifiziert wurde. Die Tabelle ist also eine Art Arbeitsthese.

Ich unterscheide zwischen dem Modus Operandi und der Personifizierung des Täters. Während es sich beim Modus Operandi um pragmatische Entscheidungen des Täters handelt, also die Art und Weise, wie ein Mensch ein Verbrechen begeht und dabei versucht, unerkannt zu bleiben, ist unter Personifizierung jenes Täterverhalten zu verstehen, das über die bloße Ausführung der Tat hinausgeht und für den Täter eine besondere Bedeutung besitzt: Dazu zählt das bereits erwähnte Übertöten des Opfers oder die emotionale Wiedergutmachung, die symbolische Rücknahme der Tat.

Angaben zu Tobias Lemkes mentalem Zustand vor der Tat, dem Grad seiner Alkoholisierung und seinem Aussageverhalten trage ich mit kursiver Schrift ein. Diese Informationen lassen sich nicht direkt aus der Rekonstruktion des Tatgeschehens ableiten.

Die Analyse zeigt, dass Tobias Lemke vor den Taten meist Stress ausgesetzt war (Ausschluss von der Gemeinschaftsverpflegung, Ehefrau hat ihn zweimal verlassen). Auch im Bereich der pragmatischen Entscheidungen zeigen sich zahlreiche Übereinstimmungen. Immer kannte Tobias Lemke seine Opfer, die er zu sich einlud oder die er in deren Wohnungen aufsuchte. Aus einer unverfänglichen und mehr oder weniger harmonischen Situation kam es bei ihm plötzlich zu einer Verhaltensveränderung, wobei stets Alkohol eine enthemmende Rolle zu spielen schien (Bier, Sherry). Lemke wollte Sex und griff die Opfer – abgesehen vom Fall Onken – zur Kontrollge-

Parameter	Fall 1: Rainer Onken	Fall 2: Elke Siemers
Tatzeit	Feiertag, Nacht zum 1. Mai	Werktag, später Abend
Tatort	Wohnung Täter	Wohnung Opfer
Anzahl der Tatorte	1	1
Opfer	Mann, 17 Jahre, schläft bei Tötung, alkoholisiert	Frau, 36 Jahre, Organistin, schwerhörig, Sprachfehler, menschenscheu
Täter-Opfer-Beziehung	Bekannt, gleiche Clique, zufälliges Treffen am Tatabend	Bekannt, frühere Mitbewohnerin, gemeinsame Musik
Situative Faktoren	Onken und Freundin suchen bei Lemke Schlafgelegenheit	Opfer allein in Wohnung, war bereits zu Bett gegangen
Mentaler Zustand Täter	Frust. Darf nicht mehr im Heim zum Essen kommen.	Frust: Streit mit Ehefrau. Trennung
Grad der Alkoholisierung	Stark betrunken	Stark betrunken
Tatvorbereitung	Keine Vorbereitung, spontane Tat, hat Pistole aus anderem Grund bei sich	Keine Vorbereitung, spontane Tat
Kontaktaufnahme	Lemke lädt Opfer zu sich ein	Lemke besucht Opfer
Kontrollgewinnung	Erschießt schlafendes Opfer aus Nähe	Keine exzessive Gewalt vor Tötung, soll Widerstand brechen
Verhalten bei Widerstand des Opfers	Kein Widerstand	Täter ignoriert Widerstand, verhindert Hilferufe, schlägt Opfer, zerreißt Telefonschnur, tötet Opfer

Parameter	Fall 3: Rita Holz	Fall 4: Sophie Undeloh
Tatzeit	Feiertag Silvester/ Neujahr, nachts	Tag vor Heiligabend, später Abend
Tatort	Wohnung Täter	Wohnung Opfer
Anzahl der Tatorte	1	2, Flur, Schlafzimmer
Opfer	Frau, 36 Jahre, psychisch krank, alkoholisiert, wehrlos	Frau, 80 Jahre, Rentnerin, wehrlos
Täter-Opfer-Beziehung	Bekannt, intimes Verhältnis	Bekannt, Großmutter der Ehefrau
Situative Faktoren	Alkoholisiertes Opfer, schläft nach Feier bei Täter Rausch aus	Opfer allein in Wohnung
Mentaler Zustand Täter	Frust	Frust: Streit mit Ehefrau. Trennung.
Grad der Alkoholisierung	Stark betrunken	Stark betrunken
Tatvorbereitung	Keine Vorbereitung, spontane Tat	Keine Vorbereitung, spontane Tat
Kontaktaufnahme	Lemke lädt Opfer zu sich ein	Täter besucht Opfer, schenkt Orchidee (evtl. Sherry)
Kontrollgewinnung	Exzessive Gewalt: schlägt und würgt Opfer	Keine exzessive Gewalt vor Tötung, soll Widerstand brechen
Verhalten bei Widerstand des Opfers	Täter ignoriert Widerstand, verhindert Hilferufe, schlägt Opfer, lässt Opfer frei	Täter ignoriert Widerstand, schlägt Opfer nieder, zieht es ins Schlafzimmer

Parameter	Fall 1: Rainer Onken	Fall 2: Elke Siemers
Tötung	Erschießen	Tötet mit Händen (Erwürgen) und Waffe der Gelegenheit (Messer)
Sexuelle Handlungen	Tötet Opfer, um mit Freundin des Opfers Geschlechtsverkehr zu haben, Versuch des Pettings	Versuchter Geschlechtsverkehr, versuchtes Petting, vaginale Kratzwunden, zieht Nachthemd aus und Slip herunter, Opfer nackt
Personifizierung	Vaginales Petting	Vaginales Petting
Nachtatverhalten	Nach Tötung erneuter Versuch Sexualverkehr mit Freundin des Toten; Leiche liegt im selben Bett, akzeptiert Widerstand, legt sich schlafen, nimmt zwei Mal emotionale Distanz zum Opfer auf: Abdecken nach Tat, schiebt später Toten unter Bett und deckt mit Decke ab, stiehlt Freundin des Toten Geld aus Handtasche, unterbindet zunächst ihren Fluchtversuch, geht später auf Argumente ein, erlaubt ihr Weggehen, eigener halbherziger Fluchtversuch.	Nimmt emotionale Distanz zum Opfer durch Abdecken Leiche mit Wolldecke auf, durchsucht Wohnung, lässt Tatwaffe zurück, kümmert sich nicht um Zigarettenkippe, stiehlt Schreibmaschine und Fernseher, zieht Wohnungstür ins Schloss, nimmt Schlüssel an sich, um Haustür aufzuschließen
Motiv	Sex, Bereicherung	Sex, Bereicherung
Aussageverhalten	Gesteht Tat bei Vernehmung	Bestreitet zunächst Tat, Geständnis nach 12 Stunden, Vernehmung, hat Vertrauen zum Vernehmungsbeamten

Parameter	Fall 3: Rita Holz	Fall 4: Sophie Undeloh
Tötung	Hände, versuchtes Erwürgen	Tötet mit Händen (Erwürgen)
Sexuelle Handlungen	Versuchter Geschlechtsverkehr, vaginales Petting, zieht Opfer aus, wäscht eingekotetes Opfer und versucht erneut Sexualverkehr, keine Erektion	Vollendeter Geschlechtsverkehr mit Ejakulation, Kratzwunde an Vagina (Petting?), zieht Opfer Unterwäsche herunter
Personifizierung	Vaginales Petting	Vaginales Petting
Nachtatverhalten	Verhindert Flucht, geht später auf Argumente des Opfers ein, erlaubt Weggehen, wartet in Wohnung auf Polizei	Lässt Leiche liegen, kümmert sich nicht weiter um die Tote, durchsucht Kleiderschrank, schließt Schlafzimmertür, stiehlt Handtasche mit Ausweispapieren und Geld, trinkt Alkohol am Tatort, wäscht Gläser ab, verwischt Fingerabdrücke, zieht Wohnungstür ins Schloss, nimmt Schlüssel an sich, um Haustür aufzuschließen, kein Versuch der Tatortinszenierung
Motiv	Sex	Sex, Bereicherung
Aussageverhalten	Bestreitet Tat, angeblich einvernehmlicher Verkehr	Bestreitet Tat

winnung immer unvermittelt mit Schlägen gegen den Kopf an. Bei den weiblichen Opfern missachtete er deren Widerstand, würgte sie bis zur Bewusstlosigkeit und entkleidete zumindest den Unterleib. Allerdings stört mich bei meinen Überlegungen, dass Elke Siemers und Sophie Undeloh den späten Besucher nur leichtbekleidet empfangen haben sollen. Ist es nicht viel wahrscheinlicher, dass Tobias Lemke die beiden Frauen niederschlug, sie auszog und die Kleidung ordentlich über die Stuhllehnen hängte? Ordnung zu halten ist eine Verhaltensweise, die sich auch in seinem privaten Leben zeigte; zum Beispiel in seiner Wohnung bei der ersten Tat. Sollte ich mit meiner Annahme richtig liegen, so wäre dieses Verhalten als Personifizierung zu sehen; ein Verhalten, das Tobias Lemke wichtig war und seinem antrainierten Ordnungssinn entsprach? Da ich mir nicht sicher bin, nehme ich diese Überlegungen aber nicht als Täterverhalten in meine Tabelle auf. Es folgten Petting oder vaginaler Geschlechtsverkehr. Lemke tötete daraufhin stets nach fast demselben Muster: Drei seiner Opfer würgte er, wobei er Elke Siemers mit einem Messer (Waffe der Gelegenheit) erstach. Rita Holz konnte erfolgreich Widerstand leisten und so ihrem Tod entgehen. Nach den Morden kümmerte sich Lemke nicht weiter um die Opfer und zeigte keine persönliche Anteilnahme. Distanz zu seinen Taten nahm er bei den Todesopfern durch das Zudecken der Leichen oder dem Schließen der Schlafzimmertür auf. Recht schnell schien er wieder die Kontrolle über sich zu gewinnen und zeigte ein inkonsequentes Nachtatverhalten: Er unternahm keine Anstalten, die Spuren seiner Taten zu verwischen (Fall 1: Leiche unter dem Bett seiner Wohnung, Tatzeugin darf gehen, Fall 2: Tatwaffe und Zigarettenkippe bleiben am Tatort zurück, Fall 3: lässt Opfer gehen, Fall 4: wäscht zwar Gläser ab, doch lässt Orchidee zurück und lässt Sherryflasche stehen). Der Täter durchsuchte die Wohnungen, stahl Geld und Wertgegenstände, nahm Schlüssel an sich, um bei seiner Flucht gegebenenfalls Haustüren aufschließen zu können und nicht in den Treppenhäusern eingesperrt zu sein. Er zog stets die Wohnungstüren hinter sich zu, wenn es sich beim Tatort nicht um seine eigene Wohnung handelte.

Die Gegenüberstellung der Verbrechen zeigt mir auch, dass sie keinem inneren Zwang des Täters unterliegen. Es scheint nicht vorrangig um die Befriedigung langgehegter sexueller oder sadistischer Phantasien zu gehen. Der Täter ist meines Erachtens kein klassischer Serienmörder, er tötet spontan aus der Situation heraus. Ich glaube nicht, dass er eine latent vorhandene Bereitschaft zum Töten besitzt. Natürlich geht es bei seinen Taten um Sexualität, Macht und Dominanz. Wer aber seine Opfer sind, ist ihm gleichgültig. Die Auswahl ist willkürlich, völlig ohne Empathie und zeigt keine Präferenz für einen bestimmten Typ: Mal ist es ein schlafender junger Mann, mal eine gehandicapte junge Frau mit Berührungsängsten, mal eine psychisch Kranke. Nach dem Morden benötigt er keine sogenannte Cooldown-Phase, wie ich sie von Serientätern kenne. Sie brauchen eine Art Abkühlung von inneren Zwängen, nachdem sie diesen durch ihre Tat nachgegeben haben. Die Aufstellung zeigt eindeutig: Der Mord an Sophie Undeloh fügt sich nahtlos in das Muster ein. Ich bin mir jetzt ganz sicher: Tobias Lemke hat auch diesen Mord begangen.

Der nächste Schritt in der Fallanalyse ist die Erstellung eines Täterprofils für den ungelösten Mord an Sophie Undeloh. Stimmen die Merkmale mit der Persönlichkeit von Tobias Lemke weitgehend überein, ist dies ein weiterer Hinweis darauf, dass er der Mörder ist. Es ist meist hilfreich, zuvor die Charakteristika des Mordes noch einmal zu betrachten: Eine alte Frau wird vermutlich von einem deutlich jüngeren Mann getötet. Die Wissenschaft hat für dieses Phänomen als eine

Möglichkeit einen Begriff gefunden: der chiffrierte Matrizid, der symbolische Muttermord. Der Täter überträgt die Aggressionen gegen die eigene Mutter auf eine andere Frau, die im ähnlichen Alter ist, ihm aber weniger bedrohlich erscheint. Vorausgegangen sind meist negative frühkindliche Erfahrungen. Die stellvertretende Tötung des Opfers ist der nach außen getragene Versuch des Täters, seine inneren Spannungen gegenüber dem Abbild der Mutter zu lösen.

Zu diesem psychodynamischen Ansatz gibt es keine eigenen Studien. Ich muss deshalb auf psychiatrische Fallbeschreibungen und eine Studie über Elternmorde generell zurückgreifen. Die Gründe zu töten waren demnach sehr individuell. Das Alter der Täter lag zwischen 15 und 58 Jahren, das Durchschnittsalter bei knapp 30 Jahren. Häufig litten die Täter an mangelnder Selbstsicherheit, Depressionen oder psychischen Auffälligkeiten. Bevorzugte Tötungsarten waren: Erschlagen, Erwürgen, Erstechen und Erschießen. Manchmal übertöteten die Täter, gelegentlich verstümmelten sie die Leichen, der Tatort blieb oft chaotisch zurück.

Lag eine solche Dynamik auch beim Mord von Sophie Undeloh vor? Kann ich aus den Merkmalen der Täter, die von den Wissenschaftlern herausgearbeitet wurden, die Grundlage für mein Täterprofil bilden? Ich fürchte nicht. Der Mörder von Sophie Undeloh war viel zu strukturiert vorgegangen. Ich halte ihn nicht für einen «Muttermörder». Die Studie über die generellen Elternmorde und auch andere Statistiken liefern mir aber dennoch genügend Zahlen und Informationen, um daraus ein erstes Täterprofil zu erstellen:

- Statistisch liegt das Durchschnittsalter des Täters bei Ende zwanzig.
- Nach der Tat gewinnt er schnell die Kontrolle über sich, das spricht für Erfahrung und Stressresistenz.

- Er kennt Sophie Undeloh. Eine engere Beziehung ist wahrscheinlich.
- Seine möglichen Vorstrafen sind: Diebstahl / Unterschlagung, Körperverletzung, strafrechtliche Nebengesetze (z. B. Fahren ohne Fahrerlaubnis), Sexualdelikte, Trunkenheit im Straßenverkehr, Sachbeschädigung, Verstoß gegen das Betäubungsmittelgesetz.
- Er ist kein phantasiegesteuerter Täter.
- Die Auswahl der Opfer ist willkürlich.
- Er hat keine Ausbildung und ist wahrscheinlich arbeitslos.
- Er hat Alkohol- oder Drogenprobleme.

Ich will nun noch mehr über meinen Hauptverdächtigen wissen. Ich studiere nochmals gründlich die beiden Urteile der Morde an Enno Onken und Elke Siemers. Aus den Unterlagen kann ich die Biographie des Mannes herauslesen. Tobias Lemke wurde in einem kleinen Ort in der Nähe von Dresden geboren. Bei seiner Geburt ist seine Mutter gerade einmal 17 Jahre alt. Wer sein Vater ist, weiß er nicht. Hartnäckig hält sich in dem Dorf das Gerücht, dass er das Ergebnis einer Vergewaltigung ist. Die Mutter aber schweigt sich darüber aus. Wegen ihrer eigenen Unreife ist sie nicht in der Lage, den Säugling aufzuziehen. Die Versorgung übernehmen für die ersten beiden Jahre deshalb seine Großeltern. Als seine Mutter heiratet, nimmt sie den Jungen wieder zu sich. Die Familie siedelt in den Westen ins Ruhrgebiet über. Hier findet sein Stiefvater eine Anstellung unter Tage. Kurze Zeit später wird seine Schwester geboren, das Nesthäkchen. Sie sei von seinen Eltern immer bevorzugt behandelt worden, klagt Tobias Lemke in seiner Aussage vor Gericht.

Schon früh zeigt sich, dass sein Verhältnis zu den Eltern kaum noch zu retten ist. Sie sind mit sich selbst überfordert und können ihrem Sohn weder Liebe noch Geborgenheit schenken. Stattdessen ist der, wie es ein Gutachter im Prozess formulierte, im Grunde «intelligente, sensible, primär weiche und selbstverletzliche Junge» einem «Prozess der Verrohung, Verwahrlosung, Entwertung, Sexualisierung» oder der «milieubedingten Schädigung» ausgesetzt. Die Mutter arbeitet als Bardame, steigert stetig ihren Alkoholkonsum und bringt ihre Männerbekanntschaften mit nach Hause, wenn der Stiefvater nicht da ist. Der wiederum misshandelt immer wieder aus Frust seine Frau und das Kind. Er behandelt den Stiefsohn wie einen Hund, tritt und schlägt ihn aus nichtigem Anlass, sodass dieser tagelang nicht zur Schule gehen kann. Wenn der Junge nicht spurt, wird er in einen lichtlosen Bunker eingesperrt. Aus Angst vor weiterer Gewalt schließt sich das Kind über Nacht auf dem Etagenklo des Mietshauses ein. Er bleibt immer häufiger von zu Hause weg und sucht Geborgenheit im Strichermilieu. Dort lässt er sich sexuell missbrauchen, um eine Bleibe zu haben und sich ernähren zu können.

Die Ehe der Eltern scheitert, und die Mutter wendet sich einem neuen Mann zu, von dem sie auch ein Kind bekommt. Als Tobias mit einer Luftpistole auf Passanten schießt, den Schulbesuch verweigert, er einen Diebstahl nach dem anderen begeht und wieder gleichgeschlechtliche Kontakte zu Freiern sucht, entzieht ein Amtsgericht seiner Mutter das Sorgerecht. Es ordnet die Fürsorgeerziehung in einem Jugendhof an. Dem inneren Chaos sollen durch äußere Ordnung Grenzen gesetzt werden. Tobias Lemke ist jetzt 13 Jahre alt.

Der Junge kann sich an dieses geregelte Leben zunächst nicht gewöhnen. Er entweicht mehrere Male aus der Einrichtung, um seine Mutter zu besuchen. Da er auf seinen Fluchten Autos stiehlt, von Diebstählen und seinen Kontakten im Strichermilieu lebt, kommt er schließlich in ein geschlossenes Heim in Bremen. Hier fühlt er sich zwar sofort wohl, doch auch in dieser Einrichtung ist er zunächst nicht zu halten. Sein weiteres Leben ist durch einen «Heim-Flucht-Zyklus» gekennzeichnet, da er immer wieder die Nähe zu seiner Mutter sucht, sie aber niemals erfährt. Es folgen weitere Straftaten und die ersten Verurteilungen zu Jugendarresten. Trotz seiner Unstetigkeit ist Tobias Lemke ein guter Schüler, der ohne Probleme seinen Hauptschulabschluss schafft. Er entwickelt eine Vorliebe für Motorräder und Autos und kauft sich von seinem ersten Lohn ein Kleinkraftrad, eine Zündapp. Er beginnt eine Lehre als Kfz-Mechaniker und bleibt weiterhin in einem Heim wohnen, wo er sich wohl und geborgen fühlt. Seine Vorliebe für schnelle Autos lässt ihn jedoch wieder straffällig werden: Er stiehlt erneut einen Wagen und wird zu einem 14-tägigen Dauerarrest verurteilt.

Tobias Lemke scheint zwei Gesichter zu haben. Im Heim hält er sich mittlerweile streng an die Regeln. In der Lehre empfiehlt er sich durch gute Leistungen, sodass seine Lehrzeit um ein halbes Jahr verkürzt wird. Er ist gerade 18 Jahre alt, als er aus dem Heim auszieht und sich ein möbliertes Zimmer sucht. Doch möchte er die Nähe zu der vertrauten Umgebung mit den klaren Regeln nicht missen, und so nimmt er weiterhin an der Gemeinschaftsverpflegung teil. Das hindert ihn jedoch nicht daran, die Grenzen der Freiheit neu zu definieren. Dies prägt seine zweite Seite, die des Aggressiven.

Er beginnt, vermehrt Alkohol zu trinken, zeigt Ansätze von Waffenfetischismus und demonstriert ein ausgeprägtes Machogehabe. Er lebt die Gewalt, die er einst selbst erfahren hat, nun an anderen aus; ein klassisches Verhalten von Menschen, die in ihrer Kindheit oder Jugend selbst Opfer von körperlichen oder sexuellen Übergriffen waren. Wer Gewalt erfährt, gibt später Gewalt weiter. Psychologen meinen zu diesem Phänomen, dass ihm eine Schutzfunktion der Psyche zugrunde liegt. Sie dissoziert in gewisser Weise und überträgt den erlebten Schmerz und die erfahrene Erniedrigung auf andere, so auch bei Tobias Lemke. Er lässt sich kaum noch von seiner Umwelt beeinflussen und schlägt zu, wenn ihm danach ist, häufig durch reichlich Alkoholgenuss enthemmt.

Welche Merkmale des Täterprofils treffen auf Tobias Lemke zu? Es sind in der Tat fast alle. Lemke war zur Tatzeit 31 Jahre alt, er kannte Sophie Undeloh als Großmutter seiner Ehefrau und hatte keine Probleme, von ihr in die Wohnung gelassen zu werden. Er war mehrfach vorbestraft, wegen sexuell motivierter Morde, Körperverletzung und Eigentumsdelikten. Lemke litt unter massiven Alkoholproblemen. Wie schon die tabellarische Aufstellung unterstützt auch der Vergleich des Täterprofils meine These: Tobias Lemke ist unser Mann.

Eine Fallanalyse ist aber noch kein Beweis. Sie leistet in einer Ermittlung eine Hilfestellung und fungiert wie ein Ruder: Sie steuert das Schiff in eine bestimmte Richtung. Sie ist aber nicht der Motor, der es an sein endgültiges Ziel bringt. Der Motor einer Ermittlung sind die Beweise. Ich muss also stichhaltige Belege dafür finden, dass Tobias Lemke auch der Mörder von Sophie Undeloh ist. Und so mache ich mich noch einmal auf die Suche nach den Asservaten des so lange zurückliegenden Mordes. Wenn sich darauf noch Spuren des Opfers finden würden, wäre das der Durchbruch in diesem Fall. Doch meine Bemühungen sind vergeblich: In der Beweisstückstelle der Staatsanwaltschaft sind sie nicht eingelagert. Auch das einst mit den rechtsmedizinischen Untersuchungen beauftragte Institut winkt ab: Die Tatspuren bleiben spurlos verschwunden. Und somit auch die Beweise, dass Tobias Lemke noch einen weiteren Mord verübt hat. Wieder einmal eine Sackgasse in unserem Wegechaos der Ermittlungen.

Die Wende in dem Fall kommt überraschend, allerdings dauert es weitere zwei Jahre, nachdem ich meine Fallanalyse abgeschlossen hatte. Ich habe mir gerade den ersten Kaffee des Arbeitstages eingeschenkt, als mein Telefon klingelt. Die Kollegin des verstorbenen Rechtsmediziners ist am Apparat und erzählt, dass sie in einem Nebengebäude verschiedene Asservate von lange zurückliegenden Tötungsdelikten gefunden habe. «Brauchen Sie die noch?» Ich merke, wie mein Puls steigt und ich mich merkwürdigerweise für einen Moment scheue, nach den Beweismitteln im Mordfall Sophie Undeloh zu fragen. Ich bitte die Dame deshalb nur um eine Aufstellung. Fünf Minuten später liegt sie mir als Fax vor. In den Fundstücken sind tatsächlich die Beweismittel aus dem Undeloh-Mord dabei: Hirtenteppich, Zahnersatz der Toten, ihre Kleidung – der rote Pullover, Slip und Mieder.

Besonders über den Fund der Prothesen und der Kleidung freue ich mich. Ich bin mir sicher, dass wir mit den modernen Methoden in den daran befindlichen Blut- und Speichelresten auch nach über zwanzig Jahren noch die DNA-Merkmale von Sophie Undeloh bestimmen können. Die erneute Untersuchung des Hirtenteppichs erscheint mir ebenfalls erfolgversprechend, denn Sophie Undeloh wurde darauf vergewaltigt, und erfahrungsgemäß ist dann auf der Unterlage mit Sperma zu rechnen. Knapp vierzehn Tage später halte ich die Gewissheit in Form eines Gutachtens in meiner Hand. Auf dem Teppich hatten die Experten eine Mischspur aus Scheidensekret und Sperma gefunden. Das Sperma stammt zweifelsfrei von Tobias Lemke. Die Kombination von DNA-Merkmalen hat statistisch gesehen nur ein Mensch von 25 Milliarden. Auf der Erde leben derzeit sieben Milliarden Menschen.

Es gibt nun ein Gutachten, das dem entlastenden Gutachten von vor 20 Jahren widerspricht: Tobias Lemke kann sich nicht mehr darauf berufen, dass die unfehlbare Wissenschaft seine Unschuld erwiesen habe. Das frühere Gutachten, das ihn als Täter ausschloss, kann ihm nicht mehr helfen.

Trotzdem lasse ich von zwei unabhängigen rechtsmedizinischen Instituten die sich widersprechenden Untersuchungsergebnisse überprüfen. Wenig später liegen mir die Erklärungen für den vermeintlichen Widerspruch vor. In einem Gutachten heißt es: «Das DNA-Untersuchungsergebnis beruht auf positiven Befunden, die eine sichere Beweisgrundlage darstellen. Die Tätermerkmale waren positiv im Vaginalabstrich des Opfers und am Tatort nachweisbar. Die Bewertung der InV-Untersuchung beruhte dagegen auf einem negativen Befund. Das Tätermerkmal InV+ war seinerzeit nicht nachweisbar.»

Meine Befürchtungen von damals wurden bestätigt. Für die Bestimmung des Blutgruppenmerkmals hatten zu wenige Spermien vorgelegen. Nur deshalb wurde der Befund als negativ ausgegeben. Irrtümlich war der Wissenschaftler davon ausgegangen, dass das Spurenmaterial in ausreichender Menge vorlag. Er hatte angenommen, dass nach seiner Untersuchung das InV-Merkmal tatsächlich nicht in der Spermaspur vorhanden war, eine tragische Fehleinschätzung. Ob ein korrektes Gutachten, das die übereinstimmenden Blutmerkmale festgestellt hätte, zur damaligen Zeit für eine Verurteilung ausgereicht hätte, vermag ich heute allerdings nicht zu sagen.

Das neue DNA-Ergebnis aber lässt keinen Zweifel daran, dass Tobias Lemke die Großmutter seiner früheren Frau nicht nur vergewaltigt, sondern sie auch ermordet hatte. Dennoch will ich mich noch immer nicht zufriedengeben: Die Krönung einer Ermittlung ist noch immer das Geständnis. Es hat vor Gericht die größte Beweiskraft. Es ist aber auch aus moralischer Sicht das beste Ende einer langwierigen Ermittlung: Der Täter gibt sich geschlagen. Er ist bereit, die Verantwortung für seine

Tat zu übernehmen und die Strafe zu akzeptieren. Vielleicht bereut er auch die Tat. Es ist ein Ergebnis, wie es in einem Rechtsstaat eigentlich sein müsste.

Aber es gibt noch einen anderen Grund, warum ich Tobias Lemke nochmals vernehmen möchte: Jeder Beschuldigte hat das Recht, sich die Tatvorwürfe gegen ihn anzuhören und dazu Stellung zu nehmen. Ich bin auf seine Reaktion gespannt. Würde er das Verbrechen sofort einräumen? Würde er stur auf dem Ergebnis des alten Gutachtens beharren? Oder würde er eine andere Strategie einschlagen, nämlich einen einvernehmlichen Sexualkontakt behaupten, den anschließenden Mord aber einem anderen, unbekannten Täter zuschreiben?

An einem Tag kurz vor Weihnachten machen ein Kollege und ich uns auf den Weg, um Tobias Lemke in der Strafanstalt zu vernehmen. Der frühere Hauptsachbearbeiter ist mittlerweile pensioniert. Ich bedaure, dass er nicht mit mir im Auto sitzt und die Aufklärung des Falles miterlebt. Die Nähe zu den Feiertagen habe ich mit Bedacht gewählt. Fast auf den Tag genau vor 16 Jahren ist Sophie Undeloh in ihrer Wohnung vergewaltigt und erdrosselt worden. Diesen Umstand will ich bei der Vernehmung ausnutzen. Ich bin mir sicher, dass niemand die Ermordung der Großmutter seiner Frau unter dem Weihnachtsbaum vergessen würde. Auch ein zweifach verurteilter Mörder nicht. Ich weiß, dass die Chancen eines Geständnisses sehr gering sind. Aber ich möchte nichts unversucht lassen, ich hoffe auf die weihnachtliche Stimmung, die Gefühle von Besinnung, Frieden und Versöhnung. Oder setze ich zu viel auf den harmonisch stimmenden Einfluss dieses Festes?

Wie viel Böses kann ein Mensch verdrängen? Wie sehr kann er sich selbst belügen? Wie ernsthaft kann er die Verantwortung, dass seine Tat ungesühnt bleibt, von sich selbst auf einen

Gutachter schieben, der einen kleinen, aber verhängnisvollen Fehler gemacht hat? Glaubt Tobias Lemke mittlerweile vielleicht wirklich daran, dass er unschuldig ist? Haben sich Strategie und Realitätsbewusstsein vermischt? Ich weiß es nicht. Aber ich habe die Hoffnung nicht aufgegeben, dass Tobias Lemke erneut über seine Schuld reden will. Vielleicht erinnert er sich daran, wie befreiend vor Jahren die Beichte war. Vielleicht ist der Drang, das Geheimnis endlich zu lüften, stärker als die Aussicht auf ein Leben hinter Gittern. Für seinen dritten Mord jedenfalls muss er mit lebenslanger Haft und anschließender Sicherungsverwahrung rechnen.

Vielleicht sind meine Gedanken zu pastoral oder naiv. Vielleicht denke ich auch nur zu humanitär, wenn ich davon ausgehe, dass jeder Mensch einen guten Kern in sich birgt. Allerdings weiß ich auch nur zu genau, dass Sexualmörder im Gefängnis kein hohes Ansehen genießen. Sie stehen ganz unten in der Knasthierarchie. Warum sollte jemand freiwillig dafür sorgen, dass für ihn dieser Zustand noch eine Weile anhalten wird?

Es ist eine schwierige Mission, denn für Tobias Lemke stehen gravierende Veränderungen an. Seine Verlegung in die Bremer Strafanstalt ist geplant. Im kommenden Jahr hat er über die Hälfte seiner Haftzeit verbüßt und darf auf Lockerungen und neue Freiheiten hoffen: Ausgänge, Urlaub, Entlassungsvorbereitung. Das Gefängnis, in dem er sich jetzt noch befindet, ist eine gute Autostunde von Bremen entfernt. Es ist für männliche Gefangene vorgesehen, die zu einer Freiheitsstrafe von mehr als zehn Jahren verurteilt worden sind: Mörder, Totschläger, Vergewaltiger, Räuber, Kinderschänder. Die Haftanstalt wurde im frühen 18. Jahrhundert nach dem Vorbild französischer Schlösser gebaut. Sie hat eine bewegte Vergangenheit hinter sich. In den vergangenen Jahren haben mehrfach Häftlinge mit selbstgefertigten Waffen Geiseln genommen und ihre Freilassung erpresst. Eine unrühmliche überregionale Bekanntheit erlangte die Anstalt durch die «Aktion Feuerzauber» des niedersächsischen Verfassungsschutzes, bei der am 25. Juli 1978 ein rund 40 Zentimeter großes Loch in die Außenmauer der Justizvollzugsanstalt gesprengt wurde. Damit sollte ein Anschlag zur Befreiung des mutmaßlichen RAF-Terroristen Sigurd Debus vorgetäuscht werden, der in dem Hochsicherheitsgefängnis einsaß. Ein Skandal ohnegleichen, der erst nahezu zehn Jahre später durch die Recherchen investigativer Journalisten ruchbar wurde.

Heute ist der Gebäudekomplex ein Hochsicherheitsgefängnis, das seinem Namen alle Ehre macht: umgeben von einer meterhohen weiß-grau gestrichenen Betonmauer, deren Krone mit mehreren Lagen NATO-Draht gesichert ist. Mehrere wuchtige Wachtürme überragen das Bollwerk und verbergen den Blick auf die noch erhaltenen historischen Gebäude im Innenhof. Dort steht ein mit elektrischen Kerzen geschmückter Weihnachtsbaum. Ob Tobias Lemke sich bei diesem Anblick an das festliche, geschmückte Wohnzimmer «seiner Oma» erinnert fühlt?

Erst nach einer intensiven Kontrolle dürfen wir den Besucherraum betreten: ein kleines, tristes Zimmer mit weiß gestrichenen Wänden, ein Tisch mit vier Stühlen darin. Keine Bilder, stattdessen vergitterte Fenster. Neben der Tür die obligate Sprechanlage für die Verbindung zum Aufsichtspersonal.

Es ist unerträglich warm, die Heizung läuft auf vollen Touren. Ich reiße das Fenster auf. Als Tobias Lemke den Raum betritt, ist es 10.25 Uhr. Seit über sechs Jahren ist er hier als Häftling in der Anstalt. Mein Kollege und ich sind sein erster Besuch überhaupt. Die Tür fällt hinter dem Gefangenen ins Schloss. Wir sind mit ihm allein.

Lemke ist immer noch schlank, durchtrainiert und drahtig. Ich vermute, dass er viel Zeit mit Krafttraining verbringt, seinen Körper quält und den Geist betäubt. Sein Alter und die lange Haftzeit sind nicht spurlos an ihm vorübergegangen. Das Haar ist schütter und grau. Seine Augen ohne Feuer, nachdenklich und traurig. Noch immer trägt er seinen Schnurrbart mit den beiden lang heruntergewachsenen Enden. Er trägt auch jetzt wieder Jeans, ein helles T-Shirt und eine offene Strickjacke mit Reißverschluss, Turnschuhe. Lemke ist erstaunt, uns hier zu sehen. « Seid ihr wegen der Musikerin da? Haben wir doch alles geklärt!» Ich schüttele den Kopf: «Nein. Es geht um einen anderen Mord. Stichwort Weihnachten. Sophie Undeloh.» Schweigen erfüllt das kleine Zimmer.

Tobias Lemke wiederholt nachdenklich zwei-, dreimal den Namen von « Oma Undeloh.» Die Vergangenheit hat ihn eingeholt. Hatte auch Tobias Lemke wie andere Mörder immer wieder mit seiner Entlarvung gerechnet? Der Mann schreibt wirklich Kriminalgeschichte: Zweimal wird er durch neue Untersuchungsmethoden als Täter von Verbrechen überführt, die sonst nie hätten geklärt werden können. Wie ein angeschlagener Boxer kurz vor dem K. o. setzt er sich auf einen freien Stuhl. Seine Stimme ist ganz leise, als er nachdenklich fragt: «Wollt ihr mir den Mord von Oma Undeloh anhängen? Habt mir doch selbst gesagt, dass ich anderes Blut habe.» Für einen kurzen Moment habe ich das Gefühl, als wolle Lemke aufstehen und sofort wieder gehen. Doch dann siegt seine Neugier. Er bleibt sitzen, rückt sogleich aber mit dem Stuhl nach hinten und geht damit demonstrativ auf Distanz. Mein Kollege belehrt ihn über seine Rechte, die Aussage zu verweigern und einen Anwalt zu konsultieren. Ich ergänze, dass er jederzeit von uns Ermittlungen fordern kann, die ihn entlasten könnten. Obwohl er diese Rechte bestens kennt, hört Tobias Lemke aufmerksam zu und lehnt sich dabei immer weiter nach hinten. Deutlicher kann man seine Abneigung nicht zeigen. Er dreht seinen Oberkörper von uns ab und zieht langsam den Reißverschluss seiner Jacke zu. Ich frage ihn, ob er friert. Er antwortet nicht.

Die Vernehmungssituation ist schwierig. Nach einem kurzen Moment des Schweigens gibt Lemke uns zu verstehen, dass er keine schriftliche Aussage machen wird. «Noch mal so blöd wie bei Elke Siemers bin ich bestimmt nicht. Hätte ich damals doch bloß mein Maul gehalten. Ihr hattet absolut nichts gegen mich in der Hand. Absolut nichts!» Ich erwähne den Fingerabdruck an der Wohnungstür. «Und, was bedeutet der schon?» Lemke hat mit seinem Einwand recht. Die Vernehmung scheint vorbei, ehe sie beginnt. Interessant aber ist, dass Tobias Lemke auch dieses Mal sitzen bleibt und nicht geht. Er beugt sich nun auch tatsächlich interessiert vor, als ich ihm die Gutachten der rechtsmedizinischen Institute präsentiere. Ich versuche, ihm die Ergebnisse zu erklären. Doch es gelingt mir nicht, dem Mann das DNA-Verfahren und seine Einzigartigkeit als Beweis zu vermitteln. Ein Psychiater hatte ihm einst eine hohe Intelligenz bescheinigt. Will er es einfach nicht verstehen? Er beharrt weiter auf dem Ergebnis des ersten Gutachtens, das seine Unschuld bewiesen habe. Er kündigt an, seinen Rechtsanwalt über die neue Anschuldigung zu informieren. Er ist dennoch bereit, Fragen zu beantworten. Vielleicht ist unser Besuch einfach nur eine willkommene Abwechslung zum eintönigen Gefängnisalltag.

«Ja, ich bin schon einige Male in der Wohnung von ihr gewesen. Aber nie alleine, immer mit meiner Frau.» Ich frage, ob er aus Scham eine intime Beziehung mit Sophie Undeloh verschweige. Welcher Mann würde schon zugeben, eine fast fünfzig Jahre ältere Frau als Sexualpartnerin zu haben? Seine Antwort ist erwartbar: «Ich mit Oma? Sagt mal!» Lemke bestreit et auch, die alte Frau zur Weihnachtszeit aufgesucht und ihr eine Orchidee geschenkt zu haben. Später schränkt er ein, er könne sich daran nicht erinnern. Ich erwähne die Flasche Sherry in der Wohnung. Ob er vielleicht betrunken war und sich deshalb nicht erinnert? «Kapiert ihr das nicht? Ich habe nichts damit zu tun!»

Wir müssen die Strategie ändern. Ich weiche auf Smalltalk aus. Es ist wie beim Anlassen eines altersschwachen Autos. Man lässt den Motor so lange gurgeln, solange die Batterie noch hält. Immer in der Hoffnung, dass der Impuls von der Zündkerze doch noch überspringt, und der Motor endlich aufheult. Noch sind wir in der Gurgel-Phase.

Mir fällt der Pastor ein, mein früherer Chorleiter, der Lemke das Orgelspielen beibrachte. Aber auch darüber möchte er nicht reden. «Mit der Orgel ist es schon so lange her.» Er erzählt nun immerhin von seinem Alltag in der Anstalt, seiner Hoffnung, bald nach Bremen verlegt zu werden. Er beschreibt sich als Einzelgänger, der auf seiner Zelle arbeitet, trainiert und einfachste Arbeiten verrichtet. Dann lacht er, das erste und letzte Mal in diesem Gespräch. «Ja, ich klebe hier wirklich Tüten, Hüllen für Regenschirme.» Er spiele sonst viel am Computer. Obwohl wir noch keine Stunde gesprochen haben, merke ich, wie sich unser Gespräch verkrampft. Die Zündung hat nicht funktioniert, das Gurgeln wird immer schwächer. Wir haben uns nichts mehr zu sagen.

Ich kann keine Nähe zu Tobias Lemke aufbauen. Mir ist das in den über 25 Jahren, in denen ich ihn nun kenne, kein einziges Mal gelungen. Eine erstaunliche Erkenntnis. Normalerweise fällt es mir leicht, das Vertrauen anderer Menschen zu gewinnen. Ich muss dafür gar nicht viel tun. Ich habe keine Strategie dafür, keinen Trick. Es passiert einfach so. Vielleicht weil sie merken, dass ich in den allermeisten Fällen wirklich an ihnen interessiert bin. Bei Tobias Lemke hat es nicht funktioniert. Er ist mir fremd geblieben. Und ich ihm auch.

Er hat nun wieder die räumliche Distanz zu uns wie zu Anfang der Vernehmung aufgenommen. Er kippelt mit dem Stuhl nach hinten und schweigt. Er sehnt sich wohl zurück in die Sicherheit des Knastalltags. In diesem System kennt er sich aus, es vermittelt ihm Geborgenheit. « Essenausgabe. Ich muss zurück. » Wir reichen uns zum Abschied kurz die Hand. Ich gebe ihm unsere Karten mit den Telefonnummern. « Ruf uns jederzeit an, wenn du uns etwas zu sagen hast. » Ich weiß, dass er davon niemals Gebrauch machen wird. Als ich im neuen Jahr in der Anstalt anrufe, ist Tobias Lemke für mich nicht zu sprechen. Er hat sich kurz nach unserem Zusammentreffen in psychiatrische Behandlung begeben. Wegen Depressionen und Angst.

Ein Dreivierteljahr später sehe ich ihn wieder. Wie vor 25 Jahren sitzt er auf der Anklagebank des Schwurgerichtssaals. Wieder lautet der Vorwurf Mord, zum dritten Mal. Ich sitze auf dem Zeugenstuhl und warte auf meine Vernehmung. Die Richter haben sich noch zu einer Beratung zurückgezogen. Das gibt mir Gelegenheit, Tobias Lemke zu beobachten. Er trägt jetzt eine Brille. Er hat sich seine Haare kurz schneiden lassen, auch sein Bart ist nun gebändigt. Seine Augen wirken nicht mehr scheu wie damals, sie signalisieren Unnahbarkeit. Meinen Blick erwidert er nicht. Er versucht entspannt zu wirken, als ginge ihn das hier alles gar nichts an.

Das Licht der Nachmittagssonne fällt durch die bleiverglasten Butzenscheiben des Saals auf Lemkes Gesicht. Man kann nun erkennen, wie angespannt er in Wahrheit ist. Sein aufgesetztes Selbstbewusstsein ist leicht zu durchschauen. Ich muss an Weihnachten vor 16 Jahren denken. Auch damals brachte die Sonne die Wahrheit ans Licht, als sie auf den Hals der toten Sophie Undeloh schien und die Würgemale offenbarte, die wir beinahe übersehen hätten. Nein, hier sitzt kein abgeklärter Mann, den nichts mehr zu interessieren scheint. Ich sehe einen fast 50 Jahre alten Mann, ohne Spannkraft und Energie. Im Leben gescheitert und ohne jede Perspektive. Das Licht am Ende des Tunnels, von dem mein Kollege einst gesprochen hatte, ist für ihn erloschen. Tobias Lemke weiß das.

Ich beobachte, wie er durch die Gläser seiner Brille die Zuhörer hinter der Absperrung wahrnimmt. Ich folge seinen Blicken und erkenne mehrere Angehörige von Sophie Undeloh. Deutlich ist ihre Antipathie gegenüber dem Angeklagten zu spüren. Worte wie «Kopf ab» dringen an mein Ohr. Tobias Lemke tut so, als würde er all das nicht mitbekommen.

Das Gericht kehrt aus seiner Beratungspause zurück. Meine Vernehmung dauert nicht lange. Ich erzähle von den Ergebnissen unserer Ermittlungen, von den Gutachten und meinen Gesprächen mit dem Angeklagten im Gefängnis. Nach knapp einer Stunde ist meine Befragung vorbei. Weder der Staatsanwalt noch Lemkes Verteidiger haben Fragen an mich; auch Lemke verzichtet auf das Recht, meine Aussage zu hinterfragen. Es ist eine ungewohnt entspannte Situation. Ich nehme im Saal Platz, um der weiteren Verhandlung zu folgen.

Tobias Lemke verfolgt die Auftritte der Gutachter und anderen Zeugen nahezu regungslos. Ihre Aussagen erschüttern seine Verteidigungsstrategie immer stärker. Seine Hoffnung, das falsche Gutachten von vor 20 Jahren könne ihm noch helfen, schwindet. Annette Lemke verweigert als Zeugin die Aussage und nennt nur widerwillig ihre Personalien. Ihren Exmann schaut sie nicht an. So bleibt ihr Auftritt kurz. Sie scheint genug zu haben von den Mordprozessen des Mannes, den sie einmal geliebt hat.

Immer wieder spricht der Vorsitzende Richter Tobias Lemke an, ob er nicht Details über die Ermordung der alten Frau preisgeben möchte. Nur so könne er das Strafmaß zu seinen Gunsten beeinflussen. Er spricht sogar davon, die drohende Sicherungsverwahrung vermeiden zu können. Selbst der Verteidiger versucht, seinen Mandanten zum Reden zu bringen. Tobias Lemke aber hat sich festgelegt. Er will nicht über die Tat sprechen. «Ich bleibe doch sowieso bis zu meinem Tod im Gefängnis.» Es gibt nur einen kurzen Moment, in dem er seine sture Zurückhaltung aufgibt. «Ich hatte immer Angst, dass das mit Oma rauskommt. Aber ein Mord ist mir nicht gegenwärtig.» Lediglich an ein «böses Gerangel» könne er sich erinnern. Doch auch dieses Bild sei von Alkohol und Rauschgift überlagert. Wie zu seiner Entschuldigung fügt er an, Drogen hätten in seinem Leben immer eine Rolle gespielt: «Bier, Alk in jeder Form, Koks und Gift.» Mit Gift meint er Heroin. Er sei aber nie sozial verwahrlost gewesen und habe immer gerne gearbeitet. «Ich bin doch kein Monster, das rumläuft und Leute umbringt», psychologisch eine hochinteressante Einschätzung des dreifachen Mörders.

Der forensische Psychiater allerdings bewertet Lemkes Behauptung, total betrunken gewesen zu sein, als Versuch, die Tat zu beschönigen. Es gebe keine Hinweise für einen tatsächlichen Black-out oder Gedächtnislücken. Tobias Lemke habe sich bei der Tat stringent verhalten, sodass er auf jeden Fall «Erinnerungsreste» abgespeichert haben müsste. Auch an einen alles überdeckenden Rauschzustand mag der Gutachter nicht glauben. Das abgewaschene Geschirr, die abgewischten Fingerabdrücke, der wie auch immer praktizierte Sexualakt samt Ejakulation, die Mitnahme des Wohnungsschlüssels würden für ein klares und durchdachtes Vorgehen und körperliche Fitness sprechen.

Allein in seinem Schlusswort zeigt Tobias Lemke für einen kurzen Moment Gefühle. Ich glaube, dass sie nicht gespielt sind. «Ich bereue meine Taten und das, was ich den Angehörigen angetan habe.» Nach fünf Verhandlungstagen wird Tobias Lemke zu 15 Jahren Haft verurteilt. Es wird eine anschließende Sicherungsverwahrung angeordnet. Das Gericht ist davon überzeugt, dass der Angeklagte Sophie Undeloh vergewaltigte und sie dann erwürgte, um einer Bestrafung wegen der sexuellen Schändung zu entgehen. Zu Lemkes Gunsten wollen die Richter nicht ausschließen, dass er auch bei dieser Tat unter dem Einfluss von Alkohol und Drogen stand. Sie sprechen ihm erneut eine nur verminderte Schuldfähigkeit zu.

Als der Richter das Urteil spricht, zeigt Tobias Lemke keine Regung. Emotionslos hält er nach dem Ende der Sitzung einem Wachtmeister seine Hände hin, die mit Schließketten gefesselt werden. Ohne sich noch einmal umzudrehen, verlässt er den Saal. Als die schwere Eichentür hinter ihm zufällt, weiß ich, dass ich den Mann nie wiedersehen werde. Obwohl wir in 25 Jahren so oft miteinander zu tun hatten.

Auch ich verlasse Saal 218. Die lange Odyssee auf der Suche nach der Wahrheit ist vorbei. Ich mag nicht gleich in mein Büro gehen und schlendere ziellos durch die Stadt. Am Dom dringt Musik an mein Ohr. Wie magisch angezogen betrete ich die Kirche und lausche dem andächtigen Spiel des Organisten. Wie im Zeitraffer durchlebe ich in Gedanken die lange Zeit, während der sich die Lebenswege von Tobias Lemke und mir immer wieder kreuzten. Was für ein Fall, welch Wechselspiel der Emotionen! Zu Anfang ein scheuer Junge, der mein Mitleid erregte; 25 Jahre später ein abgestumpfter Mann, zu dem niemand mehr Zugang findet; ein dreifacher Mörder, der sich einstmals für das Spielen von Chorälen auf der Orgel begeistern konnte.

EPILOG

Das ganz normale Böse oder warum
es nie Zufriedenheit gibt

Es war eine lebhafte Lesung, die Zuhörer hatten viele Fragen. Nun macht sich Unruhe breit, die ersten verlassen den Saal. Da meldet sich eine ältere Frau, sie trägt einen Dutt, der ihre grauen Haare zusammenhält. Sie war mir schon zu Beginn der Lesung aufgefallen. Lange vor allen anderen Zuhörern hatte sie in der ersten Reihe Platz genommen und mich fortan durch ihre übergroße runde Hornbrille aufmerksam gemustert. «Entschuldigen Sie, eine Frage noch», sagt sie nun mit schüchterner Stimme. «Was passiert eigentlich bei ungeklärten Verbrechen? Mein Sohn wurde ermordet und sein Tod als Suizid inszeniert. Aber die Polizei glaubt das nicht.»

Es kommt ab und zu vor, dass sich bei Lesungen Gäste an mich wenden, die sich mit dem gewaltsamen Tod eines nahestehenden Menschen nicht abfinden können. Ich kenne dieses Verhalten aus meiner Arbeit. Angehörige, die das Trauern verdrängen, vermuten schon einmal ein Verbrechen hinter dem unerträglichen Verlust, manchmal gar eine Verschwörung. Sie können unserer Beweisführung nicht folgen oder wollen nicht akzeptieren, dass es auch Verbrechen gibt, die unaufgeklärt und ungesühnt bleiben.

Es ist wohl der schwierigste Moment im Leben eines Ermittlers, den Hinterbliebenen schmerzvolle Ermittlungsergebnisse beizubringen und dabei auch noch bei der Wahrheit zu bleiben. Ich habe das nicht immer übers Herz gebracht. Manchmal habe ich die Wahrheit erträglicher gemacht, das Sterben romantisiert oder Details verschwiegen, wenn das Opfer sehr schmerzvolle letzte Minuten hatte. Notlügen, von denen ich meine, dass sie in so einer extremen Situation zulässig sind.

Ich merke, dass mich die Frage der Frau verunsichert, und verspüre fast so etwas wie Hilflosigkeit. Zwar werden immerhin rund 90 Prozent aller Tötungsdelikte geklärt, aber eben nicht alle. Auch die besten Ermittlungen oder die perfekte Analyse können daran nichts ändern. Die Statistik erinnert uns in ihrer Nüchternheit immer wieder an unsere Fehlbarkeit, an die Tatsache, dass wir nicht immer wie im Fernsehen einen Mord in 90 Minuten lösen können. Manchmal brauchen wir Wochen oder Monate, manchmal eine Ewigkeit.

Ein ungeklärter Fall lässt einen Ermittler nicht mehr los, er bestimmt seinen Tagesablauf, seine Gedanken, sein Leben. Habe ich den Täter noch nicht ergriffen, kreisen meine Gedanken fast ständig um ihn, immer von der Hoffnung getrieben, doch noch einen Ansatz zu finden. Für einen ungeklärten Mord gibt es keine Schublade zum Ablegen, einen ungeklärten Mord vergisst man nicht.

Vielleicht hat auch der Täter sein Verbrechen verdrängt, vielleicht hat auch er sich eine Fassade aufgebaut. Vielleicht führt er ganz in der Nähe ein normales bürgerliches Leben, mit Kerzen im Fenster und einem Familienkombi in der Garage. Vielleicht geht er einem geregelten Beruf nach und spielt abends mit seinen Kindern. Vielleicht bringt er seiner Frau gerne Blumen mit und gönnt sich zum Essen ein Glas Wein. Ich erschrecke noch immer über den Gedanken, dass es so oder so ähnlich jede Minute geschieht, mitten in Deutschland. Morde sind Taten, die das ganz normale Böse im Menschen widerspiegeln, das auch mit bestem Personal und höchster Kriminalwissenschaft nicht zu besiegen ist.

Ich erkläre der Frau, dass gerade bei unklaren Sterbefällen und Tötungsdelikten die Ermittlungen besonders intensiv und objektiv geführt werden, manchmal auch über viele Jahre hinweg. Denn Mord verjährt nicht, nicht vor dem Gesetz und auch nicht im Bewusstsein der Ermittler.

Diesen Gedanken möchte ich ihr vermitteln, aber die Frau blickt mich mit ernster Miene durch ihre große Brille an, rückt ihren Stuhl nach hinten und geht.

DANK

Mordermittlungen und Fallanalysen sind Teamarbeit. Deshalb danke ich all denen, die mir im Laufe der Jahre bei der Aufklärung der geschilderten Verbrechen geholfen und mich beim Schreiben dieses Buches unterstützt haben:

Dr. Christa Augustin, Markus Becker, Susanne Bischoff, Ulrich Böhsl, Werner Böttcher, Stefan Bothe, Mathias Braune, Johannes Canehls, Thomas Dölvers, PD Dr. Christine Erfurt, Armin Gartelmann, Dr. Axel Gehl, Rose Gerdts-Schiffler, Prof. Dr. Luise Greuel, Bernd Gutzmann-van Hove, Susanne Hanika, Monika Heim, Bernt Hense, Birgitta Katczynski, Klaus Kerwel, Uwe Kesy, Dr. Heike Klotzbach, Jörg Köster, Joachim Król, Nina Kunzendorf, Prof. Dr. Ute Lockemann, Klaus Lüninghake, Herbert Niemeyer, Dr. Götz Mackensen, Lutz Müller, Elisabeth Schröder-Mielke, Dr. Lüder Meyer, Prof. Eckhard Mordhorst, Holger Münch, Jochen Musch, Joachim Osenberg, Sabine Peege, Uwe Picard, Jörg Pixberg, Georg Plohr, Prof. Dr. Klaus Püschel, Sven Razbin, Sabine Rückert, Jürgen Schaar, Dirk Siemering, Dr. Angela Stoklosinski, Beate Suchy, Andreas Weber. Bernd Gottwald vom Verlag danke ich für seine besonnene Art und sein einfühlsames Lektorat.

Meiner Frau Anna und meinen Söhnen Julian, Norman und Claudio danke ich für ihre Geduld.